新编21世纪高等职业教育精品教材

公共基础课系列

体验与成长

TIYAN
YU
CHENGZHANG

大学生心理健康教育

（含实践手册）

主　编◎许宝峰　朱　颖

副主编◎王　芳

中国人民大学出版社

·北京·

前　言

　　近年来，全社会越来越关注心理健康这个话题，大学生心理健康教育已成为"十四五"时期建设高质量教育体系的重要抓手。2021年7月23日教育部办公厅印发通知，要求加强心理健康教育课程建设，高校要面向本专科大学生开设心理健康教育公共必修课，不断发挥课程在大学生心理健康教育工作中的主阵地和主渠道作用。由此，完善大学生心理健康教育课程建设，普及心理健康教育知识，提升大学生心理健康素养，变得尤为重要。

　　大学生心理健康教育工作也是高校立德树人中心工作的重要内容。为进一步做好新时代高校学生心理健康教育工作，总结我校过去多年探索和实践经验，梳理和提炼过往大学生心理健康课程建设成果，课程组教师自编了一本符合高职学校特色、适应高职学生心理特点的大学生心理健康教育公共必修课教材。本书在编写时主要突出以下四个特点：

　　1. 突出实践性，实现从"知道"到"做到"的跨越。考虑到高职院校人才培养目标和高职学生自身心理特点，本书更加重视心理理论知识在实际生活中的运用，提高学生自我心理调适的能力。另外，本书还设计制作了配套的活页式实践手册，让学生走出抽象的理论，走进高职院校学生日常的学习和生活中去，帮助学生不仅"知道"，还能在生活中"做到"。

　　2. 活页式设计，形成课堂内外的有效联动。心理课程是集知识传授、心理体验和行为训练为一体的人文素质类课程。本书不仅普及基本的心理健康知识，还在活页式实践手册中有机融入心理测验、心理活动和行为训练等，将心理健康课程从课内延伸到课外，形成了课堂内外的有效联动。

　　3. "多元"参与，联合开发。编写组积极响应高职院校产教融合、校企合作的指导方针，强化行业指导和企业参与，鼓励高水平大学、科研院校共同参与。本书特邀杭州怡宁医院的精神科医生、本科院校经验丰富的心理咨询专家、行业资深的个人执业咨询师联合开发，共同编写符合行业特点和趋势的"多元"教材。

　　4. 坚持育心和育德相结合，实现价值引领和塑造。本书充分挖掘大学生心理健康课程本身蕴含的丰富思政元素，将习近平新时代中国特色社会主义思想、社会主义核心价值观、优秀的中国传统文化等思想有机融入教材，避免"硬植入"或"两张皮"现象，努力达到"盐溶于水"的效果，实现价值引领和价值塑造。

本书由浙江经贸职业技术学院公共教育学院心理健康教育教研室组织编写，共有许宝峰、朱颖、王芳、周瑾、周亚萍、罗雄荣、胡晨、周钱、陈荫、梁丽10位作者参加编写。教材共5个部分、9个项目。第一部分初识篇主要普及心理健康标准、精神障碍和心理咨询等相关知识；第二部分适应篇主要包含学习、情绪和压力三个项目，帮助学生有效应对进入大学后的适应问题；第三部分探索篇包含自我和人格两个项目，促进学生对自我的认识和了解；第四部分相处篇围绕人际关系和恋爱两大项目，帮助学生改善人际交往，提升爱的能力；第五部分成长篇旨在帮助学生探索生命的意义，实现生命的价值，开启幸福人生。

本书在编写过程中，参考借鉴了国内外该领域许多著作、文献资料，也得到了有关专家学者的热心指导和帮助，在此一并表示感谢。由于参考资料众多，如有参考文献标注不当，敬请与我们联系，以便及时纠正。囿于编者水平，书中疏漏之处在所难免，敬请广大读者和同行批评指正，以期不断完善。

编者

2023 年 1 月

目 录

第一部分　初识篇

项目一　健康人生从"心"开始：大学生心理健康概述 **3**

任务一　心理健康的标准：你的心理健康达标了吗？ 5

任务二　异常心理：穿越心灵的"黑洞" 8

任务三　心理咨询：心理咨询的正确打开方式 11

项目小结 17

第二部分　适应篇

项目二　修炼学习的进阶兵法：大学生的学习心理 **21**

任务一　大学生的学习：学什么，为什么学 23

任务二　破解学习的难题：学习心理问题的调适 26

任务三　学会学习：革新学习理念，培养学习能力 33

项目小结 40

项目三　掌握驾驭情绪的钥匙：大学生的情绪管理 **41**

任务一　认识情绪：情绪的真实面目 43

任务二　察觉情绪：保持对情绪的察觉 46

任务三　管理情绪：我的情绪我做主 49

项目小结 54

项目四　突破逆境与压力共处：大学生的压力应对 **55**

任务一　认识压力：为什么我们会"鸭梨山大" 57

任务二　认识挫折：笑对人生的挫折 60

任务三　管理压力：与压力共舞 66

项目小结 70

第三部分　探索篇

项目五　做最好的自己：大学生的自我意识 ……………………………… **73**
　　任务一　自我的由来：自我的形成与发展 ………………………………… 75
　　任务二　自我认识：我是谁 ………………………………………………… 78
　　任务三　自我发展：做最好的自己 ………………………………………… 83
　　项目小结 …………………………………………………………………… 86

项目六　千姿百态的人格：大学生的人格发展 ……………………………… **87**
　　任务一　人格透视：了解人格的基本知识 ………………………………… 89
　　任务二　人格类型：辨析丰富的人格类型 ………………………………… 95
　　任务三　人格完善：影响命运而不是决定命运 …………………………… 99
　　项目小结 …………………………………………………………………… 104

第四部分　相处篇

项目七　揭开人际的神秘面纱：大学生的人际交往 ………………………… **107**
　　任务一　人际起源：原生家庭对人际交往的影响 ………………………… 109
　　任务二　交往能力：优化人际交往的方法和技巧 ………………………… 112
　　任务三　人际冲突：有效化解人际冲突 …………………………………… 116
　　项目小结 …………………………………………………………………… 119

项目八　穿越亲密关系的藩篱：大学生的恋爱心理 ………………………… **120**
　　任务一　爱的本质：理解爱的真谛 ………………………………………… 122
　　任务二　爱的能力：呵护爱情的花朵 ……………………………………… 126
　　任务三　"性"福的烦恼：建立性价值观 ………………………………… 130
　　项目小结 …………………………………………………………………… 134

第五部分　成长篇

项目九　迈过绝望那道坎：大学生的生命成长 ……………………………… **137**
　　任务一　生命意义：寻找生命的价值 ……………………………………… 139
　　任务二　生命成长：应对心理危机 ………………………………………… 143
　　任务三　幸福人生：开启生命的智慧 ……………………………………… 149
　　项目小结 …………………………………………………………………… 152

参考文献 ……………………………………………………………………… **154**

视频资源目录

第一部分　初识篇

项目一　健康人生从"心"开始：大学生心理健康概述 ································· **3**

《你的心理健康达标了吗?》 ·································· 6

《化解生命的危机》 ·································· 9

《心理咨询的正确打开方式》 ·································· 11

第二部分　适应篇

项目三　掌握驾驭情绪的钥匙：大学生的情绪管理 ································· **41**

《情绪 ABC》 ·································· 49

《揪出坏情绪的七个始作俑者》 ·································· 50

《与自我的对话》 ·································· 51

《正念减压》 ·································· 52

项目四　突破逆境与压力共处：大学生的压力应对 ································· **55**

《压力信号》 ·································· 57

《心灵的面具》 ·································· 64

第三部分　探索篇

项目五　做最好的自己：大学生的自我意识 ································· **73**

《认识自我的那扇"窗"》 ·································· 79

项目六　千姿百态的人格：大学生的人格发展 ································· **87**

《发现自己的宝藏》 ·································· 90

第四部分　相处篇

项目七　揭开人际的神秘面纱：大学生的人际交往 ………… **107**

　　《人际关系的起源》 ………… 109

　　《人际交往的原则》 ………… 112

　　《同理心》 ………… 115

　　《非暴力沟通》 ………… 118

项目八　穿越亲密关系的藩篱：大学生的恋爱心理 ………… **120**

　　《理解爱情的真谛》 ………… 125

　　《爱的五种语言》 ………… 127

　　《走出失恋的 33 天》 ………… 129

第一部分

初识篇

项目一

健康人生从"心"开始：大学生心理健康概述

● 学习目标

知识目标
1. 理解科学的健康观；
2. 理解心理健康的标准；
3. 了解常见的精神障碍类型。

能力目标
1. 科学评估自身的心理健康状态；
2. 科学防治精神疾病；
3. 学会用恰当的方式求助心理咨询。

素养目标
1. 树立科学的健康观，践行"健康中国"战略；
2. 强调人文关怀和心理疏导，培养学生心理保健意识。

● 学习重点与难点

1. 理解科学的健康观和心理健康的标准；
2. 学会用恰当的方式求助心理咨询，维护身心健康。

● 配套资源

微课视频
《你的心理健康达标了吗?》
《化解生命的危机》
《心理咨询的正确打开方式》

拓展活动
《大学生适应量表》
《PHQ-9抑郁症筛查量表》
《广泛性焦虑障碍量表》
《心理咨询是什么》

近年来，大学生的心理健康问题呈现日益严峻的趋势，大力加强学校心理健康教育，已成为全社会的普遍共识。越来越多的人认识到，健康不仅指没有身体疾病，心理也要健康。那什么样的人才算心理健康？心理健康的标准是什么？如何维护自身的心理健康？通过本项目的学习，你将实现以下学习目标：

◆ 理解心理健康的内涵，掌握心理健康的标准；

◆ 了解常见的精神障碍类型，科学防治精神疾病；

◆ 了解心理咨询的基本设置，学会用恰当的方式求助心理咨询。

【导入案例】

车峻在大一入学初期的生活、学习等各方面表现良好，学校心理健康测试筛查也显示正常。入学 4 个月后，车峻因与同学关系不和，心情不好，当晚喝酒迟迟未归，引起了老师和同学的重视。据车峻自述，从自己记事起家里经济情况较差，父亲常年在外打工不归，自己与母亲和爷爷、奶奶一起居住。父母都是小学文化程度，家庭成员之间关系异常紧张，经常激烈地争吵，使得他幼小的心灵就有害怕、恐惧的感觉。在初中时期，车峻和父母一起居住在县城。父母经常吵架，母亲甚至当众训斥他，他极力想逃避争吵的家庭环境。自那时起，他开始有了自杀念头。在车峻读高中时期，父母虽平均分担财务，但日常还是争吵不断，母亲对车峻依旧冷淡，经常当众训斥他，以致车峻变得不想说话，不想回家，与父母基本无交流。车峻喜欢漫无目的地一直沿路向前走，难受的时候曾用用头撞墙、划自己的手等方式折磨自己。在生活中，他也经常否定自己，凡事都觉得自己做得不够好而莫名责备自己。班主任感觉车峻性格异于其他同学，经与其父母商量后，将其由住校改为走读，并建议他接受专业的心理咨询。

思考问题：1. 车峻主要的心理问题是什么？

2. 为了更好地帮助车峻，你有什么建议？

任务一　心理健康的标准：你的心理健康达标了吗？

一、健康新定义

传统健康观认为疾病与健康是相互排斥、相互对立的，健康是指没有疾病的状态，无病即健康。整体健康观视生命为动态过程，认为健康由多个维度组成，同时注重人的生物属性和社会属性，要求躯体、心理和社会诸方面共同成长和协调发展，对不断变化的环境表现出良好的适应能力。1989年，世界卫生组织将健康表述为："一个人只有在身体、心理、社会适应和道德4个方面都健康，才算是完全健康的人。"2001年，世界卫生组织将心理健康定义为："心理健康不仅指没有疾病，更应该被视为一种幸福状态，在这种状态中，每个人认识到自己的潜力，可以应对正常的生活压力，有效地从事工作，并能够对社会作出贡献。"

当前，人才的发展正经历由劳动型、知识型、技术型向素质型的转变。素质型人才指的是兼具生理素质、心理素质以及科学文化素质的复合型人才，心理素质在生理素质以及科学文化素质间扮演着重要作用，是整体素质的核心。大学生是青年群体的中坚力量，是国家未来建设的生力军，大学生素质的高低决定着国家未来发展的前途。良好的心理素质是大学生日常生活、学习和人际交往的前提，是顺利完成学业、走向社会、发挥自身特长、施展才能的基础。

价值塑造

2017年，教育部颁发的《高校思想政治工作质量提升工程实施纲要》明确将"心理育人"作为十大育人体系之一，坚持育心与育德相结合，加强人文关怀和心理疏导，深入构建教育教学、实践活动、咨询服务、预防干预、平台保障"五位一体"的心理健康教育工作格局，着力培育师生理性平和、积极向上的健康心态，促进师生心理健康素质、思想道德素质和科学文化素质协调发展。

2018年，教育部颁布的《高等学校学生心理健康教育指导纲要》明确提出：心理健康教育是提高大学生心理素质、促进其身心健康和谐发展的教育，是高校人才培养体系的重要组成部分，也是高校思想政治工作的重要内容。

2019年12月，国家卫生健康委、中宣部、教育部等12个部门联合制定《健康中国行动——儿童青少年心理健康行动方案（2019—2022年）》，该方案明确指出：随着我国经济社会的快速发展，儿童青少年心理行为问题发生率和精神障碍患病率逐渐上升，已成为关系国家和民族未来的重要公共卫生问题。

二、心理健康的标准

关于心理健康的标准，不同的学者从不同的视角提出了自己的见解。

北京师范大学林崇德教授认为，心理健康的含义包括两个方面，其一是没有心理疾病，其二是具有一种积极向上发展的心理状态。

陕西师范大学杜学敏教授从积极心理学的视角出发，提出大学生心理健康的 7 条标准："自我接纳且保持开放的心态；生活的基本态度是乐观的；情绪的主体是积极情绪；对生活充满希望感和意义感；内心充满爱，有良好的同理心及共情力；有良好的安全感以及和谐的人际关系；生命的潜能和创造力在一定程度上得到彰显。"

你的心理健康
达标了吗?

中南大学胡凯教授从心理过程和个性心理的角度提出，心理健康应该包括知、情、意、个性四方面标准：比较正确的认知，良好的情绪情感，坚强的意志品质，健康的个性心理。

在梳理、总结以往研究和文献资料的基础上，本书作者认为心理健康应包含以下七个方面：

（一）智力正常

智力正常是心理健康的基础，是顺利完成学业、适应社会的前提条件。一般来说，能考上大学的学生智力基本上都是正常的。

（二）情绪健康

每个人都会有各种正面和负面的情绪，但是情绪的强度、冲动性和稳定性是不同的。心理健康的人的情绪一般是对现实事件的适度反应，反应的强度在自己和他人的承受范围内。心理健康的人的情绪是可控的，不会在情绪的强力推动下做出破坏性的事情。他们的情绪相对而言是稳定的，不会大起大落、喜怒无常。最后也是最重要的就是情绪恢复能力，当现实生活事件结束后，他们的情绪会逐渐从高强度回到较低的强度，继而慢慢回归至平静。突然爆发的情绪、无法容忍的情绪、没有来由的波动、长时间持续的情绪困扰都可能是情绪不健康的体现。

（三）人格完整

人格是比较稳定的心理特征的总和，由气质、能力、性格、理想和兴趣等方面组成。人格对心理健康的重要性就相当于个体的免疫系统对身体健康的重要性，完整健全的人格相当于一把保护伞，无论个体遭受多大的生活事件和挫折打击，都不会一蹶不振。

（四）意志健全

意志健全指的是个体有明确的目标，并为自己的理想去行动，执行自己的学业计划和发展规划等。同时，意志健全的人能够适时地作出决定并运用恰当的方式解决遇到的问题，在困难和挫折面前，能采取合理的应对方式，不盲目行动，不畏惧困难，具有较好的抗挫折能力。

（五）自我评价合理

心理健康的人对自己的评价是恰如其分、充满自信。他们既不过高也不过低看待自己；既不自卑也不自负；既能认识和欣赏自己的优点，也能承认和接纳自己的缺点，摆正自己的位置；既不因为自己在某些方面高于别人而自傲，也不会由于在某些方面低于别人而自卑。他们的自我意识是稳定的，不会因为一件事情或他人的一句评价而改变；他们的自我意识也是统合的，有较少的自相矛盾和内部冲突，能够接纳自己，喜欢自己，自尊、自信、自爱。

（六）社会适应良好

能良好适应社会的人具有与自己的年龄、角色相符合的心理行为特征，能积极地适应环境和社会的需要。他们会主动地参与社会活动，以开放的态度了解和进入社会。当他们具有一定能力和机遇时，他们也能积极地推动社会发展，借此获得成就感和创造力，同时也能够承受一定程度的不舒适和挫败。

（七）人际关系和谐

心理健康的人能够愉快地与人相处，在交往中能自如地表达和满足自己的需要，也能较好地满足他人的人际需要，维护自己与父母、老师、同学和恋人之间的关系，具有较广泛的人际支持系统。同时，心理健康的人有面对和解决人际关系冲突的能力，实现人际关系的良性、和谐互动。他们对他人的认知是稳定的，不会因为一次事件而改变对朋友、恋人或伴侣的看法。

以上七条心理健康的标准，每位同学可对照自查。实际上，这是一个非常理想化的标准，完全符合的人是很少的。心理状态不是只有"健康"和"不健康"两种状态，它是一个动态变化的连续过程，既可能从不健康转变到健康，也可能从健康转变到不健康。随着人的成长、经验的积累，以及环境的改变，心理健康状况也会有所变化。因此，心理健康与否只能反映一个人某一段时间内的心理状态，并不是固定不变的状态。（见实践手册项目一拓展活动一：大学生适应量表）

价值塑造

天人合一的思想最早由庄子提出，后被汉代思想家、阴阳家董仲舒发展为天人合一的哲学思想体系，并由此构建了中华传统文化的主体。天人合一的思想可以解读为人与自然的和谐以及人内在生命的和谐。从中华传统文化的角度来看，一个人的心理是否健康，主要看这个人是否与外部世界保持和谐，以及这个人内在是否和谐。这种和谐是当今学者对心理健康标准界定的核心依据。

三、互联网时代大学生的心理特点

第49次《中国互联网络发展状况统计报告》显示，截至2021年12月，我国网民规模达到10.32亿，普及率达到73%，网民中以青少年、青年和中年群体为主，大专和本科以上的网民占比很高。当今，新时代大学生以"00后"为主，他们是伴随着互联网成长起来的一代人，网络的匿名性、多元性、开放性等特点，潜移默化地影响着他们的生活方式、人际交往和价值取向，在他们的成长过程中留下了互联网时代的印记。

（一）网络社交正逐步成为大学生的主要交往方式

成长于互联网时代的"00后"，大多为独生子女，比较以自我为中心。他们渴望与人交往，但在交往过程中会遇到各种矛盾和烦恼，他们觉得通过网络的方式进行交往会更轻松，而且他们更倾向于选择在网络上向陌生人自我暴露，向陌生人倾诉内心的烦恼和苦闷，展示真实的自我，因为网络的匿名性可以给人们带来充足的安全感。因此，大学生群体正出现这样一种现象：与室友聊天和沟通都通过微信或QQ，能不开口就不开口，网络社交正逐渐成为大学生主要的人际交往方式。但是，网络社交会减少现实互动中的真实性和生动性，以致人与人之间的交往比较表面。大学生过于依赖网络社交而忽略现实的人际交往，容易导致因缺乏人际交往的方法和礼仪而出现社交障碍。

（二）焦虑迷茫蔓延，缺失意义感

互联网让大学生的生活变得"无边界"，想要的东西可以轻易买到，想见的人随时可见，想做的事情也比以往任何时代有了更多的机会，因此他们的内心世界里少了很多情感的体验，自我的存在感和确定感十分虚无。因此，他们变得越来越焦虑迷茫，不知道自己要干什么，不知道自己想成为什么样的人，生活似乎没有意义和价值。近几年，大学生群体中还出现了"摆烂""躺平""佛系"等心理现象，该类人群以潇洒脱俗的人生态度、随遇而安的处世哲学、无欲无求的人生追求为主要特征，看似淡泊豁达，实则迷茫颓废。

（三）过度依赖网络，缺乏现实感

互联网已经渗透到生活的方方面面，改变了我们的生活方式。出门带上手机，吃穿住行全部搞定，没有手机却寸步难行。对网络的过度依赖，使得我们失去了很多在现实生活中锻炼生存能力、解决复杂问题能力、处理人际冲突能力等机会，于是我们对世界的认识变得片面和单一，严重缺乏现实感。有些网瘾严重的学生，沉浸在网络的世界里，分不清网络和现实，在虚拟的世界里越陷越深。

任务二　异常心理：穿越心灵的"黑洞"

人们由于对心理疾病或精神障碍缺乏一定的了解，因此当自己或周围的朋友被诊断为某种精神疾病时，往往不知所措，以致贻误最佳治疗时机。本任务将围绕精神障碍，介绍常见的精神障碍类型以及应对方法。

一、区分"正常"与"异常"

心理状况的"正常"与"异常"有时是相对的，与社会文化环境密切相关。如果心理状况达到"异常"的程度，往往意味着个体的思维、情感和行为等方面出现明显的机能失调，社会功能严重受损。一般情况下，判断心理状况是否"异常"可遵循以下三个原则，如果违背以下任何一条，可被判定为"异常"心理。

（一）主观世界与客观世界相统一原则

心理是客观现实的反映，所以任何正常的心理活动，在形式上和内容上必须与客观世界保持一致。如果毫无缘由地认为有人在跟踪自己，在背后说自己坏话，甚至觉得自己被监听、监视，而事实上这些事情根本没有发生，自己却坚信不疑，出现类似幻觉、妄想等症状，则视为违背了主观世界与客观世界相统一的原则。

（二）心理活动的内在协调性原则

人类的精神活动可分为知、情、意等心理过程，其内在是一个完整协调的统一体。比如面对亲人突然去世，有人会含泪诉说并掩面而泣，有人却眉开眼笑、侃侃而谈。这两种行为方式会带给我们截然不同的感受，前者我们会觉得挺正常的，后者我们会感到怪异且充满疑惑，因为其所作所为与情感缺乏一致性，让人无法理解，这就是心理活动的内在不协调。

（三）人格的相对稳定性原则

每个人在成长过程中都会形成相对稳定的自身独特的心理品质和行为模式，如果没有发生重大的生活事件，这些心理品质和行为模式是很难改变的。当一个沉默寡言的人突然变得活泼外向，一个小气吝啬的人突然变得落落大方，而现实中并没有发生与之相关的生活事件时，这个人则有可能存在心理异常。

化解生命的危机

二、常见的精神障碍类型

（一）抑郁症

抑郁症也被称为忧郁症，是大学生中最常见的精神障碍之一，它是以显著而持久的情绪低落为基本临床表现，并伴有相应的思维和行为异常的一种精神障碍。患者思维迟缓，兴趣减退，疲乏无力，自卑忧郁，严重的患者会出现自杀的想法和企图。（见实践手册项目一拓展活动二：PHQ-9抑郁症筛查量表）

（二）焦虑症

焦虑症患者常感到无明显原因、无明确对象、游移不定、范围广泛的紧张不安，并伴有显著的自主神经症状，如呼吸困难、心跳加快、肌肉紧张等，终日惶恐，提心吊胆，注意力不能集中，工作和生活效率明显下降，患者感到难以忍受又无法解脱，因此十分痛苦。焦虑症是大学生常见的精神障碍之一。（见实践手册项目一拓展活动三：广泛性焦虑障碍量表）

（三）强迫症

强迫症患者往往伴随着优柔寡断、过于细致、严肃古板、一丝不苟等性格特征，生活中总是被一种强迫思想和强迫行为所困扰，明知道没必要，但还是忍不住去想去做，如强迫洗手、强迫检查，反复思考为什么"1＋1＝2"等问题。患者往往自知力完好，求治心切。

（四）恐怖症

恐怖症是指个体过分或不合理地惧怕外界事物或环境为主的神经症状。恐怖症患者恐惧的对象可能是单一的或多种的，他们明知道没必要恐惧，但无法克制恐惧发作，还常常伴有心跳加速、脉搏加快、呼吸急促等焦虑情绪和生理反应。比较常见的恐怖症有广场恐惧症、社交恐惧症和特殊恐惧症，社交恐惧症在大学生这个群体中是比较常见的。

（五）进食障碍

璐璐在大二时被诊断为进食障碍，有时会在自助食堂里吃下足足三人分量的食物，吃完一大盘主菜后还会吃大量的酸奶、冰激凌、巧克力饼干。但有时她一连几天都无法进食，直到上课时因低血糖被搀扶送到校医院。她一直跟朋友和同学隐瞒自己患有进食障碍这件事，担心会引起更多的误解和排斥。直到有一天，她催吐被朋友偶然撞见，大家才知道，原来她在突如其来的暴食之后，总会选择通过催吐来缓解胃部的不适与内心的愧疚。对她而言，手指伸进喉咙的恶心感和胃部的泛酸感，就是暴食后的"后悔药"。尽管如此，璐璐下次依旧会不可控地疯狂进食，一次又一次地催吐，恶性循环。

进食障碍主要表现为进食行为异常，以对体重和体型过分关注为主要临床特征的一种疾病，早期的症状主要为消瘦、呕吐、便秘等，在女性中较为常见。进食障碍分为神经性厌食症和神经性贪食症，两者的共同特点是恐惧发胖。前者往往因为过度节食而体重过低，后者因过量进食而体重偏高。

（六）精神分裂症

精神分裂症是一种病因未明的重性精神疾病，多起病于青壮年，常有感觉、思维、情感和行为等多方面的障碍，主要表现为"妄想"和"幻觉"，并伴有联想散漫、思维破裂、情感淡漠、言行怪异等特征。"妄想"即对明显不符合事实的想法坚信不疑，例如觉得有人跟踪他，故意陷害他等；"幻觉"即听到一些根本不存在的声音，看到一些根本不存在的事物等。患者往往缺乏自知力，不会主动求治。

（七）双相情感障碍

双相情感障碍患者主要表现为情绪高涨和情绪低落交替出现，即躁狂和抑郁交替出现。心情就像坐过山车一样，可以从最高点滑到谷底，也可以从谷底升到高点。情绪高涨时，患者表现为心情愉悦、精力充沛、思维活跃、健谈、睡眠需求减少等；情绪低落时，患者表现为思维迟缓、郁郁寡欢、兴趣减弱、活动减少等。情绪高涨和情绪低落分别持续的时间并没有规律，短的可能几天，长的可能数月。

拓展阅读 ---

精神障碍知多少

1. 精神障碍很可怕吗？

目前我国精神障碍的发病率为16.6%，其中严重精神障碍的发病率为1%，只要配合治疗，大部分患者都能痊愈。

2. 得了精神障碍会被人笑话吗？

在科学技术日新月异的今天，精神卫生知识也正在逐渐地深入人心，随着大众对精神卫生知识的逐步了解，人们对精神障碍患者的接纳程度也在逐步提高。

3. 是因为自己脆弱才会有精神障碍的吗？

答案必然是否定的，精神障碍的发病原因是比较复杂的，往往是遗传、社会和个人共同作用的结果。

4. 出现精神异常只要扛着就会过去吗？

事实上，抑郁症患者脑内有多种神经递质出现了紊乱，并不是硬扛就能扛过去的。

5. 治疗精神障碍的药物都有副作用，能不吃尽量不吃吗？

精神障碍患者是否吃药需要遵从医嘱，这样有利于病情治疗，而且现在也有很多副作用很小的精神类药物。

6. 只要症状好了，就可以不用服药了吗？

症状虽然有所改善，但大部分精神障碍患者需要巩固治疗，这样有利于降低复发率，所以精神障碍患者不可以擅自停药，应遵从医嘱。

三、精神障碍的应对

（一）科学认识精神障碍，切忌轻易对号入座

当你浏览常见的精神障碍的症状时，有没有觉得自己也有类似的情况？比如出门前，会反复检查手机、钥匙带了没，这是不是强迫症？心情低落，做什么事情似乎都提不起兴

趣，这是不是抑郁症？事实上，以上这些症状每个人都可能体验过，如果程度不严重，持续时间短，对你的日常生活和学习没有造成实质性的影响，社会功能没有损害，就不能被诊断为相应的精神障碍。我们应该科学地认识精神障碍，不要轻易对号入座，给自己贴上某种精神障碍的标签，增添不必要的心理压力。

（二）寻求专业人士帮助，及时就医服药

如果你对自己的情况不太确定，怀疑自己有精神障碍，建议你及时就医，寻找专业的精神科医生做评估诊断，必要时配合药物治疗。由于公众对精神障碍缺乏一定科学的认识，一些精神障碍患者对就医服药存在一定程度的病耻感，担心遭到他人的嘲笑和排斥，讳疾忌医，甚至不愿意承认自己有病，贻误最佳治疗时机。

（三）消除病耻感，创设温暖、接纳的环境

如果身边有同学疑似精神障碍患者，一方面，建议对方及时就医服药；另一方面，放下心中对精神障碍的偏见，消除病耻感，尽可能为对方创设温暖、关爱的环境。不要"妖魔化"精神疾病患者，把对方当成一个患有身体疾病的人，而是去尊重他。当他心情不好的时候，给予关注和耐心倾听，即使你不能理解他的感受和想法，依然陪伴和鼓励他，这也是一种关爱的方式。日常生活中，你可以适当给予他一些照顾和帮助，但也要恰当鼓励他做一些力所能及的事情，而不是替他包办每一件事。

🔁 拓展阅读

如果我有精神障碍，要不要告诉别人？

如果你确诊为某种精神障碍，到底要不要告诉别人？跟谁说？说些什么？不妨看看以下建议：

如果目前的疾病对你的学习和生活并没有太大的影响，可以照常上课学习，也不妨碍人际交往，可以选择不告诉别人。

如果因为疾病影响正常的学习、生活和社交，你可以选择性地告诉你的好朋友和室友，他们与你朝夕相处，在必要时你或许需要他们的理解和照顾。你也可以告诉班主任，情况不太稳定的时候，可积极向班主任寻求帮助。至于说什么，建议你做一些心理疾病的科普，帮助他们科学地认识和对待心理疾病患者，减少不必要的担心和疑虑。同时，请直接告诉对方你的需求是什么，希望朋友和室友怎么对待你，让他们放下对精神障碍患者偏见的同时，也不要把你当"异类"过度关注和照顾你，正常相处即可。

任务三　心理咨询：心理咨询的正确打开方式

一、什么是心理咨询

（一）心理咨询的定义

心理咨询是指在良好的咨询关系基础上，经过专业训练的心理咨询师运用咨询心理学的有关理论和技术，帮助来访者发现自身的问题和根

心理咨询的正确
打开方式

源，改变原有的认知结构和行为方式，挖掘来访者本身潜在的能力，以便来访者恢复心理平衡，促进其良好适应周遭环境和协调自身发展的过程。

🔁 拓展阅读

心理咨询不是什么

1. 心理问题不等于精神病

心理问题是日常生活中经常会遇到的，就这些问题求助于心理咨询并不意味着有什么不正常或有见不得人的隐私。相反，这表明这个人具有较高的生活目标，希望通过心理咨询更好地完善自我。严格来讲，精神病是重性精神性疾病，它与一般的心理问题和轻度心理障碍有很大的区别。绝大部分精神病人对自己的疾病没有自知力，更不会主动求医。

2. 需要心理咨询的人不一定是弱者

有人认为，只有弱者才去做心理咨询，我是一个强者，不需要心理咨询。其实，每个人都会遇到一些困惑和挫折，内心需要并渴望倾诉、宣泄、交流和安慰。作为真正的强者，应该面对现实的挑战，利用一切可能利用的条件，积极寻求帮助，尽早走出困境，而不应该采取退却和回避的态度。

3. 心理咨询不等于窥见内心

许多人认为只要简单说几句，心理咨询师就应该能猜出他心中的想法，否则就表明心理咨询师水平不高。其实心理咨询师也是人，他们没有什么特异功能可以窥视他人的内心世界，他们只是应用心理学的理论和方法，对来访者提供的一定信息进行讨论和咨询，并进行分析。因此，来访者需要详尽地提供有关信息，才能帮助咨询双方共同找到问题的症结，有利于心理咨询师作出正确的判断并提供恰当的帮助。

4. 心理咨询并不是无所不能

许多来访者将心理咨询神化，认为心理咨询师无所不会、无所不能，所以常常咨询一两次，没有达到所需求"豁然开朗"的心境，就大失所望，再也不来了。实际上，心理咨询是一个连续的、艰难的改变过程。心理问题常与来访者的个性及生活经历有关，来访者没有强烈的求助、改变的动机，没有恒久的决心与之抗衡，心理问题是难以改变的。所以来访者需有打"持久战"的心理准备。

5. 心理咨询师并不是"救世主"

心理咨询师只能起到分析、引导、启发、支持、促进来访者改变和帮助来访者人格成长的作用，他们无权把自己的价值观和愿望强加给来访者，更不能替来访者去改变或作决定。来访者需要认识到"救世主"只有一个，那就是自己。只有改变自己、战胜自己，最终才能超越自我，达到理想目标。

6. 心理咨询并不同于思想工作

心理咨询与思想工作是有本质区别的。思想工作的目的是说服对方服从和遵循社会规范、道德规范及集体意志，而心理咨询则是运用专门的理论和技巧寻找心理问题的症结，予以咨询干预，且心理咨询师持客观、中立的态度，而不是对来访者进行批评教育。

（二）心理咨询的服务对象

心理咨询的服务对象可分为两类人。一类是健康的正常人，当他们遭遇现实的困境时，他们会请求心理咨询师的帮助，渴望对自我有更清晰、明确的认识，有更好的自我反思能力、行动能力和掌控能力，最大限度地挖掘自身的潜力，追求更高品质的生活。另一类是存在一些心理问题的心理亚健康群体，但非心理疾病人群。这类人往往有完整的自知力，但内心可能存在某些冲突，这些冲突对个人正常的生活、学习和工作产生了负面的影响，因此他们希望寻求帮助，并积极配合咨询。

人的心理健康并不是非黑即白的，如果将绝对健康的人比喻成白色，将非常不健康的人比喻成黑色，人群中纯白色和纯黑色的人都是很少的，大部分人都处在从白色到黑色之间的灰色地带，如图1-1所示，人们的心理健康，呈现出正态分布的特点，即中间多两头少。心理咨询的主要对象就是"灰色地带"人群。

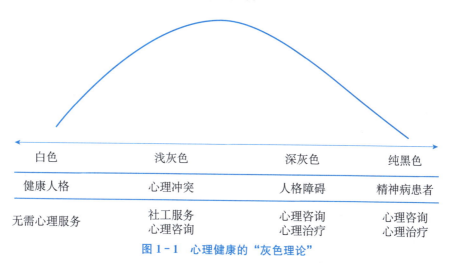

图1-1　心理健康的"灰色理论"

二、心理咨询的设置

心理咨询不同于一般的朋友聊天，很大程度上是因为心理咨询是在某种固定的咨询设置下进行的，这是心理咨询的基本要求，也是保证咨询效果的前提。

（一）时间设置

每次心理咨询的时间是有限定的，一般以50分钟左右为宜，心理咨询师不能随意地缩短或延长咨询时间。如果来访者出现迟到的现象，也不会顺延咨询时间。但如果遇到特殊情况，来访者情绪激动，情况很不稳定，可适当延长咨询时间来帮助来访者平复情绪，做好安全稳定工作。咨询频率方面，每周一次较为普遍，如果来访者接受的是经典精神分析式的咨询，频率会高一些，一般每周安排3～5次。心理咨询师可根据来访者的基本情况，设置适当的频率，保证咨询的效果。此外，来访者要对心理咨询的疗程抱有理性客观的期待，心理咨询是一个缓慢而艰难的过程，不能指望靠它"药到病除"。心理咨询的疗程和效果取决于来访者心理问题的严重程度、咨询目标和心理咨询师采用的咨询流派技术，不同的问题、不同的目标、不同的流派技术，疗程可能都不一样。

（二）地点设置

心理咨询是一项专业的助人工作，要求在固定的心理咨询室进行，并且保证周围环境是私密的、安全的和温暖的。即使是线上咨询，也需要选择固定的私密场所，保证咨询过程不被干扰。因此，跟一般的朋友聊天、聚会不一样，不能选择餐厅、咖啡馆和茶楼作为咨询地点，需要确保咨询的私密、安全和有效。

（三）保密原则

佳佳是某高职院校大三学生，性格内向腼腆，敏感细腻。与男友相恋两年半，临近毕业，两人因未来规划不一致多次吵架，最终男友提出分手。佳佳无法接受这个现实，心情苦闷，时常哭泣，吃不下、睡不着。室友很担心她的情况，就将情况反映给班主任。班主任建议她去心理咨询中心接受专业的心理咨询，并向她推荐了一位非常不错的心理咨询师。但佳佳拒绝了，她觉得心理咨询就跟聊天一样，纯粹浪费时间，根本帮不了她，而且佳佳担心咨询师可能将她的隐私泄露给其他人，并不希望有其他人知道她的情况。

每一个走进心理咨询室的人一开始都会有各种担忧和顾虑，就像佳佳一样，不希望自己的事情被人发现，觉得丢脸。只有在安全、自由和温暖的环境下，来访者才有可能打开自己的内心世界，诉说自己的问题和烦恼。因此，保密是心理咨询中最基本的原则，也是保证咨询效果的前提。心理咨询师不仅要对谈话内容保密，对来访者身份、测验结果、音频视频资料和相关存档记录都要严格保密。但心理咨询的保密也不是绝对的，心理咨询师会在咨询正式开始前通过让来访者签署"知情同意书"的方式提前告知来访者，如遇以下这些特殊情况，将打破保密原则：

◆ 可能对自身或他人造成即刻伤害或死亡威胁的危险来访者；

◆ 法庭要求心理健康工作者提供保密信息；

◆ 患有危及生命的传染性疾病的来访者，如 HIV 病毒感染来访者，并且他人面临即刻的感染风险；

◆ 基于法律对保密问题的限制，如报告儿童和老年人被虐待；

◆ 未来有犯罪行为倾向的来访者；

◆ 处于生命尽头的来访者希望加速自身的死亡；

◆ 来访者要求解密保密信息，或同意将保密信息泄露给他人。

（四）转介原则

转介是指心理咨询师因知识、技术和经验等原因，发现自己对来访者的心理问题无法妥善处理，出于职业道德和责任感，将来访者介绍给其他更合适的心理咨询师，协助来访者获得所需服务的过程。在遇到以下两种情况时，心理咨询师可以将来访者转介给其他心理咨询师。第一，不属于心理咨询的范畴，如来访者是被确诊的精神疾病患者，更需要精神科医生的帮助。第二，心理咨询师个人的问题。心理咨询师初步评估来访者的情况后，认为自己的能力和专长无法为来访者提供有效的服务；或者心理咨询师在咨询过程中遇到个人的重大问题，不再适合提供心理咨询服务等。有时，转介的发生也是出于客观的原因，如来访者搬到了另一个城市，需要换当地的心理咨询师；也有可能心理咨询师个人的健康出现问题，不得不停止一段时间的咨询工作，也需要将来访者转介给其他合适的心理咨询师。

三、如何求助心理咨询

（一）何时可以求助心理咨询

高校的心理咨询是面向全体在校大学生免费开放的，一般遵循"来者不拒"的原则，当你烦恼、困惑、焦虑、抑郁的时候都可以主动求助，例如包括以下几种情况：

- ◆ 新生适应困难；
- ◆ 对未来感到迷茫焦虑；
- ◆ 社交方面有障碍；
- ◆ 人际关系不和谐；
- ◆ 不懂如何处理亲密关系；
- ◆ 过分自卑从而心情压抑；
- ◆ 经历挫折后一蹶不振；
- ◆ 遭遇重大生活事件；
- ◆ 遇到重大选择犹豫不决；
- ◆ 常常失眠或睡不好；
- ◆ 经常厌食或暴食。

（二）挑选合适的心理咨询师

挑选合适的心理咨询师非常重要，当你正式开始咨询之前，面对众多心理咨询师的个人介绍信息，会选择怎样的心理咨询师呢？学历背景、专业资质固然重要，但心理咨询师的个人特质和咨询中你的感受也是影响咨访关系的重要因素。在咨询过程中，可以重点关注以下三个方面的感受：

（1）对方是可以信任的人吗？通过前一至两次的咨询，你可以试着问自己：心理咨询师看起来是个真诚的人吗？他愿意听你倾诉吗？与心理咨询师谈话的过程，你感到舒服吗？对方有没有高人一等的感觉？如果你在咨询过程中感觉到放松、自在，没有太多顾虑，可以坦诚地分享自己的问题和困惑，说明对方是一个值得信任的人。

（2）对方能准确理解你想表达的意思吗？如果你跟心理咨询师倾诉自己的烦恼，他能准确抓住问题的重点，并给出恰当的回应，让你感到自己的想法和需要被尊重、被接纳和被理解，说明他具备较好的倾听、同理、回应等专业技能，这是建立良好咨访关系的基础。

（3）对方能否让你对自己的问题有新的理解和感悟？通过初始阶段的咨询，你发现心理咨询师不仅能够帮助你透过问题的表面看到背后的不合理信念和不良关系模式，而且带着好奇和尊重的态度表达对这些问题的理解和看法，让你换个角度看待自己的问题，获得新的领悟，那他有可能就是你要找的心理咨询师。

如果你对以上三个问题的回答大部分是正向的，那么恭喜你，你大概率找到了适合自己的心理咨询师。寻找合适的心理咨询师并不容易，但也无比值得。我们为每一位走进心理咨询室探索自己、渴望成长的来访者感到骄傲，也真诚地祝愿每一位来访者都能找到适合和满意的心理咨询师。

➡ 拓展阅读

如何挑选可靠的心理咨询师？

在心理咨询师的选择上，可以从以下这些方面进行考量：

- ◆ 学历背景：可优先选择拥有心理学、教育学、医学和社会学等背景人群；
- ◆ 受训背景：接受过长期且系统的专业训练，最好有持续 2 年以上的长程培训；

◆ 咨询经验：一般情况下，个案服务经验越长越好，尤其要关注收费个案的时长；

◆ 督导和个人体验：定期接受个案督导，长期接受个人分析，越长越好；

◆ 设置稳定：不随意更改咨询时间、场地等设置；

◆ 合理支出：不一定越贵越好，选择你能够负担的价格；

◆ 性别、年龄和外表等：相似的人更容易引起你的好感和信任，有利于咨访关系建立。

（三）心理咨询前的准备

当你下定决心做心理咨询，并且找到了合适的心理咨询师时，就已经为建立良好的心理咨询工作联盟奠定了基础。接下来，你需要做的就是不断地相信你的心理咨询师。咨询刚开始的阶段，你可能会有很多不安、疑虑和紧张，这些都是很正常的现象。此时，你可以试着和心理咨询师表达你的真实感受和想法，这是增进咨访关系、推动咨询进展非常关键的一步，也是心理咨询与普通聊天重大的区别。当咨询持续了一段时间，你可能感觉自己经常卡在同样的地方，一直重现过往固有的关系模式，深受某些不合理信念的困扰，产生最真实、最强烈的无助、痛苦甚至绝望，感觉这段时间的心理咨询似乎没有任何进展。这说明目前的心理咨询进入了瓶颈期，这是每一个长程的心理咨询都必经的阶段，此时需要你多一些耐心，继续保持好奇和开放的状态，在心理咨询师的带领下走向心灵更深处，看看自己到底是怎么了。（见实践手册项目一拓展活动四：心理咨询是什么）

 拓展阅读 ‒‒ ▼

心理热线服务汇总

1. "12355" 青少年服务台

    热线电话：12355（危机干预，电话咨询免费）

    服务时间：24 小时

    面向群体：青少年

    主办方：中国共产主义青年团中央委员会

2. 北京红枫妇女心理咨询服务中心

    热线电话：010-68333388

    服务时段：周一至周五9：00—12：00（老年关爱热线）

    　　　　　　　　　9：00—17：00（反家庭暴力热线）

    　　　　　　　　　13：00—17：00（妇女问题专家热线）

    　　　　　　　　　17：00—20：00（妇女综合热线）

    面向人群：妇女儿童

    主办方：北京红枫妇女心理咨询服务中心

3. 清华大学李家杰珍惜生命大学生心理热线

    热线电话：4006525521

    服务时间：周一至周日 16：30—22：30

    主办方：清华大学学生心理发展指导中心

4. 北京心理援助热线、自杀与危机干预热线

热线电话：8008101117、010-82951332、010-82951150

服务时间：24 小时

主办方：北京回龙观医院

5. 雪绒花学生心理帮助热线

热线电话：010-58800525、010-58800764

服务时间：周一至周日 17:30—21:30

主办方：北京师范大学党委学生工作部学生心理咨询与服务中心

项目小结

1. 世界卫生组织将健康表述为："一个人只有在身体、心理、社会适应和道德 4 个方面都健康，才算是完全健康的人。"

2. 心理健康的标准包含：智力正常、情绪健康、人格完整、意志健全、自我评价合理、社会适应良好和人际关系和谐。

3. 区别心理"正常"和"异常"的三原则：主观世界与客观世界相统一原则、心理活动的内在协调性原则、人格的相对稳定性原则。

4. 常见的精神障碍有：抑郁症、焦虑症、强迫症、恐怖症、进食障碍、精神分裂症和双相情感障碍。

5. 面对精神障碍，我们应该做到：科学认识精神障碍，切忌轻易对号入座；寻找专业人士帮助，及时就医服药；消除病耻感，创设温暖、接纳的环境。

6. 心理咨询服务的对象主要为健康的正常人和心理亚健康群体。

7. 心理咨询有专业的设置，需要固定的场地、时间和频率。心理咨询师需对来访者所说的事情保密，也要与来访者讲明知情同意保密例外的情况。

8. 合适的心理咨询师往往会让你感觉到对方是可以信任的，是能够理解你的，同时他会帮助你对问题达成新的理解和领悟。

第二部分

适应篇

项目二

修炼学习的进阶兵法：大学生的学习心理

学习目标

知识目标
1. 了解学习的含义和特点；
2. 理解不同类型的学习动机；
3. 理解拖延背后的成因；
4. 理解成长型思维的特点。

能力目标
1. 掌握科学的学习方法；
2. 学习缓解拖延的策略；
3. 掌握四象限时间管理的方法。

素养目标
1. 培养良好的学习方法和态度；
2. 树立终身学习的意识。

学习重点与难点

1. 掌握科学的学习方法，提升学习效率；
2. 培养终身学习和自主学习的意识，养成成长型思维。
3. 习得科学的学习方法，在学习生活中充分体会劳动精神、奋斗精神、创造精神，着力培养担当民族复兴大任的时代新人

配套资源

拓展活动
《学习动力自我测试》
《我的一天》

学习是人类生存与发展的永恒主题，贯穿于人类生活的始终，大学生活也将围绕着学习而缓缓展开。学习活动强烈地影响着你方方面面的发展。同时，学习也是一种非常复杂的心理过程，这一过程不仅与智力因素相关，还涉及你的动机、意志、个性、情感等非智力因素。本项目将从学习的含义及意义、大学生学习特点、如何提高学习效率等问题展开，实现以下学习目标：

◆ 理解学习的含义，思考学习的意义；

◆ 理解大学生学习的特点；

◆ 掌握时间管理和科学学习策略，提高学习效率；

◆ 形成终身学习的意识，培养成长型思维。

【导入案例】

　　李杰辉顺利从高中毕业并考入大学，成为英语专业大一的新生。进入大学后，他发现大学的学习与高中截然不同，感到很不适应。高中时期，他按照学校的安排和周考、月考各类考试的节奏去学习，从6点半开始的晨读直到22点结束的晚自习，完成老师布置的作业和任务。在大学里，课程成绩评价分为考勤表现和期末考试。当他准备按照以往的学习节奏在图书馆自习的时候，他突然发现，除了期末，不知道平时应该学些什么。以前在高中的学习生活里，李杰辉都是围绕老师讲解的重难点和考试要求去安排自己的学习生活，而在大学这样更自由、宽松的学习氛围里，他突然不知道朝哪个方向学习，该学点什么以及如何去学。

　　思考问题：1. 大学学习应该学些什么？
　　　　　　　2. 学习的意义是什么？

任务一　大学生的学习：学什么，为什么学

一、学习是什么

在《辞源》中，"学"乃"仿效"，即获得知识；"习"乃"复习、练习"，即复习、巩固。广义的学习既包括人类学习，也包括其他动物的学习，是指个体在活动中通过经验引起的行为或者心理上相对持久的变化过程。狭义的学习仅指人在社会实践过程中，在与他人交往过程中，运用语言这一中介，自觉、主动地掌握社会和个人经验的过程。不管是广义还是狭义的学习，一般都具备以下三个特点：

第一，学习过程带来的心理变化，可以有效促进个体的适应性；

第二，学习带来的变化是一种持久的变化，既可以是外显的行为改变，也可以是内隐的心理变化；

第三，这种变化是由学习引发的，需排除生理成熟、疲劳、药物等因素带来的影响。

学习是个体生存的必要手段。1972年，联合国教科文组织国际教育发展委员会发表题为《学会生存》的研究报告，把学习同生存直接联系在一起，可见学习对人类生存的重要性。学习是人类维持生存和发展所必需的条件，也是适应环境的重要手段。

学习是个体成熟的关键性方法。随着年龄的增长，人的生理和心理会逐渐发展成熟，但成熟并不是完全脱离环境和学习的影响。学习对成熟的影响作用，首先得到了动物心理研究者的支持。许多心理学家的实验研究发现，环境丰富程度可以影响动物感官的发育和成熟，也会影响动物大脑的重量、结构和化学成分，从而影响智慧的发展。相当多的研究和事实表明，学习是一个人成熟的关键性方法。

学习是文明延续的必由之路。著名民族学家、原始社会历史学家摩尔根认为，人类社会的历史可概括为三个时代，即蒙昧时代、野蛮时代和文明时代。显而易见，野蛮时代的人类如果不世代相袭地向先辈们学习使用火，就只能过茹毛饮血的生活；文明时代的人类如果不世代相袭地向先辈们学习农业和畜牧业，也只能靠现成的天然产物为食。人类文明的延续之路也是一条学习之路。

二、大学学习学什么

高职学生的学习是人类学习的一种特殊形式和特殊阶段，是在学校教师有目的、有计划、有组织、有系统的指导下，以掌握间接经验为主的智力实践活动。进入大学阶段后，很多学生会感到很迷茫。大学之前的学习是为了高考，大学之后的学习是为了什么？当有更多自主的时间安排自己的学习和生活时，除了应付期末考试的学习，大学生还可以学些什么？该往哪个方向努力？

一位即将毕业的大学生曾回忆道："想当年，我如愿以偿地跨入大学校园。当时，对于我来说，一种轻松感油然而生，放松紧张的神经，休整疲惫的身体——上课玩手机，下课逛大街，早晨睡懒觉，晚上打游戏，整天不思学习，无所作为。这种消极、颓废的生活

伴我混过了半年的光阴。第一学期考试成绩下来，我竟然位于全班倒数之列，犹如受到当头棒喝，我想振作起来，但又不知如何下手。"

那大学阶段，学生们到底应该学些什么？简而言之，大学的学习主要包含以下三个方面，见表2-1。

表2-1　知识能力分类

知识分类	定义	举例	特点
专业知识	内容性知识，多用名词描述，一般不可迁移，与人们的专业学习、工作分工直接相关。	财务、管理、技术等专业领域知识。	可以通过理论知识学习获得，专业知识的积累和组合很重要。
自我管理技能	适应性技能，以什么态度面对生活和学习。	压力管理，情绪调整，时间管理，学习工作方法。	是能够合理安排学习和生活的重要保障。
可迁移能力	功能性能力，多应用于实践中，可以迁移在不同的学习和工作任务中。	人际交往，沟通，综合分析，资料检索，决策领导，团队组织等。	能够适应各类工作和学习任务的需求，是实践活动中需要的重要能力。

在大学阶段，学生将告别中学通识基础知识的学习。在专业上，大学生通过专业必修课对专业知识进行更深层、更细分化的理论知识学习，提升自己在专业方面的素养。在实践上，大学生通过心理健康教育和各类社会实践活动，习得自我管理和可迁移的能力。这使得大学生一方面能够形成正确的价值观，独立面对生活挑战，另一方面能够更好地将自己的专业技能运用到社会实践中去，为今后融入社会进行就业做好准备。

同学们可对照上表，对自身的知识和能力进行查漏补缺，抓住适当的机会锻炼自身的能力，制定合理的学习计划。

拓展阅读

三个等级的学习

学习的内容可分为三个等级：舒适区、学习区和恐慌区。舒适区是指已经掌握的知识，这些知识对自己来说没有学习难度或者已经习以为常，对于这个区域的知识，自己可以处于舒适的心理状态；学习区是指对自己有挑战，但通过努力能够学会的知识，这些知识会使我们心理上不太舒服，但也不会太难受；恐慌区是指超出自己能力范围过多的知识，这些知识会使我们心理上严重不适，感觉恐慌以致放弃学习。

对我们来说，舒适区的范围越大，表示我们的竞争优势越大，选择机会越多，认知水平越高。按照这个理论，我们需要做的就是不断在学习区中学习，把学习区转变成舒适区。当然，随着认知水平的提升，也会有恐慌区的内容进入我们可以接受的学习区，再进入舒适区。人生就是一个不断学习的过程，"积土成山，风雨兴焉；积水成渊，蛟龙生焉"。随着舒适区的不断变大，量变终会引起质变。终有一天，我们会感谢现在努力学习的自己。

三、大学为什么而学

根据学习材料与原有知识的关系，学习可以分成机械学习和有意义学习。机械学习是指新知识与学习者认知结构中已有的知识建立非实质性和人为的联系，如对课堂中教授的知识进行死记硬背。在有意义学习的过程中，学习者会将新知识与学习者认知结构中已有的旧知识建立起实质性和人为的联系，如运用思维导图进行学习，将新旧知识结合在一起。要想高效地学习，就要保证学习是有意义的，而非机械的。所以在各种备考中，仅仅局限于要学的技能或概念是不够的，关键是要将它们纳入自己原有的知识体系中，和以前学习的内容形成关联，即使你暂时遗忘了新知识，旧知识也能起到锚的作用，牵引出你所学的新知识。当所学的知识不再是散落一地的果实，而是一棵枝繁叶茂的大树时，我们才能长久地记住新学的知识。

有意义的学习不仅仅在于知识的积累，而是整个人无论是在情感还是认知上都投入学习中去。而当我们去死记硬背对自己没有意义的知识时，则是将自己的身心劈开去学习，这种学习被称为"颈部以上学习"。高职三年的学习是未来生活的起点，如何将当下的学习与未来的职场、生活联系起来，将直接影响你的学习动力和积极性。如果你把背单词当成是应付英语等级考试的一种策略，就会感到乏味和枯燥，但如果你把学习英语当成是增加未来求职的筹码或者创造更丰富生活的一种尝试，那学习的动力就不一样了。因此，当你开始着手学习新知识或新技能时，不妨试着问自己以下几个问题：

- ◆ 我为什么要学这个知识或技能？
- ◆ 学这个对我有什么特别的意义？
- ◆ 学习的内容与未来的事业、生活有什么关系？

价值塑造

"学习的目的是什么呢？就是要把学到的知识回馈社会，做一个对社会有用的人，做一些对社会有用的事。科学无国界，但科学家有祖国，要有一颗爱国之心。每一个中国人，最终应该为国家、为民族、为人民，包括为养育自己的父母，尽量多做些事情。我国很多伟大的科学家都具有这样的高贵品质。你们毕业以后，无论走到哪个地方，无论在什么岗位上，无论在国内还是国外，都要牢记这一点。"

——2013 年 7 月，习近平总书记来到中国科学院高能物理研究所、中国科学院大学考察、看望科研工作者，和师生开座谈会时的讲话

四、高职学生的学习特点

进入大学以后，学习的形式和内容都相较于以前发生了巨大的变化。在中学时期，同学们更倾向于在学校和老师的监督和安排下，被动地学习。而大学的学习时间和安排更加宽松和自由，这就需要同学们改变原先学习的形式，主动地学习。那么大学的学习生活是怎么样的呢？接下来，我们就从大学学习特点展开讨论，帮助同学们了解大学学习。

（一）学习的专业性

首先，与中学的通识教学相比，大学将围绕选择的专业和未来的就业方向进行专业化的教育。这就要求同学们在学习中明确自己的专业方向，并逐渐开始探索自己的未来就业方向，由此来加强对专业的兴趣，增强学习的动机。例如导入案例中李杰辉的专业——英语师范类，在大学的学习可分为两方面：一方面是英语基础的专业课，通过学习该课程来加强自身英语听说读写的基础能力；另一方面是师范生的技能课程，学习此类课程可提升板书练

习、听课评课备课等教学技能。因此，李杰辉的大学学习生活应该找准自己的就业定位，以在未来能够胜任一名英语教师的要求来开展自己的学习生活，提升自己的能力。

（二）学习的自主性

在中学的学习生活中，学生的课程和学习内容几乎没有选择的余地，只能按照要求完成学校安排的课程、考试以及老师布置的课后任务。所有学生需要在规定的时间和学习内容里相互竞争，一较高下。但进入大学，同学们有选择自己喜欢和感兴趣课程的自由，并且学校课程安排也不再像中学一样，从早自习一直排课到晚自习，而是有了更加充裕的课余时间。与此同时，互联网、图书馆、手机电脑等通信设备的开放使用，也使得大学生有了更多获取学习资源的渠道。因此在大学时期，如何合理地安排选修课程和大量课余时间，成了考验大学生学习能力的一道难题。

（三）学习的探索性

大学的学习内容与中学不同，在中学课堂中要求学生读懂课本理论知识并完成相关习题。而在大学课堂上，教师往往会倾向于培养学生主动学习反思、搜集相关知识、对涉及领域进行探索的能力。比如教师在课堂上提出一个主题，让学生自己去寻找相关资源，并完成对这个领域相关知识的补充，再由学生对此主题进行汇报。同学们需要尽快适应这种探索式学习方式，完成从被动学习到自主学习的转变。同时这种自主探索式学习方式的养成，有利于帮助学生更有效地完成对自己未来就业方向的探索。

（四）学习的实践性

由于大学时期与学生进入社会相接轨，因此大学的学习也具有实践性。大学阶段不再像中学时期仅仅停留在理论知识的学习上，培养学生利用专业知识解决实际问题的能力更加重要。大学生可以利用课余时间、寒暑假参加各类社会实践来提升自己的专业技能和实践的技能。大学生通过这些实践，锻炼自身的人际交往能力、协调组织能力以及合作能力，搭建好通往社会的桥梁。

（五）评价的多样性

大学的评价系统相对于中学也发生了变化。在中学，由于中考和高考的要求，成绩成了唯一的评价标准。而在大学课程的评价体系中，除了期末成绩可能还要考查日常课堂表现、做汇报和一些小组作业的质量。与此同时，学生在社团活动的表现以及各类竞赛中的表现都将纳入学生的评价体系中。因此除了应试能力，学生的探索学习、实践能力、领导组织能力、人际交往能力等都将在大学里得到多方位的考查。这就需要大学生在学习和实践中均衡发展自身各个方面的能力。

任务二　破解学习的难题：学习心理问题的调适

一、学习动机不足和应对方法

动机是指激发、维持，并使行为指向特定目的的一种力量，学习动机是直接推动学生进行学习的一种动力，是激励和指引学生进行学习的一种需要。个体的学习动机有强弱之分：学习动机强的学生往往能够主动制定学习计划，自觉完成学习任务；学习动机弱的学生往往缺乏学习目标，作业能拖就拖，对学习不感兴趣。（见实践手册项目二拓展活动一：学习动力自我测试）

那么，学习动机越强越好吗？不一定。如图 2-1 所示，著名的耶克斯-多德森定律告诉我们，人类的动机强度和活动效率之间呈现倒 U 形的关系，学习动机既不是越高越好，也不是越低越好，中等强度的动机往往是最好的。随着任务难度的变化，动机的最佳水平也会发生变化。对于难度较低的任务，较高的动机水平会带来更好的表现；对于难度较高的任务，较低的动机水平会更有利于问题的解决。

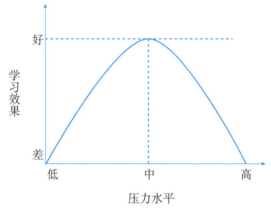

图 2-1　耶克斯-多德森定律

动机还有内外之分：凡是根据自己的兴趣、意愿、爱好进行学习的都是内部动机，这样的学生往往具有明确的学习目标，能够自觉、主动地安排学习，喜欢挑战，能够坚持不懈地努力；相反，如果是为了获得外部的奖励、他人的认可等外在的奖赏而开展的学习则属于外部动机，具有外部动机的学生一旦达到目的，动机就会下降，如果任务失败则会严重挫伤其积极性，甚至一蹶不振。一般情况下，只有内部动机才能持续不断地给学习提供充足的动力，激发学生持久的学习兴趣。当然，外部动机也并非毫无可取之处，在成长的不同阶段，外部的奖励往往是一个人努力进取的重要动力。

我们对成就的追求也有高低之分。成就动机指的是希望尽可能独立并成功地完成或掌握一些非常困难或极其具有挑战性事情的动力，包含追求成功和避免失败。成就动机高的人渴望获得成功并超越他人。但过强的成就动机会造成巨大的心理压力，树立的远大理想和抱负往往超过自己的实际能力，担心失败，以致欲速则不达。成就动机过低的人要么制定的目标很低，要么制定的目标太高几乎不可能完成。追求成功和避免失败两两组合，就形成了成就动机的四种类型，见表 2-2。

表 2-2　成就动机的四种类型

类型	表现
高驱高避	设置目标过高，过度努力，害怕失败，焦虑恐惧。
高驱低避	自我效能感高，成功定向，失败了反而会想办法。
低驱高避	设置目标过低，极力避免失败。
低驱低避	放弃努力，认定自己是个失败者。

刚刚结束"十年寒窗"求学生涯的高职学生进入大学后，渴望"喘口气"放松一下，面对学习往往抱着"60分万岁"的心态，学习积极性普遍下降，对学习提不起劲，上课不想听，作业不想做，纪律比较松散，态度较为敷衍，甚至有厌学、弃学的想法。

如何激发高职学生的学习动机，提高学习积极性呢？

第一，设置合理的学习目标。过高的学习目标容易产生挫败感，过低的学习目标达不到学习的效果，只有难度适中的目标才能激发起学习的动力。高职学生应明确自己学习的目的，并将学习目的与实际生活联系起来，同时根据自己的学习目的制定合适的目标。

第二，学会正确地归因。人们总是喜欢寻找自己或他人取得成功或遭受失败的原因，这就是归因。心理学家伯纳德·韦纳将行为成功的原因归为能力、努力、任务难度、运气、身心状态和其他因素这六个方面。在解释学习成功或失败时，将原因归结于不稳定但可以控制的因素，如努力，成功时可以激励自己进一步努力，失败时可以告诉自己是因为努力不够，下次再接再厉。

第三，不断积累成就的体验。过多的失败体验容易导致习得性无助，高职学生应该以积极的心态面对学业中的挫折和失败，多实践、多锻炼，不断积累各种成就的体验，而不是盲目地和成绩优秀的同学作比较，要学会跟自己比，看到现在的自己比过去的自己更加努力和优秀。

拓展阅读

习得性无助

有心理学家曾用小狗做过一个实验，他把一只小狗放进一个锁上门的笼子里，笼子里安装了电击装置，通过设备对小狗进行电击。这只小狗在一开始被电击时，还在拼命挣扎，横冲直撞，想尽各种办法要逃出去。但是经过了很多次的失败后，它发现自己无法逃出这个笼子，横冲直撞的行为就减少了，直至消失。即使给它制造机会逃跑，它也一直卧倒在地，绝望地忍受着电击的疼痛，而不再尝试逃出去。后来，实验者采用噪声代替电击，对人类做了同样的实验，发现人类也有类似行为。根据实验结果，心理学家提出了"习得性无助"的概念。习得性无助指的是个体经历了某种失败后，在情绪、认知和行为上表现出消极的、特殊的心理状态。这种状态会导致个体害怕失败，极力避免做可能失败的事情，同时，个体焦虑、抑郁的情绪会以自暴自弃的形式表现出来。

二、掌握科学的学习方法

科学有效的学习方法是减轻学习压力、提高学习效率的重要保障。很多大学生在大学的学习中使用错误的学习方法，导致自己学习效率低下。比如下列案例中的小鱼，就是"傻用功""死读书"的鲜活例子。为了提高英语成绩，小鱼拿着单词书从头开始背单词，的确很刻苦，但这种学习方法是在用战术上的勤奋来掩盖战略上的懒惰。从某种程度上来说，大学的学习其实是一种学习方法的学习，科学的学习策略可以帮助大学生制定有效的学习计划，监控学习过程，从而提高学习效果。

同大部分学生一样，在放暑假前，小鱼详细地列出暑期学习计划，想象着自己会度过一个充实忙碌的假期，并在开学后顺利翻身，变身学霸。然而，两个多星期过去了，小鱼已经以"挺尸"的姿态在床上躺了两个星期，六级单词还没背完以 B 开头的，学习计划显然又要宣告失败。他向好友忏悔自己的堕落："我真的坚持不下去，背单词已经尝试过三遍了，从来没背到以 C 开头的单词，做阅读还是被不认识的单词卡死！"小鱼的眼里满是绝望，"或许我生来就是一条咸鱼。"

（一）组织策略

组织策略是指整合所学知识和旧知识之间的内在联系，对学习材料进行系统、有序的分类和整理，形成清晰的知识网络和新的知识结构的策略。通常我们可以通过表格、流程图和思维导图等方式来帮助我们整理出清晰的知识网络。思维导图就是利用个体存储的记忆相互联系的特点，从一个中心主题出发，向外发散次节点，充分利用不同的颜色、记号等来加深记忆。

（二）间隔学习

研究表明，间隔学习相较于连续学习有着更好的学习效果。研究者挑选了 38 名住院外科实习医生进行实验，这些医生要参加 4 节有关显微镜手术的课程，学习如何把细小的血管重新连接起来。研究者将这些实习医生平均分为两组：一组实习医生在一天内就上完了四节课；另外一组实习医生是每周上一节课，每节课之间有一周的间隔时间。所有课程结束后，研究人员对两组实习医生进行了测试，测试结果之间的差异非常显著，间隔学习的实习医生们表现得更好。间隔学习比集中学习的效果更好，这是因为大脑记忆信息需要一个巩固的过程，这个过程可能需要数个小时，甚至数天。快速频繁地练习只能产生短时记忆，间隔学习虽然会有一些遗忘，但是重新复习、检索学习的过程，会促进知识巩固，强化记忆。

因此，在学习中我们也要注意劳逸结合，制定合理的学习计划。不可临时抱佛脚，某一天突然学习很长时间，会造成大脑和身体的疲劳，而是应该将学习任务分配到每天的计划中去。另外我们在学习多门学科时，可以灵活调整每门学科学习时间。例如将今天一天只学习英语，改为学习英语和政治。各门学科交叉学习，也是间隔学习的一种形式，会帮助同学们达到更好的学习效果。

（三）掌握记忆的规律

人的大脑对信息的存储分为短时记忆和长时记忆两个阶段。长时记忆可以更久地被我们调动和运用。个体需要不断复述短时记忆内容将其转变为长时记忆。例如，人们对刚刚看到过的一个电话号码会很快记忆，只有通过反复运用这个号码才能转变为长时记忆。所以当学习了新知识后，如果不及时复习，原先记住的东西很容易被遗忘。

讲到遗忘，就要提到艾宾浩斯遗忘曲线，如图 2-2 所示。德国心理学家艾宾浩斯（H. Ebbinghaus）绘制了人类记忆遗忘曲线，该曲线描述人类大脑对新事物遗忘的规律，告诉人们在学习中的遗忘是有规律的，遗忘的进程不是均衡的，不是固定一天丢掉几个，转天又丢几个的，而是在记忆的最初阶段，遗忘的速度是最快的，后来就逐渐减慢了，一段时间后，几乎就不再遗忘了，这就是遗忘的发展规律，即"先快后慢"的原则。观察这条遗忘曲线，你会发现，学得的知识在一天后，如果不抓紧复习，就只剩下原来的 26%。随着时间的推移，遗忘的速度减慢，遗忘的数量也就逐渐减少。根据艾宾浩斯遗忘曲线，同学们需要在学习记忆发生的 20 分钟以及 1 天左右的时间里及时复习，才能最大限度地减少遗忘，提高学习的效率。同学们可以根据艾宾浩斯遗忘曲线来更加科学地规划自己的记忆和学习过程。

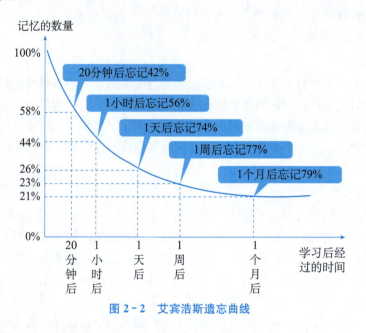

图2-2　艾宾浩斯遗忘曲线

拓展阅读

关于学习，你不知道的事

问题1：坚持一种固定的学习习惯对学习是否重要？

答：完全不重要，大多数人反而会因为总是变换学习场所而获得更好的学习效果。你练习时周遭的学习环境复杂多变，你学得的内容就记得更清楚、长久。换句话说，你学习时的环境条件变化越多，你学得的东西就越不依赖于周围的环境条件。以变换环境来增强学习效果，不仅是变换不同的学习场所，改变一下你的学习时间也是不错的选择。

问题2：临阵磨枪，不快也亮，这难道不是好方法吗？

答：不见得。临阵磨枪是没有办法的办法，例如，你耽误了功课，想应付期末考试，除了狠狠熬上一通宵之外也没有别的办法，但其坏处在于期末考试过后，你学过的东西很快会被遗忘得所剩无几。拉开时间间隔来学习是一种更好的学习方法，这种方法叫"分散式学习"，就是把一次集中学习打散成数次学习，并拉开学习之间的间隔。用这种方法学习，你学到的东西会记得更久。研究表明，通过分散式学习所能记得的知识，比一口气学完要多达1倍左右。

问题3：自测学习能有多大效果？

答：有很大效果。自测是功效最大的学习技巧之一。传统的词卡是个好办法，让朋友、同学来考查你也是个好主意。自测从两个方面起到最佳作用：一是迫使你从几个可能正确的答案中选出真正正确的答案；二是让你立即明白自己是选对了还是选错了。自测能延长记忆的时间，加深我们对知识点的理解。你可以用不同的方式来考查自己，例如，对着同事或者镜子凭记忆背诵一段文章，或者一边在厨房踱步一边解释给自己听，又或者跟朋友一起用餐时讲解给大家听。正如老师们经常说的那样："只有当你能清楚地讲解给别人听时，你才能真正理解你要讲的东西。"

三、拖延症的成因和应对方法

宇豪同学"拖延"完成作业的流程

1. 找张舒服的椅子，坐在电脑前亮堂的地方；
2. 登录QQ，把登录状态设定为"离开"；
3. 详细阅读作业要求，确保完全理解；
4. 到楼下买瓶可乐，帮助集中注意力；
5. 查邮件；
6. 出宿舍打电话约朋友去喝咖啡，然后回来安心写作业；
7. 回到宿舍，找一张舒服的椅子，坐在干净亮堂的地方；
8. 再次阅读作业要求，确保100%理解内容；
9. 查邮件；
10. 照照镜子；
11. 打开音乐网站下载新歌；
12. 顺便在QQ上和朋友聊几句；
13. QQ上聊沟通不顺畅，打电话询问同学近况，然后聊一些闲话家常；
14. 电话打完，看到QQ上推送的新游戏，玩一会儿QQ游戏；
15. 顺便逛逛社区网站；
16. 去趟卫生间；
17. 再次阅读作业要求；
18. 看窗外美丽的夕阳，欣赏一下日落；
19. 看看时间，差不多该吃晚饭了，给饭友打个电话约饭；
20. 23:00开始马不停蹄地赶作业，24:00完成作业。

同学们是否有宇豪这样的经历？待收拾的桌面、待上交的作业、要看的书全堆在眼前，焦虑的小心脏不安地跳动着。明明有很多事情赶着做，我们偏偏就跟自己说，再待一会儿，等下再做。于是，一分钟过去了，一个小时过去了，一天也过去了，凌乱的桌面依然凌乱，要看的书依旧尘封，这就是拖延。我们一次次满怀期望地立各种目标，又一次次看着它们无奈地倒下，到底是什么让我们为了眼前的诱惑而放弃长远的获益呢？

（一）生物本能

在人类文明高度发达的今天，我们的大脑仍遵循原始趋利避害的本能。现代神经科学家在人的大脑中发现了奖励承诺系统，每当大脑的这个区域受到刺激时，就会释放多巴胺，促使人们对未来产生期待："再来一次！"多巴胺这种神经递质具有强大的魔力，很容易让人沉迷于当下的诱惑，欲罢不能。当体验过刷视频可以带来快感、与人聊天让人感到温暖、欣赏窗外风景令人愉悦时，我们就会立即重复去做，从而忘了执行计划。这也可以解释为什么没有人会拖延着去打游戏、追剧和约会，因为这些都是我们想做的，并且会带来乐趣。

（二）畏惧失败

面对待完成的任务，我们作出逃跑反应也有可能与自身存在的一些不合理信念有关，例如有人相信"个人价值＝处事能力＝在某个任务中的表现"。按照这个逻辑，一个人在某次任务中的表现成了唯一衡量他的标准，而其他方面往往被忽略了。大家普遍认为出色的表现意味着一个出色的人，平庸的表现意味着一个平庸的人。因此，人们当然会害怕失败，而且宁可认为失败是因为自己不认真，也不要面对"竭尽全力但还是失败了"的结局。拖延打断了能力与表现之间的等号，因为其间缺少完整的努力，所以可以安慰自己"要是我全力以赴，肯定能表现得更好"。通过拖延，你永远不会逼着自己去面对自己的能力极限在哪里。然而问题的关键是：这个等式成立吗？某一次的表现就一定能代表一个人的能力，甚至价值吗？能力不是生来就固定的，而是可以不断积累和成长的。自我价值感更多的是与一个人的自信和成长环境有关，这些都不是一个简单的公式可以代表的。因此，当你因为害怕失败而踌躇不前时，可以问问自己：一次表现真的能代表一个人的能力，甚至是价值吗？

（三）完美主义

完美主义者对自己、对结果的期望过高甚至到了完美的程度，他们倾向于所有准备就绪之后再开始行动。如果不完美，那么就不能开始，因为忍耐任务进程中的不完美以及可能不尽如人意的结果是具有挑战性的，以至于他们没有勇气开始任务。完美主义者往往有着一些根深蒂固的信念，例如，任何事情总有一个正确的解决方法，优秀的人不用努力，平庸必然招到轻蔑等。从某种程度上说，完美主义者内心的标准好看却不好用，一旦开始行动后，你可能会发现，事情可能远比你想的复杂得多，那种想要百分之百按照计划执行的想法似乎有些可笑了。

（四）摆脱控制

你是否也存在这样的情况？妈妈让你倒垃圾，催了无数次，你答应说会去做的，但是迟迟不愿行动；老师给你发消息让你马上给他回电，可是你非要拖一两个小时才回复。以上这些情况可能是因为你必须服从一些规则导致的。生活中，我们会跟各种各样的规则打交道，有些规则来自父母，有些来自老师，还有一些是自己给自己的，规则总免不了给个人造成束缚。然而，反抗规则的行为并不是真正的自由，因为你一味跟规则对着干，仍然没有选择。基于现实的情况作出选择，才是明智和独立的。

通过上述的分析和整理，也许你已经明白问题出在哪里，那如何与拖延症说再见呢？

第一，反思拖延的领域。你会发现并不是所有的事情你都要拖延。仔细思考一下：你常常拖延的是琐碎的杂事，还是重大的事情？你推迟的是自己的事情，还是别人的事情？你推迟自己擅长的事情，还是自己所不熟悉的事情？你拖延的事情和能准时去做的事情之间最关键的区别是什么地方？通过这些观察，加深了对自己的了解，也为下一步行动做好准备。

第二，设定具体的目标。明确的目标和可执行的计划是最有力的作战武器。有些拖延者表面上一直在忙着设定目标，但是这些目标往往都模棱两可、含糊不清，反而更容易引发拖延的问题。一个好的目标往往具有可观察、具体化、可操作的特点，而且可分解成几个小的步骤。例如，拖延者会说"我想重新开始生活"，这是一个可理解的愿望，但是不够具体，没办法启发拖延者开始行动。如果改成"我打算每天跑步 40 分钟"，就变得可操作了。另外，拖延者往往有一些不切实际的目标，这些目标过于理想化，最好是将目标分解成一个个可执行的小目标，更有利于拖延者开始行动。

第三，开启行动。选择天时、地理、人和的时机，开启迈出行动的第一步。如果决定看一本书，图书馆比寝室更适合；拉一个同样认真学习的伙伴和你一起学习更容易坚持；公开作出承诺会给你更大的动力去完成目标，同时也要拒绝让你退步的人和事；拒绝网络成瘾，拒绝杂乱无章的生活状态。

任务三　学会学习：革新学习理念，培养学习能力

一、树立终身学习的理念

"终身学习"的理念出现在第二次世界大战后，在 1965 年由联合国教科文组织正式提出，到 70 年代才引起了世界各国的普遍重视和积极实践。狭义上，终身学习（Life-long Learning）在教育学和心理学概念上，指的是"人在一生中持续进行的有意义学习（Deliberate Learning)"，是"通过汲取别人积累的经验而缩短个人经验的一种方式"。广义上，它指的是"任何有理智的人在适应环境时都会进行的一般性学习"，相当于中国人常说的"活到老，学到老"或者"学无止境"。

◁ 价值塑造

晋平公问于师旷曰："吾年七十，欲学，恐已暮矣！"师旷曰："何不秉烛乎？"平公曰："安有为人臣而戏其君乎？"师旷曰："盲臣安敢戏其君乎？臣闻之：'少而好学，如日出之阳；壮而好学，如日中之光；老而好学，如秉烛之明。'秉烛之明，孰与昧行乎？"平公曰："善哉！"

译文　晋平公向师旷问道："我今年七十岁了，想学习，恐怕已经晚了吧！"师旷说："为什么不在晚上点燃火烛呢？"晋平公说："哪有做臣子的戏弄他的君王的呢？"师旷说："盲眼的臣子怎么敢戏弄他的君王啊！我听说：'年少的时候好学，就如同日出时的阳光；壮年的时候好学，就如同太阳在正午时的阳光；年老的时候好学，就如同点亮火烛时照明的光亮。'点燃火烛照明，和在黑暗中摸索哪个更好呢？"晋平公感叹："说得好啊！"

曾有教育学家指出，70% 的学习都依赖于我们自发去完成。因此，"终身学习"并不是一种学习方法，而是一种在社会协作不断频繁重组的环境下必备的生存能力。社会的持续变革需要人们持之以恒地学习。过去，社会变革相对于人的生命周期是比较缓慢的，如今社会变革十分迅速，人的一生中可能经历过几次社会变革，可能大学期间获得的知识只能用 5 年。但解决之道并不是放弃教育，而是应该养成终身学习的习惯。早在 19 世纪 70 年代，就有学者提出教育和知识的"半衰期"概念，该概念是指一个人接受的教育或在某一领域拥有丰富的专业知识，如果不再学习精进，一定时间后会进入知识半衰期，即便基

础知识仍可用，其余一半的知识也已落伍。也就是说，今天所学的东西过不了几年就跟不上职场、社会对人们的要求了。学习将伴随着我们整个生命，人人都要终身学习。不管是自身成长的需要，还是外界激烈竞争的催促，都要求我们学习。当下，终身学习已经成为人类在这个普遍焦虑的社会的一种刚需。

终身学习的关键在于"终身"，终身学习，即终身性的学习。所谓终身性，是一种持续性的状态。终身学习就是学会学习，养成主动的、不断探索的、自我更新的、学以致用的以及优化知识和技能的良好习惯。同时，终身学习不是低水平的重复，不是说一辈子天天念小学课本，不是天天学各种英语第一册。终身学习必须伴随着认知的突破和升级，不断开启认知周期。从保持谦卑的学习状态开始，循序渐进，有一天你突然发现自己可以与一直奉为权威的人比肩，这表明你完成了一个认知周期，然后，再开始"谦卑→自信→又谦卑……"无限制地循环这一认知周期便是终身学习。终身学习也并非要求人们每时每刻都在学习。任何事物都是相对的，小学阶段相比幼儿园阶段，大学阶段相比中学阶段，每个阶段主要学习的内容不同，每个人的成长程度也有所不同。

即将走入社会的大学生们，该如何开展终身学习呢？

第一，跟对的人学习。我们过去往往以为阅读就约等于学习，阅读是跟书学，但其实跟人学效率更高。因为人就是知识的载体，知识已经被高手们像买菜一样买回来洗干净切好，已经搭配和融合好，跟他们学，当然更省时间。所以，尽可能和高手在一起，尤其是在今后的社会协作中，要营造这种学习环境。这是最好的减轻知识总体负担的方法。

第二，用表达来学习。很多人都有这样的体会，自己曾经读了这么多书，那些字就像流水一样从脑子里飘过，读完之后，书一合上，什么也没记住。同时很多人也有另一种体会，把看过的书，学到的知识，对别人讲一遍，写一个读书笔记，就记住了。分享是最好的方式，想办法把自己掌握的东西整理出来，先完成再完善，不要害怕、不要害羞，大胆地输出，用输出倒逼输入，审视输入。重要的不是你读了多少书、上了多少课，而是你做了哪些思考，你输出了多少。这就是通过表达来进行有效学习的方法。

第三，碎片学习。我们这一代人面临时间碎片化是一个基本事实，系统化学习很好，但是如果它不能实现，我们就必须能利用碎片化时间获得实实在在的知识。美国政治家富兰克林曾说过："我一生的知识积累的来源就是这样的，我在查找一方面资料的同时，意外地看到了另外的资料，这就是我的学习。"这就是碎片化学习，与我们现在的网络学习很像。成年人的学习方式更多的是在实践中，通过碎片化的学习积累和不断的尝试，最终掌握了自己所需要的知识。

第四，搭建学习整体框架。掌握知识重要的不是记忆而是理解，本质上是掌握概念，通过掌握一个一个的新概念，搭建起属于个人的知识框架。对于所有新学习到的内容，我们都需要把它放在知识框架中合适的地方，这样每一次学习都将是对原有知识框架的完善。

第五，掌握有效的方法。学会学习本身比学什么内容更重要。目前，全世界的教育专家和学习技术的研究者们都有一个共识：我们现在已经找到了一种最好的学习方式，这种学习方式就叫作"任务式学习"——用真实的任务、项目和目标来牵引自己的学习。只有以"交付一个任务"为目标，来展开自己的学习，才能既促进学习的广度，也保证学习的深度，让你在学习过程中保持成就感。

◆ 价值塑造

　　"终身学习"的思潮在 20 世纪 70 年代初传入我国，但直到 1995 年颁布的《中华人民共和国教育法》才以法律的形式首次提出"建立和完善终身教育体系"的概念。1999 年，国务院批转的教育部《面向 21 世纪教育振兴行动计划》提出"到 2010 年，基本建立起终身学习体系"，这是我国官方文件第一次使用"终身学习体系"的概念。2002 年党的十六大报告提出，到 2020 年我国要"形成全民学习、终身学习的学习型社会"，这是官方文件首次提出建设学习型社会的战略目标。经过二三十年的努力，我国在终身学习体系和学习型社会建设方面取得了很大的进展。但是，终身学习体系和学习型社会建设是一个持续不断的过程，需要不懈的努力。

　　2020 年 9 月 22 日，习近平总书记在教育文化卫生体育领域专家代表座谈会上的讲话指出，要完善全民终身学习推进机制，构建方式更加灵活、资源更加丰富、学习更加便捷的终身学习体系。习近平总书记的讲话反映了世界教育发展的终身化趋势，也指出了我国构建终身学习体系、打造学习型社会的方向。

二、培养成长型思维方式

　　心理学家发现人们在看待智力、能力和创造力等个人素质时，会表现出成长型思维和僵固型思维两种截然不同的思维方式，见表 2-3。具有成长型思维的个体相信自己的能力和智力就像肌肉一样，可以通过有效的锻炼获得提升。具有僵固型思维的个体认为自己的能力和智力是固定不变的。在面临学业困难和挑战时，具有僵固型思维的个体认为自己是"愚蠢的"，或者被其他人视为"愚蠢的"，直接否认了自己的能力，从而停止继续努力。他们常有的想法是"我已经做了所有可能的事，失败是因为我不具备这样的能力，我是糟糕的，所以我要放弃在这个学科上的努力"。而具有成长型思维的个体认为自己的能力是可以通过努力不断提高的，倾向把困难、挑战看成锤炼自身、提升能力的机会。具有成长型思维的个体在面临困难挫折时，能够管控自己的学习过程和自身动力，倾向于坚持努力学习去克服困难，他们常有的想法是"我要反复研究自己的错误，直到我完全理解了"。他们相信自身能力是可以通过努力得到进步的，学习是为了提升自我。

　　心理学家曾做过一项实验，他们让一群孩子玩拼图，观察他们的行为和情绪反应。开始时拼图很简单，后来变得越来越难。而随着拼图难度的提升，有些孩子开始出现抵触心理，有些孩子虽然面露难色，却十分兴奋地破解拼图。当研究人员问孩子们是想玩简单的拼图，还是想挑战更高难度的拼图时，有的孩子选择玩简单的拼图证明自己现有的能力，并告诉研究人员聪明的孩子不会犯错误；而有的孩子却想挑战更高难度的拼图，他们想学习新的东西，而不是一遍一遍地解决同一种问题。这恰好对应的是两种思维模式。

　　研究发现，具有成长型思维的学生有更好的学业成就表现。他们认为学习和训练的过程可以挖掘他们的潜力，于是在面对挫折和挑战时，他们愿意通过训练来提升自我。因此相对于具有僵固型思维的学生，他们在面对挫折、挑战前会表现出更多自我效能感和毅力，以及更少的无助感。也就是说，成长型思维的学生倾向于通过增强积极、努力的信念促进成绩的提升，并且这种思维倾向的优势会随着时间的推移而扩大。另外，成长型思维可以消除刻板印象给学业成就带来的负面影响。另有研究也发现，具有成长型思维的非裔美国大学生有更好的成绩表现，成长型思维使他们更少受到非裔美国人不聪明、女性不擅长数学等刻板印象带来的负面影响，从而将更多的精力投入学业中，使得他们的标准化成绩得到了提升。

表 2-3　成长型思维和僵固型思维的比较

成长型思维	僵固型思维
能力和智力是可以被开发的	能力和智力是固定不变的
时刻准备迎接挑战	倾向于避免挑战
面对挫折，克服困难	自我保护或轻言放弃
将努力视为通向成功的路径	认为努力是不会有结果的
视批评为学习的机会	忽视具有建设性的负面反馈
将他人的成功视为灵感	觉得他人的成功是一种威胁
将失败视为成功的机会	失败是因为自己能力不足
不断更新自己的观念	拥有确定性的世界观
渴望学习新东西，而不只是局限于表面	希望处理在能力范围内的事情，让自己看起来很有智慧、完美

思维倾向不是固定的，同学们要勇于打破僵固型思维，向成长型思维靠近。每个人在面对挫折和挑战时，都可能会有过"这个方面不适合我去做，我要放弃"这样的想法。例如"我英语一直都学不好，我就不适合学习英语"，又或者"我不敢上台讲话好害怕，我尽量不回答问题，不上台演讲"等。正是这些放弃的想法，阻止了自己在这方面的学习和成长。改变现状最好的办法就是迎接困难，坚持学习，坚持攻克。不断学习和攻克的过程就是提升自身能力的过程。勇于挑战，自身的能力和智力将在不懈努力中不断成长。

🔁 **拓展阅读** --

大脑具有可塑性

大量研究表明，大脑是可塑的。大脑可以通过后天培养以促进其发展。大脑的神经元会在连续不断的刺激下出现永久性的变化。事实上，人的大脑除了具备与生俱来的一些功能外，还可以进行人为更新。学习的过程可塑造大脑神经之间的构造。大脑运作的过程就像互联网，可以进行信息传递和处理。每个脑细胞就像一台电脑，需要通过脑内"互联网"与另一台"电脑"进行信息互换，才能使信息被充分利用，大脑的互联网才更精密。当我们迎接挑战、学习新事物的时候，大脑中的神经元就会产生新的关联，关联越多，大脑神经就越密集，也就表明智力得到了发展。学习前后大脑的变化如图 2-3 所示。

学习可以增加我们脑细胞的连接

学习新知识前　　　　　　　　　　学习新知识后

图 2-3　学习前后大脑的变化

2000 年，伦敦大学认知神经学家埃莉诺·马奎尔用功能性磁共振成像（fMRI，functional Magnetic Resonance Imaging）脑扫描仪扫描了 16 位伦敦出租车司机，发现他们脑中与空间导航能力相关的海马回背部区域比其他人的要大很多，而且驾龄越长，海马回就越大。研究者及其团队想搞清楚，到底是司机本身就具有很强的空间导航能力，还是学习之后的影响。于是他们继续研究了出租车司机学习新知识时大脑的情况。他们组织这些出租车司机进行一些课程的学习，在课程开始的时候，研究员用 fMRI 脑扫描仪扫描了一次司机的大脑，课程结束的时候又扫描一次。结果发现，海马回变化最大的司机最有可能通过课程考试。该结果有力地证明了独一无二的学习经历确实能使大脑的生理结构发生切实而深刻的变化。

三、养成自主学习的习惯

进入大学后，学生们没有了各种期末考、期中考和月考，学习变得相对自由和轻松，有了更多自主的学习时间。自主学习指的是个体自觉确定学习目标、制定学习计划、选择学习方法、监控学习过程以及评价学习结果。

自主学习一般具有以下几个特点。第一，能动性。自主学习是学生积极、主动、自觉地从事和管理自己的学习活动。第二，独立性。自主学习要求学生在学习过程中摆脱对教师或他人的依赖，自己作出选择和控制，独立开展学习活动。第三，自主学习是采取各种调控措施使自己的学习达到最优化的过程。第四，自我监控。自我监控是提高自主学习成效的重要保证。自主学习要求学生对为什么学习、能否学习、学习什么、如何学习等问题有自觉的意识和反应，它主要表现在学生对学习的自我计划、自我调节、自我指导上。

大学生的自主学习能力，首先体现在如何有效地安排自己的学习时间。自主学习能力强的同学会合理规划自己上午、中午、下午和晚上的时间，合理安排自己的学习时间和课余兴趣爱好、娱乐消遣的时间，达到劳逸结合，相互促进。其次，自主学习能力要求学生自主选择学习的内容，除了专业的必修课、公共课，还要结合自己的兴趣爱好、特长选择自己喜欢的选修课，并通过社团活动、社会实践、主题讲座、兼职实习等不断拓展自己的知识范围。最后，自主学习还要求学生选择适合自己的学习方法。跟中学学习相比，大学学习进程快，需要课后花时间去理解和消化知识点，不能单纯依靠死记硬背。选择适当的学习方法，提高学习效率，也是自主学习的重要表现。

🔄 拓展阅读

费曼学习法

学习金字塔列出了常见的学习方法以及每种方法学习后保留的学习效果，如图 2-4 所示。从图中我们可以看到，传统的听讲、阅读这些被动的学习方法虽然短时间内让你印象深刻，但最终都会随着时间的流逝而忘却，你真正记住、理解的部分其实少之甚少。想要保留更多的知识记忆，就必须采用金字塔下半部分的主动学习方法，尤其是底端的方法，即讨论、实践和传授给他人，这些方法便是著名的费曼学习法。简而言之，该方法就是通过向别人清楚地解说某一件事，来确认自己是否真正理解这件事。这个方法可简单地概括为四个步骤：

第一步：选择目标。确定你要学什么或要做什么。例如学习一门技术、一门语言

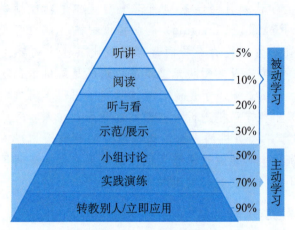

图2-4 学习金字塔

等，这些都可以称作目标。但如果想制定非常棒的目标，还可以学习一下 SMART 原则：Specific（具体）、Measurable（可衡量）、Attainable（可实现）、Relevant（相关性）、Time-based（时效性）。也就是说，计划要具体、可衡量、坚持即可实现、与其他计划具有相关性并且要在一定期限内是可以完成的。

第二步：教学。创造一个场景，在这个场景中将自己学到的知识讲授给"别人"。在这个过程中你会遇到很多问题，例如说不清楚，讲不明白，自己对知识也模棱两可等，如此则说明你对这些知识点并没有熟练掌握。日常中很常见的一个场景就是当你学习一个新知识时，你感觉自己已经看懂了，但是去使用、去说或去写出来这个知识点的时候发现完全没有思路，这就是知识掌握薄弱的表现。

第三步：纠错学习。在第二步中遇到了问题，那么就需要进入第三步——纠错学习。无论是在教授的过程中说错的、说不清楚的，还是模棱两可的，都需要在这一步中进行强化。反复查询资料、学习和强化记忆，然后再重复第二步进行验证，直到可以顺利地教授相应的知识。第二步和第三步的结合有别于传统的题海战术，题海战术之所以效果不好，是因为大部分人在大多数情况下只做自己会做的，而忽略了不会的内容，也就是"用低廉的勤奋代替高质量的思考"。

第四步：简化。这一步是对上面学习的内容进行提炼、简化，去掉非必要的、多余的信息，并且能够用自己的语言通俗易懂地表达出来，而不是照本宣科。其实这一步骤还有一个重点，就是简化学习内容到可以通过类比，让一个非专业人士都能听懂。此时，你就真正掌握了这个知识点。

四、掌握时间管理的方法

时间管理（Time Management）是指通过事先规划和运用一定的技巧、方法与工具实现对时间的灵活以及有效运用，从而实现目标的过程。时间管理的目的在于决定什么事该做，什么事不该做。时间管理最重要的功能是通过事先的规划，将其作为一种提醒与指引。（见实践手册项目二拓展活动二：我的一天）

犹如人类社会从农业革命演进到工业革命，再到信息革命，时间管理理论也经历了时代的变革。第一代的理论着重利用便条与备忘录，在忙碌中调配时间与精力；第二代的理论强调行事历与日程表，反映出时间管理已注意到规划未来的重要性；第三代的理论是目前正流行、注重优先顺序的观念，该理论依据轻重缓急设定短、中、长期目标，再逐日制定实现目标的计划，将有限的时间、精力加以分配，争取最高的效率。在日常工作中，很多时候往往有机会去很好地完成一件事，但常常因没有及时地去做，随着时间的推移，造成工作质量的下降。因此，我们可以把要做的事情按照紧急、不紧急、重要、不重要的排列组合分成四个象限，这四个象限的划分有利于我们对时间进行深刻的认识及有效的管理，如图 2-5 所示。

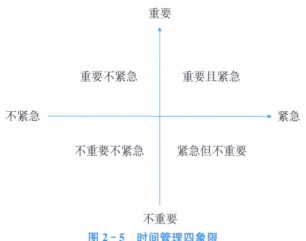

图 2-5 时间管理四象限

第一象限是一些重要且紧急的事情，这一类的事情具有影响的重要性和时间的紧迫性，无法回避也不能拖延，必须首先处理，优先解决。

第二象限的事情不具有时间上的紧迫性，但是具有重大的影响，对于个人或者企业的存在和发展以及周围环境的建立与维护，都具有重大的意义。此象限的事情很重要，而且会有充足的时间去准备，因此，我们需要在富裕的时间内去做好它，使其回报率最大化。

第三象限的事情大多是一些琐碎的杂事，没有影响的重要性和时间的紧迫性，这类事情与时间的结合纯粹是在扼杀时间，浪费生命，例如发呆、上网、闲聊、刷视频等。此类事应尽量避免。

第四象限是那些紧急但不重要的事情，这一象限的事情具有很大的欺骗性。很多人在认知上有误区，认为紧急的事情都十分重要，实际上，像无谓的电话、附和别人期望的事、和同学逛街等事件都并不重要。这些不重要的事情往往因为它紧急，就会占据人们很多宝贵的时间，可尽量委托别人去做这类事情。

时间管理四象限方法有其可取之处，但也有人发现，过分强调效率，把时间绷得死死的，反而会产生反效果，使人失去增进感情、满足个人需要以及享受意外之喜的机会。于是许多人放弃这种过于死板、拘束的时间管理法，恢复到前两代的做法，以维护生活的品质。第三代时间管理理论的出现与以往截然不同之处在于，它从根本上否定"时间管理"这个名词，其关键不在于时间管理，而在于个人管理。与其着重于时间与事务的安排，不如把重心放在维持产出与产能的平衡上。

项目小结

1. 大学的学习内容包括三个方面：专业知识、自我管理技能和可迁移能力。

2. 不同于中学，大学的学习具有专业性、自主性、探索性、实践性以及对学习成果评价的多样性的特点。

3. 学习动机有高低、强弱和内外之分，通过设置合理的目标、正确地归因和积累成就体验，可以激发学生的学习动机。

4. 掌握科学的学习方法，可以提升学习的效率。组织策略、间隔学习、掌握记忆的规律是促进学习的有效策略。

5. 拖延的背后往往与生物本能、畏惧失败、完美主义和摆脱控制的心理因素有关。

6. 我们每个人都应该树立终身学习的理念，并在工作和生活中坚持学习，真正实现自我完善和自我超越。

7. 有两种典型的思维方式：成长型思维和僵固型思维。它们体现了面对失败、困难与挑战时的两种截然不同的心态。成长型思维可以帮助个体作出巨大的改变。

项目三

掌握驾驭情绪的钥匙：大学生的情绪管理

⊙ 学习目标

知识目标
1. 了解情绪的定义、产生、功能和分类；
2. 了解大学生情绪的特点；
3. 了解情绪 ABC 理论；
4. 了解不合理信念的典型特征。

能力目标
1. 学会识别并命名情绪；
2. 理解情绪 ABC 理论，识别并辩驳不合理信念；
3. 掌握有效的情绪管理方法。

素养目标
培养理性平和的心态，提升幸福感。

⊙ 学习重点与难点

1. 掌握有效的情绪管理方法，改善自身情绪；
2. 识别并辩驳不合理信念，建立理性信念。

⊙ 配套资源

微课视频
《情绪 ABC》
《揪出坏情绪的七个始作俑者》
《与自我的对话》
《正念减压》

拓展活动
《我的情绪日记》
《自我辩驳与理性回应》
《蝴蝶拍技术》

情绪是与生俱来的。婴儿出生后就能通过表达情绪与外界进行沟通：饿了、困了、感到不舒服了，婴儿会哭闹；吃饱喝足了，则表现愉悦。因而养育者可以通过观察婴儿的情绪表达来判断和满足其需求。情绪架起了我们内在世界与外在世界之间的桥梁，我们的内在世界里有人类特有的丰富且细腻的情绪体验，内在世界和外在世界同样丰富，同样需要我们在漫长的成长历程中认识并体验。我们需要提高对内在世界的认识能力，而不是直接拒绝情绪体验的存在。拒绝情绪的体验和表达会让我们变得麻木和压抑，失去了解自己内心需求的线索，最终变成自己都不认识的那个人。

　　那么，情绪到底是什么？我们该如何在生活中察觉和管理好自己的情绪？在人际交往中如何正确地向他人展现自己的情绪、察觉他人的情绪，并达到有效沟通？本项目将围绕情绪这个主题，从情绪的基础知识入手，就理解、察觉和管理情绪等问题展开详细阐述，以实现以下学习目标：

- ◆ 了解情绪的定义、产生、功能和分类；
- ◆ 学会察觉自己的情绪，并为情绪命名；
- ◆ 掌握情绪 ABC 理论和与不合理信念辩驳的技术，学会情绪管理的方法。

【导入案例】

　　大一下学期刚刚开学，王梅对新学期充满期待，因为上学期期末考试考得不错，而且大学英语等级考试也通过了，这都让王梅很开心，准备好好规划一下新学期的学习和活动计划。王梅去找同学张晴，准备约她一起去听晚上的讲座。张晴兴高采烈地告诉王梅她的英语等级考试拿到了优秀，这让王梅喜悦的心情一下子低落了不少。王梅心想：我这是怎么了？张晴跟我很是要好，为什么她考得好却令我有点不舒服呢？

　　下午，妈妈打来电话，抱怨爸爸不回家、弟弟不好好学习。王梅安慰了几句，妈妈却开始吐槽自己有多辛苦，数落家里没一个人体谅她。王梅顿时变得烦躁，忍不住在电话里抱怨起妈妈来。电话挂断后，王梅又后悔对妈妈说那些重话，感到很想哭。这一天的滋味，不知如何形容……

　　思考问题： 1. 王梅这一天的情绪经历了怎样的变化？

　　　　　　　　 2. 你认为王梅的各种情绪背后分别有着怎样的需求？

| 任务一 | 认识情绪：情绪的真实面目 |

一、情绪的定义

关于情绪的定义，人们普遍接受的一种说法是：情绪是人对自己一段时间内主观体验的命名。心理学家则会用一种更复杂、更精确的方式定义情绪，他们认为情绪是伴随面部和身体变化、脑的激活、认知评价、主观感觉和行为倾向的一种唤醒状态。在情绪的定义中，心理学家关注三个主要成分：面部、大脑和身体的生理变化；认知过程，例如对事件的解释；文化对个体体验和情绪表达的影响。

二、情绪的产生

随着现代解剖学和神经科学的发展，人们发现情绪来自大脑，各种情绪的产生有着各自的生理基础。总的来说，我们的大脑可以分成两个部分：一部分叫作大脑皮层，主要负责思考、决策、计划等这些高级的认知功能，该部分也被叫作"理性的大脑"；另一部分叫作边缘系统，包括杏仁核、扣带回、下丘脑和海马等，主要负责情绪、记忆和学习等功能，这个部分被叫作"情绪大脑"。

我们的情绪是由边缘系统和大脑皮层共同产生的。边缘系统可以迅速产生本能情绪，而大脑皮层则负责理性判断，然后用理性去干预本能情绪。随着年龄的增长，大脑发育逐渐成熟，尤其是负责控制冲动、理性判断的大脑前额叶，要到 25 周岁左右才发育完全。因此，小孩会因为饿肚子或不高兴一直哭，而成年人会理性控制自己的情绪和行为。

一个完整的情绪体验过程包含生理唤醒（生理层面）、主观体验（认知层面）和外部表现（表达层面）这三个层面。

（1）情绪的生理唤醒：心理学家发现，当人产生情绪体验的时候，身体也会有相应的反应。例如，紧张时，人会呼吸急促、心跳加快、血压升高、交感神经兴奋；抑郁时，人的心率和血流速度减慢。

（2）情绪的主观体验：在导入案例中，主人公王梅一天的心情从兴高采烈到低落，再到烦躁，最后后悔得想哭，这个情绪变化过程，就是人的主观感受。

（3）情绪的外部表现：包括面部表情、肢体语言和言语表现。王梅在用语言对妈妈表达抱怨时，如果当时我们在她身边还可能看到她生气的表情或烦躁不安的肢体语言，这些都是情绪的外部表现。

情绪的产生是这三个层面共同作用的结果，并且这三者是有一致性的。例如一个假装悲伤的人，他只有伤心的外部表现——面部表情或语言，却没有真正的内在主观体验和生理唤醒。

🔄 拓展阅读

情绪产生的理论

在心理学研究中，有以下三个核心的理论来解释情绪的产生。它们是情绪理论发展的基础，也对我们察觉和管理情绪有很大的启发。

第一个理论认为先有情绪再有行为，即我们会先感知到某种情绪，然后才产生相应的行为。例如我们看到老虎会感到害怕，于是赶紧逃跑。

第二个理论认为先有行为再有情绪，即我们先有了行为之后再去解释那个行为，从而产生了情绪。例如我们一看到老虎就逃跑，跑的过程中会说"我一定是因为害怕才跑的"。

第三个理论认为情绪和行为互相独立，同时产生，即情绪的产生是我们对事件的解释和生理反应的共同产物。在这个理论框架下，看到老虎后，我们会同时产生两腿发抖、心跳加速等害怕情绪的生理反应和逃跑的行为。

在情绪体验中，认知成分和生理成分难以分割，且两者相互影响。

三、情绪的功能

所有的情绪都涉及人的心理和生理的唤起状态，而且都聚焦于对个人而言非常重要的事件。情绪不仅让人们的精神生活变得丰富多彩，情绪的进化也帮助人们应对生活中的各种挑战。此外，情绪还是人与人之间的纽带，激励人们实现目标，帮助人们制定计划和作出决定。总而言之，情绪至少有以下几种功能：

（一）情绪帮助我们生存

情绪是有信息量的，每一种情绪都是进化的自然产物，可以帮助我们趋利避害。我们的祖先在遭遇生存威胁时，会感到恐惧，这种恐惧的情绪会促使他们采取应对措施，唤醒战斗或逃跑的行为，最终幸存下来的人们延续了人类的繁衍。甚至连大家都不喜欢的厌恶情绪，也能保护人类在进化过程中远离有潜在危害的物质。情绪也在提醒我们采取措施解决眼前的问题，例如一定程度的考试焦虑，能让我们集中注意力，在考试中发挥得更好。

（二）情绪有助于人际交往

情绪可以通过表情、语调、肢体动作等外部表现来传达信息，实现个体与环境的互动。婴儿时期，我们通过哭和笑来表达自己的情绪，与照顾者交流；学会说话和写字后，我们通过语言文字来表达自己的情绪，让别人了解我们的想法。如果不用语言，还可以用肢体动作或其他方式来表达情绪，例如我们有时跟恋人闹矛盾后，故意不看对方、不理对方，来表达自己的不满。试想一下：如果一个人没有情绪，失去了爱人也毫不在乎，他不但不知道什么是悲伤，也不知道什么是爱，那么，他的生活会变成什么样子？

（三）正面情绪让人生活更美好

正面的、积极的情绪不但让人有愉快的体验，还能增强心理灵活性，激发灵感，缓解压力。它们能帮助我们敞开心扉，使我们更善于接受挑战，更富有创造性。例如喜悦，它会激发我们去探索和创造的冲动；宁静则能激发我们品味当前情境、把自己融入周围世界的冲动；而爱，能让我们去给予、创造更多的爱。

（四）负面情绪同样有价值

情绪是生物进化出来的自动化反应机制，特别是负面、消极的情绪，在进化上具有非常正面的意义，因为它们提供了快速预警和自我保护的机制，使人更好地解决现实中的问题，在面临危险时采取必要的措施。例如，上文提及的恐惧可以让人生存下来，焦虑可以让人未雨绸缪，而愤怒让人更有力量从而战胜困难。有人失恋了，他感到很伤心，这种情绪本身就是一个自然反应，有助于他哀悼一段逝去的恋情；如果他屏蔽掉伤心，他是麻木的，那他可能永远走不出来。

四、大学生情绪的特点

大学阶段是人们情绪发展和成熟的重要时期。由于性成熟和分泌旺盛的激素会影响下丘脑的兴奋性，而大脑皮层的调节作用还没发育成熟，因此大学生有着丰富、强烈而又复杂的情绪世界，情绪体验快且强烈，常常一触即发。大学生的情绪呈现出内容丰富、波动性大、冲动性强的特点。

大学生的情绪起伏不定，情绪转换十分明显，热情激动、抑郁悲观、沉着冷静、躁动不安等情绪交替出现。他们为学习、感情的成功而欢乐，为考试的失败、生活中的挫折而忧愁苦恼，为真理和友情奋不顾身，为丑陋和阴暗义愤填膺。在他们身上，自尊与自卑可以并存，闭锁与开放可以并存，强烈粗犷与温柔细腻也可以并存。大学生情绪的丰富、情感体验的深刻与生理和性的成熟、自我意识的发展、社会性需要的发展以及社会环境的复杂性等密切相关。例如导入案例中的王梅，一天的情绪经历起伏不定，非常符合大学生的情绪特点。

此外，由于每个年级学生所面临的目标和任务不同，这让大学生情绪呈现出阶段性特点。刚入学时，大学生主要面临各种适应问题，包括对新环境的适应、对学习内容和学习方法的适应，以及新的人际关系的适应，该时期是情绪体验丰富多样、互相交织的阶段。经过一年的适应后，专业学习、社团活动、社会实践、恋爱和友情等各种问题逐渐显现，该时期是情绪体验最为丰富多彩的阶段。最后一年，面临毕业，情绪体验主要是由就业或升学带来的压力感，以及对未来的迷茫和不确定感，因此出现情绪起伏增大，消极体验也会增多。

拓展阅读

中国古代的"六情说"和"七情说"

在中国古代，秦汉以前就有学者对情绪进行过研究和分类，当时用的是"情"或"情志"，与现代心理学中"情绪""情感"的意思大致相同。而情绪这个词在南北朝以后才出现。《礼记》中提出人有"七情"之分，即喜、怒、哀、惧、爱、恶（wù）、欲。到了东汉时期，"六情说"被提出，即喜、怒、哀、乐、爱、恶。这两种学说的提法大同小异，而"六情说"被比较广泛地接受，因为它不仅概括了情绪的基本形式，与现代情绪心理的研究基本吻合，而且也符合情绪的两极性原则。

中国古代的情绪学说还体现了"身心互通"的原则，认为七情与脏腑的功能活动关系密切，是人体对外界客观事物的不同反应，是生命活动的正常现象，不会使人发病。但在突然、强烈或长期的情绪刺激下，脏腑超过了正常的生理活动范围，而又不能适应时，则会使脏腑气血功能紊乱，导致疾病。中国传统医学有"怒伤肝、喜伤心、思伤脾、忧伤肺、恐伤肾"之说，就是情绪对身体影响的描述。

任务二　　察觉情绪：保持对情绪的察觉

我们希望与他人进行有效的沟通，就要理解对方，站在对方角度，识别对方的情绪。可是，要识别他人的情绪，需要我们先学会认识我们自己的情绪，这是提升情绪掌控力的第一步。我们需要知道自己在某个具体情境下产生了什么样的生理反应和情绪反应。如果我们对自己的情绪察觉是模糊的，会使我们更容易陷入情绪的掌控中，以至于我们不愿去面对这些令人不安或不舒服的事情。不去面对，就无法处理这些情绪，无法与自己、与他人建立连接。

一、情绪的识别

安然同学白天跟室友吵了一架，因为轮到室友打扫卫生，但室友没扫干净，她好心提醒室友，反而被室友说"多管闲事"。晚上，她躺在床上，想到白天的事，突然很想哭。请问：此时安然有什么情绪？

佑佑同学在学生会部长竞选中，遭到了不公平的对待，导致最终落选。每当想起当时的场景，他就忍不住咬牙切齿，感觉身体要爆炸，因此他决定站出来捍卫自己的利益。请问：你会把这种情绪叫作什么？

陈诺同学争取到了一个重要活动的主持任务，但是准备时间很短，他心跳加速，担心自己完不成，更怕自己发挥失常，当众出丑不说，还会给整个小组带来不好的影响。于是陈诺点了杯咖啡，又吃了一顿夜宵，准备熬通宵。请问：你会如何命名陈诺这段时间的情绪？

对于以上这些生活情境，你会如何描述安然、佑佑和陈诺同学在当下的情绪呢？当前的大学生常常用网络流行语"无语""裂开""丧""佛"和"emo"等词语来描述自己的情绪，这些表达提供了一种快捷的共情方式，使我们不需要投入真正的察觉和思考便可以收获一种广泛的情绪共鸣。与此同时，人们真正想表达的东西不知不觉地被隐藏在这些网络流行语的后面了。当人们用这些词语来描述情绪时，其实是将情绪一笔带过，不去深思自己在该情境中到底有什么样的感受或想法，更不会去探究这些感受或想法背后的原因，我们就这样错失了一个精准表达自己、向内探索自我的机会，从而无法从经历中获取经验。那么，如何做到察觉情绪呢？我们先来了解一个概念：情绪粒度。

情绪粒度是指一个人区分并识别自己具体感受的能力。个体在情感体验和陈述上具有差异，高情绪粒度的人能把情绪区别得更细致入微，而低情绪粒度的人则相反。

一个人的情绪粒度可以分为两个部分来理解：一是对情绪的感受，高情绪粒度的人，对情绪的体验更丰富、更细致入微，能更好地感受自己的情绪；二是对情绪的表述，高情绪粒度的人拥有更强的情绪表达能力，能够准确地描述自己的感受，而低情绪粒度的人相对无法精确地描述自己的感受。

例如，在遇到突如其来的自然灾害时，一类人会说："我感到很糟糕、很烦，说不清楚，就是糟透了的感觉。"而另一类人则会说："地震突然发生了，我一开始感到难以置信，然后看到多人受伤甚至有人当场就死亡，我感到很痛苦，很难过；后来面对满目疮痍的家园，我觉得很无力，想哭又哭不出来。"前一种人是低情绪粒度的，他们并不能准确地描述自己经历了什么，而是用笼统的词汇来表达，如"开心""难过"；而后一种人则是高情绪粒度的，他们能用具体的情绪词汇来清楚地描述自己体验到的感受，而且能根据情绪发生的不同层次和顺序进行表述。

心理学家普遍认为，能识别自己的情绪并给它们打上准确的标记是情绪管理的开始，这也是提高情商的关键。如果你的大脑能够自动建构许多不同的情绪并细致地区分它们，那你的大脑就更能根据情况调整你的情绪，你也可以更快速地感知他人的情绪。当情绪发生时，你需要知道自己经历了什么，才能把握好自己可能出现的生理、行为反应，继而有的放矢地去应对每一种具体的情绪。你知道的情绪词汇越多，你对他人的情绪表述就越细致，越接近对方的真实情绪，在人际交往中也就能更加理解他人。因此，下一步我们要用情绪词汇给情绪命名。

二、情绪的命名

情绪命名是一种重要技术，清晰的命名为我们的行为提供更准确的信息，从而帮助我们察觉内心感受，认识内在自我，并且与外界进行有效的沟通。

情绪具有跨文化一致性，但是不同的人的情绪表现会有细微差别。情绪有不同的层次，有时候产生情绪反应的人自己都不能快速而准确地形容自己是什么情绪，因此，为情绪命名变得不那么容易。情绪命名是主观的，例如，你可以把"心跳加速"这一生理反应命名为"紧张"，也可以命名为"一见钟情"，或者是"心情激动"。情绪是你头脑里对这些体验的主观建构，因此，对每一件事，每个人有不同的解读。

在我们面临复杂生活情境的时候，我们的情绪也是复杂的，虽然最终我们可能会用几个词汇来表达，但是词汇背后，是细微情绪的组合。我们常发生的情绪，从其成分来看，各有差异，能够识别情绪由哪些情绪组合而成，并用词语准确地表述出来是一种非常有用的能力。以下是几种常见情绪及其组成成分，试着体会一下，见表3-1。

表3-1　常见的情绪及其组成成分

快乐＋信任＝爱	快乐＋期待＝乐观
快乐＋敌意＝骄傲、自豪	快乐＋惊讶＝惊喜
期待＋信任＝希望	期待＋悲伤＝悲观
期待＋害怕＝焦虑	信任＋生气＝控制欲
信任＋惊讶＝好奇	害怕＋惊讶＝敬畏
害怕＋厌恶＝羞耻感	害怕＋悲伤＝绝望
敌意＋厌恶＝轻蔑	敌意＋悲伤＝嫉妒

以下是常见情绪词汇表，供大家在察觉和描述情绪时借鉴，见表3-2。

表3-2　常见的情绪词汇

快乐	悲哀	害怕	恐惧	失望	紧张
羡慕	迷惑	无奈	惭愧	担心	嫉妒

敬畏	感激	惊讶	焦虑	震撼	厌恶
释然	不满	感动	为难	尴尬	沮丧
狂喜	愤怒	难为情	挫败	懊悔	反感
欣慰	屈辱	焦躁	心慌	恐慌	愤慨
骄傲	兴奋	嫌恶	轻蔑	羞耻	怨恨
欢欣鼓舞	希望	绝望	鄙视	畏缩	自责

　　根据表3-2可知上文的案例中，安然同学的情绪是委屈和难过，佑佑同学的情绪主要是愤怒，陈诺同学的情绪是紧张和焦虑。如果你认为他们三位同学的情绪还可以用别的情绪词汇描述，请写在右边横线上：＿＿＿＿＿＿＿＿＿＿。

📲 拓展阅读

古人对情绪的研究

　　我国著名心理学家林传鼎从中国最早的语文辞书，即东汉时期的《说文解字》一书中找出了354个描述人情绪的词汇，这些词汇包含表达安静、喜悦、哀怜、悲痛、忧愁、烦闷、恭敬、抚爱、憎恶、贪欲、耻辱等十八类情绪。可见，古代的中国人就对情绪的丰富性有了较为全面的研究，并做了相应的记载，为后世研究人类情绪发展提供了依据。

三、情绪的分类

　　情绪按照发生的次序可以分为初级情绪和次级情绪。

　　初级情绪也叫原生情绪，是人与生俱来的基本情绪，是进化的产物。主要有四种：恐惧、悲伤、高兴、愤怒。这些情绪有其特定的生理模式和相应的表情，引起这些情绪的情境在世界各地都是相同的。例如，在每个地方，悲伤都与丧失的知觉相关，恐惧都与受到惊吓和受到伤害的知觉相关，生气都与侮辱或不公的知觉相关。不同的初级情绪有不同的功能，也反映了我们的不同心理需求。初级情绪是单一的情绪，是没有想法的参与，是人对所经历的事情的本能反应。

　　次级情绪也叫衍生情绪或次生情绪，是对初级情绪的一种判断和加工，是一种较为高级的情绪。次级情绪有很多，如焦虑、烦躁、内疚、羞耻、羡慕、嫉妒等。次级情绪随着个体认知的成熟而逐渐发展，并随文化的不同而变化。例如一个人失恋，他的原生情绪反应可能是悲伤——爱人离开了自己，但很快这种情感就被下意识地转为一种愤怒——我对她这么好，她为什么还要离开我？这就是一种次生的情感反应。原生情绪往往隐藏在衍生情绪背后，因此，要通过分析和察觉才能弄明白某一事件带给人最核心、最根本的情绪反应是什么，从而理解和接纳情绪，做好情绪的疏导和管理。与初级情绪不同的是，次级情绪一般都有想法的加入。

　　情绪无好坏之分，但可以根据个体对情绪的主观体验的愉快程度，把情绪分为积极情绪和消极情绪。积极情绪能让人们的认知更灵活、开明，行为更大胆，从而构建和积累更多、更广泛的资源。积极情绪有：兴奋、自豪、狂喜、鼓舞、快乐、信任、感激、喜欢、愉悦、好奇、思念、向往等。需要注意的是，积极情绪并不是越多、越强烈就会越好。

消极情绪常常被错误解读，很多人认为消除了消极情绪，生活就能幸福。其实消极情绪就像我们身体的预警系统，有危险时亮起红灯，提示我们采取行动消除危害，或让我们未雨绸缪，做好充分准备，以应对重大挑战。常见的消极情绪有：孤独、惊吓、疲倦、紧张、悲伤、担心、低落、烦躁、痛苦、厌恶、愤怒、愧疚等。

四、情绪背后代表着心理需求

在心理学上，人的每种情绪背后都代表着某种心理需求。例如，悲伤的情绪背后可能跟社会的连接有关，愤怒和恐惧的背后往往是自我保护的需要。当我们感受到正面情绪的时候，通常是我们的需求得到了满足。例如我们跟朋友聚餐会感到很开心，是因为这次聚餐满足了我们对友谊、归属感、食物的需求。当我们感受到负面情绪的时候，是需求没有得到满足。例如，我们会因为考试感到焦虑，是因为焦虑的背后暗藏着我们渴望被认可、追求成就感的需求。焦虑提醒我们应及时复习，提早为考试做准备，并且在行动的过程中焦虑就会有所缓解。

由于我们无法消除自己的需求，因此我们也无法消除情绪，我们需要掌握的是情绪管理的能力，以及对因消极情绪产生的具有破坏性行为的控制能力。但管理情绪不等于压抑情绪，不表现出情绪不代表没有情绪，它仍会无意识地影响着我们。被压抑的情绪不会慢慢消失，而会逐渐累积，在你意想不到的时候爆发出来，甚至对本人或人际关系造成不可控制的伤害，因此我们要学会管理自己的情绪。

任务三　管理情绪：我的情绪我做主

在前面两个任务中，我们学习了情绪的识别、察觉和命名，接下来我们要学习情绪的管理。肖汉仕教授认为，情绪管理是指用心理学的方法有意识地调适、缓解、激发情绪，以保持适当的情绪体验与行为反应，避免或缓解不当情绪与行为反应的实践活动。情绪管理包括认知调适、合理宣泄、积极防御、理智控制、及时求助等方式。

一、情绪 ABC 理论

有一天，一位年轻人在公园的长凳上休息，身边放着一本心爱的书。这时，突然来了一个人，这个人毫不犹豫地坐了下来，把年轻人的书坐坏了。

情绪 ABC

年轻人勃然大怒："你怎么那么不小心？坐下的时候，难道不先看一看吗？"

对方连连道歉，这时候年轻人发现对方是一个盲人。

他立马改变了态度，说："没关系，你肯定不是故意的。"心里想，他看不见也挺可怜的，真令人同情。

在上面的故事里，年轻人的情绪经历了一个从愤怒到同情的变化过程，是什么促使了这个变化呢？是事件（书被人坐坏）本身引起的变化吗？很明显不是的，情绪 ABC 理论对此有很好的解释。

情绪 ABC 理论认为激发事件 A（Activating Event）只是引发情绪和行为后果 C（Consequence）的间接原因，引起 C 的直接原因是个体对激发事件 A 的认知和评价，即信念 B（Belief）。同样是"书被人坐坏"这个事件，当故事里的年轻人认为对方是正常人时，他的想法是"这个人肯定是故意的"，从而产生"发火"的行为，显而易见的情绪是"愤怒"；而当他得知对方是盲人时，他的想法是"对方看不见，肯定不是故意的"，从而采取"原谅对方"的行为，对应的情绪是"同情"。可见，人们对事情不同的看法，能引起不同的情绪。很显然，让我们难过和痛苦的，不是事件本身，而是我们对事情的认知，即解释和评价。（见实践手册项目三拓展活动一：我的情绪日记）

🔁 **拓展阅读** ⸻⸻⸻⸻⸻⸻⸻⸻⸻⸻⸻⸻⸻⸻⸻ ▼

晏子智论生死

有一天，齐景公带上晏子等一班臣子去牛山游玩。到了山顶，齐景公看到了金碧辉煌的宫殿和大好河山（A），想到自己人到暮年，感叹道："我要是长生不老该多好呀！"（B）说完，齐景公痛哭流涕（C）。

看到国君哭了，一班臣子不知如何是好，有的跟着大哭起来，其他大臣也都低头叹息。这时，晏子不慌不忙地对齐景公说："假如这大好河山可以让君主长期拥有的话，那么应该是您前面的君主拥有它，我的国君您怎么会得到齐国的君主之位呢？正是因为先人们一代一代拥有过，然后又离去，所以现在才轮到国君您住在皇宫里呀！"

晏子觉察到了国君对死亡的焦虑情绪（C），对国君原有的信念（B）"死亡将会夺走我拥有的大好河山"进行了调整，让国君意识到，死亡虽然会导致他失去眼下拥有的一切，但也正是因为死亡，让他拥有了这一切（B）。晏子让国君马上从焦虑的情绪转变为感恩的情绪（C），从而能客观地认识死亡。

二、与不合理信念辩驳

不合理信念也叫错误信念或非理性信念。情绪 ABC 理论认为，正是由于人们常有的一些不合理的信念才使人们产生情绪困扰。如果任这些不合理的信念存在而不去干预，还可能会引起情绪障碍。不合理信念常常具有以下三个特征：

揪出坏情绪的七个始作俑者

（一）绝对化的要求

绝对化的要求是指人们常常以自己的意愿为出发点，认为某事物必定发生或不发生的想法。它常常表现为将"希望""想要"等绝对化为"必须""应该"或"一定要"等。这种绝对化的要求之所以不合理，是因为每一个客观事物都有其自身的发展规律，不可能以个人的意志为转移。对于某个人来说，他不可能在每一件事上都获得成功，他周围的人或事物的表现及发展也不会根据他的意愿来改变。因此，当某些事物的发展与个体对事物的绝对化要求相悖时，他就会感到难以接受和适应，从而极易陷入情绪困扰之中。

（二）过分概括的评价

这是一种以偏概全的不合理思维方式的表现，它常常把"有时""某些"过分概括化为"总是""所有"等。这就好像凭一本书的封面来判定它的好坏一样。它具体体现在人们对自己或他人的不合理评价上，典型特征是以某一件或某几件事来评价自身或他人的整体价值。例如，有些人遭受一些失败后，就会认为自己"一无是处、毫无价值"，这种片面的自我否定往往导致自卑自弃、自罪自责等不良情绪的产生。而这种评价一旦指向他人，就会一味地指责别人，产生怨愤、敌意等消极情绪。我们应该认识到，"金无足赤，人无完人"，每个人都有犯错误的可能性，而错误是最好的学习机会。

（三）糟糕至极的结果

这种观念认为如果一件不好的事情发生，那将是非常可怕的，甚至糟糕至极。例如，"我没考上大学，一切都完了"。这种想法是非理性的，因为对任何一件事情来说，都会有比之更坏的情况发生，所以没有一件事情可被定义为糟糕至极。但如果一个人坚持这种观念，那么当他遇到他认为的百分之百糟糕的事时，他就会陷入不良的情绪体验之中，从而放弃努力，一蹶不振。

在日常生活和工作中，当人们遭遇各种失败和挫折，要想避免情绪失调，就应多反省一下自己，看是否存在一些"绝对化""过分概括化"和"糟糕至极"的不合理想法，如有，则需要有意识地用合理的观念取而代之。针对事件 A、信念 B 和结果 C，接下去要做的就是辩驳 D（Debate），从而产生新的结果 E（Effects）。假如你遇到以下的状况，你在学校担任学生会重要职务，因工作不仔细，被老师批评了，现在情绪非常低落，觉得自己真没用，老师以后肯定不会再给你机会了。针对以上情境，你该如何辩驳这不合理的信念呢？

第一步，寻找事件。也就是找到让你最近情绪不好的那件事。在这个例子中，就是你"工作不仔细，被老师批评了"这件事。

第二步，描述情绪状态。很明显，被老师批评，你感到伤心和难过，可能还有一些委屈或生气，甚至会觉得难堪和自我怀疑，认为自己没用。

与自我的对话

第三步，自我反思。也就是思考自己为什么会产生这样的情绪，背后的信念是什么。例如："我感到难过是因为我觉得自己很没用，什么事情也干不好，以后老师也不会给我锻炼的机会了。"针对背后的情绪，不同的人会有不同的解读。重要的是坦诚地写下你内心真实的想法。

第四步，自我反驳。这是最关键的一步，也就是针对上一步想到的不合理信念进行反驳。例如：你认为"自己真没用"，那么你的反驳就可以是"我这件事情确实没做好，但这能代表我别的方面也做不好吗？"或"这能代表我彻底没用吗？"；你认为"老师再也不会相信我了"，你的反驳可以是"我做错的这件事，可以全盘推翻老师对我的信任吗？"。再如，你认为"我看不到希望了"，你的驳斥可以是"我失败了一次，但这难道就代表我会永远失败吗？"或者"我真的竭尽全力去做这件事情了吗？"等。驳斥的内容不重要，重要的是对不合理信念的反思。

这个方法不止用在心理咨询和心理治疗中，更可以用在日常生活中。当遇到负面情绪（C）来得快速而强烈的时候，学着去拆解这个负面情绪的激发事件（A）和自己对这件事的信念（B），并与之辩驳（D），产生新的情绪或行动（E），学会和自己的情绪和谐相处。（见实践手册项目三拓展活动二：自我辩驳与理性回应）

三、其他情绪管理方法

除了从认知的角度调节情绪之外，我们还可以通过改变行为和放松训练等方式改善情绪，建议在日常生活中应用。

（一）放松训练

通过练习使肌肉放松，使整个机体活动水平降低，从而达到心理上的松弛。通过调整姿势、呼吸、意念，机体达到松、静、自然的放松状态，产生与焦虑反应相反的生理效应，如心率减慢、外周血流增加、呼吸平缓以及神经肌肉松弛，从而消除个体生理和心理的紧张、焦虑和压力。

拓展阅读

蝴蝶拍技术

让自己坐在一个安全的地方，检查身体的姿势，保持和周围环境的联结，持平稳的呼吸，面带微笑，并告诉自己"现在我是安全的"。双臂交叉在胸前，右手在左侧，左手在右侧，双手轮流拍自己的臂膀，左右各一次为一轮。速度要慢，8～12轮为一组。拍完一组，停下来深呼吸，问问自己感觉如何。如果好的感受不断增加，可以继续下一组的蝴蝶拍。如果出现消极的情绪体验，请提醒自己此刻只关注积极的情绪体验，消极的情绪体验以后再处理。重复上述操作2～3组后停止。（见实践手册项目三拓展活动三：蝴蝶拍技术）

（二）正念冥想

正念这个概念最初源于佛教禅修，是从坐禅、冥想、参悟等发展而来的自我调节方法。"正念"这两个字非常美妙，"念"字上面是今，下面是心，也就是今心为念，一颗正处在当下的心就是正念的状态。练习正念冥想，强调的是有意识地察觉，将注意力集中于当下，对当下的一切观念都不作评判。通过练习，你能够提升专注力，激发内在的潜能，并且找到和压力相处的方式。

正念减压

（三）规律运动

运动能让身体产生内啡肽、多巴胺和血清素，这些物质可以减少身体的疼痛感，增强愉悦感和维持情绪稳定。运动还能减少被称为压力荷尔蒙的肾上腺素和皮质醇的活动，这些荷尔蒙会促使焦虑、紧张和压力的产生。有规律的运动可以帮助你释放多余的紧张和愤怒，获得更快乐的心态和更好的生活质量。同时，如果你有一起运动的伙伴，可以扩大社交圈，加强与他人的联系。

此外，还有注意力转移、记录情绪日记等方法，都可以用来帮助你维持适度愉悦的情绪状态，使人的中枢神经活动处于最佳状态，保证体内各系统活动的协调一致，充分发挥机体的潜能，使机体的免疫系统和体内化学物质处于平衡状态，增强对疾病的抵抗力，提高脑力劳动和体力劳动的效率。

四、焦虑情绪和抑郁情绪的处理

（一）焦虑情绪

焦虑是一种常见的情绪体验。当面对某个不确定的结果时，人们就会产生焦虑的情绪。例如，即将参加一场不确定是否会成功的考试时，我们会焦虑；临近毕业，等待用人单位的录取通知时，我们会焦虑。当人们不能确定某个结果最终是否会如愿发生，在这种不确定中感受到的担忧和忐忑，就是焦虑情绪。除了"不确定"以外，焦虑还有一个特征是"失控"，失控意味着结果并不在你的掌握之中。

人们通常体验到的是一种对现实生活中可能存在不确定性结果的焦虑，这被称为"现实性焦虑"。例如上文提到的考试焦虑和就业焦虑。在任务一和任务二中，我们讨论了消极情绪的价值，例如对未来预期的担忧，使我们未雨绸缪，做好充分的准备，以便减少不确定性，获得对预期的掌控。但是消极情绪如果过于强烈，持续时间过长，也会影响我们的表现。因此，面对现实性焦虑，我们要做的是提升自己应对不可控结果的掌控力，例如认真复习、做好面试的充分准备，同时对事件的结果要有合理预期，这些做法可以帮助人们把焦虑情绪控制在适度的范围内，便于人们产生更强的行动力。

还有一些人的焦虑不是由于现实，而是来自他们内心，是深层次的原因，甚至有时他们自己也不知道焦虑的确切来源。例如，有的人会对社交场合感到焦虑，担心自己表现不好，他人看出自己的焦虑，进而看不起自己，于是每次社交场合总是紧张、脸红、结巴，进而选择回避社交活动。还有些人对健康特别焦虑，总觉得自己得了某种疾病，虽然去医院也检查不出任何问题，还是不能消除患病的焦虑。还有人有强迫洗涤的行为，总是担心自己不反复洗涤就会被细菌或病毒传染。如果你有这样的焦虑，请积极联系学校的心理中心，预约心理咨询。心理咨询师能帮助你缓解一定的焦虑情绪，必要时也建议你寻求精神科医生的帮助。

（二）抑郁情绪

抑郁情绪的本质是个人的愿望、能力或预期等被否定之后的情绪体验。例如，考试没考好，恋人离开你，或者突发疾病，这些情况下人们一般都会体验到抑郁情绪。其实，抑郁是一个正式用语，生活中很多其他的词语都可以用来表达抑郁的意思，如郁闷、忧郁、沮丧、哀伤、伤心、难过、郁郁寡欢等。

研究发现，抑郁情绪的产生往往源于特殊的生活事件或压力——外部诱因。其中，人际关系问题是引发抑郁情绪的重要原因。童年期间存在的人际关系问题（丧失父母、缺乏教育、不良的沟通模式）和当前的人际关系困难（亲密关系冲突、缺乏社会支持）都能激发或加重抑郁情绪，甚至会导致抑郁症的产生。

诱发抑郁情绪还有个内因，这就是个体的认知信念（观念、想法）和认知方式。当个体对自我、世界和未来持有负面信念，具体来说就是认为自己无能、无价值和不被喜欢，认为自己的未来是悲观、无希望的，认为这个世界（他人）是冷漠和充满敌意的，个体更容易体验到抑郁情绪。容易产生抑郁情绪的人，往往存在一些不合理信念，例如：他们会认为未来没有好转的可能；他们倾向于归因于自己，认为糟糕的事都是自己造成的；他们会主观猜测他人对自己有负面想法，或主观认定自己拥有悲惨的命运或结局；他们还会采取各种行为，维持以上的不合理信念。

因此，改善抑郁情绪，可以从调整自己的认知方式开始，采用更积极的行为应对生活中不好的事件，提升自我管理技能，进行有效的自我控制、自我激励。当发现自己处于抑郁情绪并难以调整的时候，请积极联系学校的心理中心，预约心理咨询。心理咨询师可以提供的认知调整、行为指导和训练，将有效地帮助来访者改善抑郁情绪。

拓展阅读

大学生如何培养情商

情绪智力，简称情商，是指识别和理解自己和他人的情绪状态，并利用这些信息来解决问题和调节行为的能力。情绪智力包括一系列相关的心理过程，这些过程可以概括为三个方面：准确地识别、评价和表达自己和他人的情绪；适应性地调节和控制自己和他人的情绪；适应性地利用情绪信息。

情商固然包括人与人互动的层面，但并非指谄媚、奉承、巴结、虚伪，更不要把圆滑世故、能言善道当作高情商的表现。结合情商的五个维度，大学生培养和发展情商，可以从以下几个方面入手：

首先，要察觉并接纳自己的情绪。前面我们讨论过无论是积极情绪还是消极情绪都有它们的意义，情商高的人的一个特点就是，他们不会否认或压抑自己的情绪，不会去评价自己情绪的合理性，反而会去理解、面对和接纳自己的情绪。

其次，要建设性地表达自己的情绪。在人际交往中，我们有时会因为对方的言语或行为产生情绪，我们知道，情绪无对错之分，但是表达情绪的方式是有好坏之分的。有一个建议叫作"表达你的情绪，但不要带着情绪去表达"。

接着，在察觉到别人情绪的时候，我们要设身处地地从他们的角度去体会，并理解他们的感受、需求、情绪和想法。尊重对方与你在情绪发生和表达上的差异，多倾听、不评价、不批判。

然后，做到了理解和接纳双方的情绪，并向对方表达这份理解。有效沟通已经完成了大半，剩下的就是用理性的方式处理事情，实现沟通的最终目标。

最后，还要自我激励。也就是培养自己延迟满足的能力，我们需要抵制诱惑，管理好自己的情绪，调控自己的行为，能够为确定的目标忘我地工作。

项目小结

1. 俗话说，人非草木，孰能无情。情绪是人对自己一段时间内主观体验的命名。

2. 情绪是伴随面部和身体变化、脑的激活、认知评价、主观感觉和行为倾向的一种唤醒状态。

3. 情绪由边缘系统和大脑皮层共同产生。边缘系统可以迅速产生本能情绪，而大脑皮层则负责理性判断，然后用理性去干预本能情绪。

4. 情绪让我们的精神生活变得丰富多彩，情绪的进化还帮助人们实现生存、人际交往等功能。

5. 我们要学会识别情绪，为情绪命名，并理解情绪的不同分类，以此提升情绪掌控力。

6. 情绪 ABC 理论对激发事件、信念和后果进行拆解，是情绪管理的有效方法。

7. 不合理信念具有绝对化的要求、过分概括的评价、糟糕至极的结果三个特征。

8. 我们可以通过寻找事件、描述情绪状态、自我反思和自我反驳的方式驳斥不合理信念。

9. 放松训练、正念冥想、规律运动等方法可以有效地管理情绪。

项目四

突破逆境与压力共处：大学生的压力应对

◉ 学习目标

知识目标

1. 了解压力的表现和意义；
2. 理解压力应对的形成过程；
3. 了解挫折的定义和类型；
4. 理解常见的防御机制。

能力目标

1. 探索和察觉自己面对压力的应对方式；
2. 掌握管理环境、激素、生理、想法等压力的方法，学会与压力共舞。

素养目标

提高抗挫折能力，培养学生笑对挫折的心态。

◉ 学习重点与难点

1. 理解压力之下的 3F 反应；
2. 掌握与压力共舞的方式；
3. 理解自身面对压力的应对模式；
4. 理解挫折之下的心理防御机制。

◉ 配套资源

微课视频

《压力信号》

《心灵的面具》

拓展活动

《分析压力场景》

《压力测量计》

每一位步入大学课堂的学生对于压力都不会陌生，你刚刚经历了人生中非常重要的一段充满压力的时光，也许这段时光会成为未来很多压力时刻你梦境中的缩影。而在大学之后的人生中，压力会以各种各样的形式出现在你的生活中，了解压力、探索自己在成长中面对压力的应对模式，掌握科学的解压方式是每个人的必修课。

本项目将围绕压力这一主题，从大学生日常生活中所需面对的实际压力出发，就压力的基本概念、面对挫折的应对办法以及管理压力、挫折的技术等问题展开详细阐述，实现以下学习目标：

◆ 了解压力的基本概念；

◆ 理解大学生常见挫折以及人们常用的应对挫折的方式；

◆ 掌握科学管理压力的方法。

【导入案例】

"压垮我们的不是压力，而是我们应对压力的反应。"

心理学家在观察网球"常胜将军"贝克尔参加的网球比赛时，发现他之所以"常胜"，秘诀之一是其在比赛中自始至终保持着一种半兴奋的状态。这也被称为"贝克尔境界"：当一个人处于轻度兴奋时，能把工作做得最好；当一个人一点儿都不兴奋时，也就没有做好工作的动力；当一个人处于极度兴奋时，随之而来的压力可能使他完不成任务。

由此可见，工作压力和工作效率之间并不是线性关系，而是倒 U 形曲线关系。个体智力活动的效率和个体焦虑水平之间的倒 U 形曲线，意味着适度的压力水平能够使业绩达到最佳水平，过大或过小的压力都会使工作效率降低。在简单易为的工作情境下，较高的心理压力可以产生好的成绩，工作任务越复杂，工作周期越长，越需要较小程度的压力来使工作效率最大化。

思考问题：1. 曾处于高三的你，压力水平和学习效率之间的关系是什么样的？

2. 当你有压力时，你会怎么办？

认识压力：为什么我们会"鸭梨山大"

一、压力是什么

压力是指个体在生活适应过程中，由于实际与认知能力上的不平衡而引起的一种通过生理、心理和行为等方面表现出来的身心紧张状态。压力是普遍存在的，人类就是通过压力来到这个世界上的，生产时，母亲的宫缩是非常强大的收缩力量，就是这股强大的压力把胎儿带到这个世界上。对于新生儿来说，和黑暗、温暖、充满液体的子宫完全不一样的外界环境是一种巨大的压力。

人类从出生便开始适应新的世界，人们的大脑自带一套应对压力的系统，叫作 3F 反应（Fight，Flight and Freeze），即战斗、逃跑或木僵，这是动物在漫长的生物进化中保留下来的生存策略。第一种战斗，是指面对压力情境，试图通过打赢对方来保护自己的行为；第二种逃跑，是指遇到危险不正面冲突，转身逃跑，或者通过逃避来拖延问题的方式；第三种木僵，是指人在面对巨大的威胁时，会短暂出现大脑一片空白、突然愣住、不知如何行动的状态，自然界很多动物就是用木僵来保护自己。

压力信号

每个人在压力状态时的反应是不一样的，人们在压力状态下一些常见的反应见表 4-1。（见实践手册项目四拓展活动一：分析压力场景）

表 4-1　压力下的常见反应

生理方面	心理方面	社交方面
·肌肉紧张（例如肩颈疼） ·头疼 ·难以入睡或半夜总是醒来，或者早晨醒得特别早 ·疲倦 ·心跳过快 ·呼吸困难 ·无精打采 ·没有食欲或者暴饮暴食 ·消化不良 ·口腔溃疡 ·爆痘 ·腹泻 ·恶心、忐忑或心慌	·难以聚精会神或集中注意力 ·无法开始或完成一项任务 ·选择困难 ·担心或想着事情最糟糕的情况 ·纠结——总是翻来覆去地关注一个想法或问题，而不是解决方案 ·容易发怒或沮丧，说话语气也比以往更凶 ·忘记去做一些重要的事情，例如打卡或者提交作业	·退出一些社交活动 ·在谈话中总是分心走神 ·回避他人（例如取消约会、聚餐放鸽子） ·总是想赖在床上，躲起来不与这个世界接触 ·减少与朋友见面的次数

行为方面		情绪方面
·对他人疾言厉色 ·不吃饭 ·相比以往吃更多不健康的食物（巧克力、奶茶、油炸食品） ·在交谈中打断别人 ·回避同学 ·那些以往不会对你产生影响的事情，变得容易使你沮丧 ·打游戏的时候特别暴躁 ·列出的待办事项越来越多	·把很多作业都堆在周末完成 ·抱怨自己感到多么疲惫 ·频繁地需要休息，做事没几分钟就要看一会儿手机 ·比以往更多的错误 ·错过最终期限或一些平时你不会忘记的约定 ·频繁请假 ·通过社交网络或电子游戏来逃避生活 ·频繁吸烟、饮酒	·更容易掉眼泪，或是情绪更为敏感 ·暴躁或是易怒 ·情绪低落或者萎靡不振 ·感到焦虑或紧张不安

二、压力存在的意义

我们的身体似乎总喜欢让我们进入糟糕的感受中，幸福总是那么的短暂。既然压力让我们如此难受，为什么在进化中没有被消除掉？

（一）压力——"保命"的警报器

我们的祖先并没有站在食物链的最顶端，生活的环境中充满了各种捕猎者。在原始时代，部落迁徙是很正常的事情，如果婴儿们不会因为父母的离开而感到不安，那么他们很大程度会被心大的父母忘记，从而都变成原始大型食肉动物的美餐。那些不会从经验教训中学习的祖先，上一次在这条河边被鳄鱼咬了一口，如果下一次他还在同样的地方喝水，可能就没有这么幸运可以活下来了。

现代社会的生活在人类发展史上仅仅出现了非常短暂的时间。我们的大脑和石器时代的祖先相比并没有巨大的差异，所以我们还是很"动物性"地保留了许多原始反应。虽然现在人类站在了食物链的顶端，实际上我们还是那个惴惴不安的灵长类动物，对身边的信息保持敏锐的觉察，时刻评估着环境的危险程度。

（二）压力——"改变"的助燃器

压力有时是一种动力，很难想象在没有压力的情况下，人类要怎么完成那些有难度的、自己并不喜欢但是必须要去做的事情。一个人一天的行动不可能都是自己喜欢的，哪怕是生理需求，有可能你都不喜欢。例如游戏关键时刻的三急，你都很想忍一忍，但是随着膀胱或者括约肌的压力越来越大，会推着你不得不中断游戏冲去洗手间。关于压力和行动力，心理学上有一个非常著名的实验。在这个实验中，心理学家测试了在不同的压力感受中，人们完成任务的意愿和效率。

越是简单、快速就能完成的任务，越需要强大的压力促使人们行动。例如倒垃圾、叠被子、整理书架这种简单的体力劳动，除非你是一个以做家务为乐的人，不然真的需要很大的压力才会去执行。例如，你不整理床会被妈妈唠叨，寝室卫生保得不好会被扣分等。

越是复杂、有挑战性且要长期作战的任务，越需要人们在比较低的压力感下坚持下来。例如高考、考研这种需要长期准备的事情，压力过大可能会让人崩溃、绝望、看不到尽头，想要放弃，或者要耗费巨大的代价才能完成。

上述两种情况有点类似于百米赛跑和马拉松对于运动员的要求。如果一个马拉松运动员用百米冲刺的速度开始自己的比赛，那么他是无法坚持跑完全程的。"配速"的概念在长期项目中非常重要。

（三）压力——"呵护"的信号器

新生儿在感觉到压力的时候，发出"咿呀"声音的目的不是自己解决问题，而是呼唤养育者来照顾自己。当我们感觉到压力的时候，也是身体在提醒自己，这件事情靠自己当下的能力独自完成是有难度的。想要提升自我的实力需要不少时间，立刻能解决问题的方法其实是寻求帮助，而互帮互助的过程会增进人与人之间的连接感。人类是群居类动物，无法独自应对一切的压力，该特性保持了人类社群的黏性，从而使得人类在面对强大的外敌时，聚集更多的力量来保护种群的安全。

三、压力应对系统

3F反应是刻在基因里的原始反应，所以对于人类的现代社会，其适应性就很差。如果把一辆高速飞驰的卡车想象成一个原始社会的狩猎者，确实是打不过，也逃不掉的，可是木僵的状态并不能诱骗卡车放过你。这个时候我们就要讨论到我们比起其他动物更发达的一部分大脑：大脑的新皮层结构。它是我们理性逻辑思维工作的场所，是我们跳脱本能的一个非常重要的生理基础。理性大脑会再次加工本能感觉到的威胁是否是真实的，是否有必要通过3F反应来应对。例如对于动物来说，一个全新、陌生的环境意味着处处都是威胁，随时有丧命的风险。可是对于人类来讲，你搬了新家或第一次去某一个地方旅游，虽然周围一切是陌生的，但是你会很快乐。你的理性思维让你更精细、周全地评估周围的一切，不会像一只猫一样坐个车都会产生应激反应。

但是，也恰恰是因为有理性思维的能力，我们更容易解读一些并不那么致命的情况。这里我们就要提到我们人类大脑应激反应模型中，除了3F之外，后天习得的部分。

我们的大脑不停地在神经细胞之间建立连接，而固定的一些连接激活就变成了我们的一个固定的行为模式，你可以理解为它是在经验里面不断被写好的一套程序，这套程序在写好形成闭环之后就会自动运行，不需要你花很多时间启动和一步步推进。我们在6岁之前的很多经历会组成我们非常重要的内心程序，心理学上称之为"图式"，而应对压力的内心状况是其中非常重要的一套程序，毕竟对于当时能力弱小的你来讲，学会如何应对压力，并且在这种有危机的状态下生存，比其他任何能力都重要。可当时的你因为大脑发育还没健全（人类的神经要5岁才会彻底发育好，通俗地说，5岁之前的孩子"脑子漏电"），身体机能也很弱，是绝对无法在自然界独自存活的状态。就像食物链低端的所有生物一样，童年时期的你可以保命的压力应对系统往往会伴随着很多灾难性的假设，因为确实对于一匹很小的马来讲，湍急的河水几乎可以把它淹死，但在成年马的眼里，那只是一条刚刚过膝盖的小溪而已。

如果一个人出生在一个有爱的家庭里面，他的父母在其婴儿时期给的回应，会让他感觉到这个世界是安全的，他可以在这里得到很好的照顾。在内在安稳的状态下，"探索"的本能会驱动他好奇地接触外界的环境，而在探索的过程中一定会遇到很多挫折和困难。在这个时候，他的父母可以允许他回到安全的避风港里待一会儿，重新鼓起勇气再去探索，这会让他形成"遇到困难会得到帮助"的信念。突然某一天，他通过自己的能力解决了一个曾经对于他来说不可能做到的事情，他会树立一个"我有能力解决问题"的信念，这些都会让他的压力应对系统变得乐观，再遇到压力的时候，先通过这两个信念去解决问题，而不着急立刻启动 3F 反应。

相反，如果你在成长过程中一直被父母忽视，甚至被虐待，所有的问题都只能靠你一个人艰难地扛过去，那么你的压力应对系统中就会带着很多悲观的感受。一有压力，你首先就会感觉到绝望，因为你深知没有人可以帮助你，也没有什么地方可以在你失败的时候供你休整。如果你自己解决不了这个问题，你就完了。而往往年纪越小的时候，你越容易体验到自己是没有能力解决那些困难的，所以久而久之你的压力应对系统中就会存在一个声音，它从一开始就告诉你"你不行的，你做不到的，你完蛋了"。这个时候你唯一能做的似乎只有从这个压力源中逃开，回避这个压力，把头埋进沙子里，就当危险没有发生一样，能躲一时是一时。拖延症的一个原因就是我们大脑在启动 3F 原则中的逃避策略，它傻憨憨地认为这样可以让你远离危险，暂时活下来。但与此同时，越来越发达的理性头脑气得跺脚，它知道我们是逃不过去的，但是它无能为力。

无论你形成了怎样的压力应对系统，它在最初的时候都是非常有用的。你靠着这些压力应对系统度过了你能力最弱小的时光。可问题在于，这些系统一旦形成，就很少去更新了。就像你在游戏一开局拿到了一把"通关神器"，它带着你打过了很多有挑战的关卡。你会有一种这个游戏我只需要这一把武器就够了的感觉，在没卡关之前，你都不会考虑寻找新的武器。

可在人生这场游戏中，变化和成长每时每刻都在发生。你有越来越强的大脑，越来越有力的四肢，你的本领在逐渐增长。与此同时，生活环境中困难和挫折的级别也在提升。在某一个时刻，你发现自己无法应对当下你感受到的压力，这并不意味着曾经的你毫无应对压力的能力，它只是在提示你，压力应对系统需要升级了。

如果你意识不到这是系统升级的需求，而是直接产生自我批评的声音，例如"我好差劲""我怎么这点事都处理不好""别人都行，只有我做不到"，那么你就会进入一个恶性循环，依然会用曾经的旧系统去应对现状，可与此同时再次袭来的挫败和羞耻会让你更加难以呼吸。

任务二　认识挫折：笑对人生的挫折

一、什么是挫折

（一）挫折的定义

一般来说，挫折主要包含三个要素：挫折情境、挫折认知和挫折反应。挫折情境是指阻碍或影响人们有目的的活动的情境状态或条件。构成刺激情境因素可能是自然因素，也可能是社会因素，统称为刺激源。例如考试失败、失恋、自然灾害等都属于挫折情境。挫折认知指的是人们对挫折情境的知觉和评价。一般来说，挫折情境越严重，挫折反应越强烈。但是，只有当挫折情境被主体感知时，个体才会在心理上产生挫折反应。挫折反应是个体在挫折认知的基础上，面对挫折情境时表现出的情绪感受和行为方式。挫折反应的性质、程度主要取决于个体对挫折情境的认知。

就挫折的强度和造成的影响来看，挫折可以分为恰好的挫折和创伤性挫折。恰好的挫折会促使一个人发展出更好的个体内聚性和统整性，而创伤性挫折让人无力应对，从而造成心理创伤。

（二）挫折的特性

1.挫折的普遍性与偶然性

"人有悲欢离合，月有阴晴圆缺。"纵观人的一生，一定会遇到大大小小的挫折，这是挫折的普遍性。但是每个人遇到的挫折又不尽相同，谁也无法准确地预测自己会遇到什么类型的挫折，也不确定会在什么阶段遇到挫折。因此，挫折对于每个人来说都是偶然的。

2.挫折的客观性与主观性

挫折的情境是客观的，但挫折情境是否对个体构成挫折感与个体的主观认知有关。例如，面对高考失利，有的学生从此一蹶不振，而有的学生总结教训，继续奋斗，通过大学时期的努力考上了心仪的研究生院校。此外，同一个挫折，也可能在不同的阶段带给同一个人不同的感受。例如，面对父母的吵架，人们在童年时的感受与成年后的感受可能有很大区别。

3.挫折的双重性

挫折的双重性体现在挫折所造成的结果可能是积极的，也可能是消极的。挫折可以把人置于死地，也可以使人置之死地而后生。在积极方面，挫折给人以智慧，锻炼人的意志；在消极方面，挫折使人失望、痛苦、沮丧，甚至意志消沉、不思进取。

（三）引起挫折的原因

引起挫折的原因是多方面的，我们可以从主、客观两方面来分析：

1.外在的客观原因

第一，自然原因。自然条件的制约往往会给人带来不幸的结果。一些无从预料、不可抵挡的自然现象，诸如山洪暴发、火山地震、江河决堤、大旱大涝等，都会使人生的舞台停滞在不利的环境中。

第二，社会原因。社会变迁过程中的不利因素也会给个人造成诸多的不良影响。例如，战争使大多数人置身于挫折与不幸之中。

2.内在的主观原因

第一，自身条件限制使目标无法实现。诸如个人的相貌、身体素质、经济状况、智能水平、心理素质等个人条件使个体的需要难以满足而形成挫折感。

第二，个人认识上的偏差造成理想无法实现。例如缺乏对挫折情境、挫折认知和挫折反应的了解。

第三，个人对人生价值的追求方式不当。奋斗目标无法实现，心中企盼的理想破灭，从而引起内心的失落与不平衡感。

（四）挫折的常见反应

挫折会给一个人的想法和行为带来一定的负面情绪。但即便如此，我们必须认识到，这是很自然的反应，而且这些负面情绪有可能会持续一段时间。

1.想法改变

挫折导致的目标失败，可能挑战我们原本的想法，质疑一开始的决定是否准确，从而降低自信心，动摇甚至改变原来的想法。例如，一位大一新生刚开始很想当班长，但是在竞选中没有被选上，他有些失落，认为自己不适合当班长，也可以试试当别的班委。

2. 情绪波动

挫折出现时，当事人会感到诸如忧愁、失望、痛苦、焦虑、担心等情绪，同时可能伴随着头疼、胸闷等躯体反应，这是挫折带来的自然反应。

小 A 暗恋同班的一个男同学很久了，有一天，她终于鼓起勇气向对方表白。但是对方对她并没有类似的好感，委婉地拒绝了小 A。小 A 当时感到很羞愧，想找个地洞钻下去，回寝室大哭了一通。随后的几天里，小 A 时不时感到痛苦和失落。一个星期之后，小 A 的情绪逐渐平复了很多。这便是情绪的波动。

3. 行为回避

对于失败，很多人在短时间内无法及时面对，出现回避行为。之所以出现这些情况，一是因为目标受阻，二是因为消极的情绪对人体的消耗。例如，一位在学习上困难重重的学生，会本能地想逃避上课，可能伴随着早上起不来、上课迟到等现象；一位刚刚失去亲人的学生，很有可能不想和他人谈起与这个亲人有关的事情。

 拓展阅读

逆商（AQ）

智商（Intelligence Quotient，IQ）、情商（Emotional Quotient，EQ）、逆商（Adversity Quotient，AQ）并称为 3Q，是人们获取成功的不二法宝。有专家断言，成功＝20％IQ＋80％（EQ＋AQ）。

逆商全称为逆境商数，一般被译为挫折商或逆境商。它指人们面对逆境时的反应方式，即面对挫折、摆脱困境和超越困难的能力。大量资料显示，在市场经济日趋激烈的今日，大学生创业成功与否，不仅取决于其是否有强烈的创业意识、娴熟的专业技能和卓越的管理才华，而且在更大程度上取决于其面对挫折、摆脱困境和超越困难的能力。因此，高校大学生应把逆商的培养作为个人成长的着力点，让自己在逆境面前形成良好的思维反应方式，增强意志力，提高自身摆脱困境的能力。

二、当代大学生常见的挫折类型

大学生的年龄特性和所处的校园生活环境的特殊性决定了大学生挫折的类型。不同的挫折类型体现出不同的特点，由此给大学生带来的困扰也具有差异性。

（一）学习挫折

1. 学习方法或技巧不当

大学的学习方式和中学时代有很多不同。弹性学分制要求大学生合理规划大学期间的选课要求。课堂的知识讲授只是一小部分，更重要的是学生自学能力的培养。不同的专业学科有不同的培养要求，也有不同的学习方法。例如，有些同学数学基础差，但是恰恰需要学习与数学有关的课程，感觉怎么努力都无法学好，为此感到痛苦和压抑。

2. 无法体会学习的价值和乐趣

有的大学生把学习的价值功利化，认为学习只是为了找到一份满意的工作。而这样的想法，不足以支撑其探索更加深入的知识体系和内容精髓，因而容易对学习产生畏难情绪和退缩行为。

3. 缺乏人生规划

基于应试教育的基础，很多学生在高中的唯一目标就是考入大学。考入大学后，这一目标瞬间瓦解，但他们的自我意识越来越强烈，然而他们一时无法找到答案。当需要把学习和未来的人生规划结合在一起的时候，学生们时常会陷入迷茫。

4. 社会期待和同类对比造成的压力

社会希望大学生成为国家的栋梁之材，家庭期待大学生成龙成凤，同伴之间的竞争性无处不在，这些都让大学生在为自己学习和为别人学习之间产生冲突，无力平衡外界要求和自我发展之间的关系，久而久之形成情绪内耗，便会产生厌学情绪。

（二）人际交往挫折

有研究数据表明，人际交往所带来的挫折感仅次于学习压力，主要表现在寝室关系、同学关系、师生交往、恋爱交往等方面。大学寝室的居住结构的特殊性表明，寝室生活相对隐私，又相对开放。在这样的空间中，学生和来自不同背景的同学共同居住，其差异性必然会导致一些寝室冲突。例如，一位喜欢安静的同学认为寝室是私人空间，很难理解另一位喜欢在寝室聊天讲话的室友；而喜欢热闹的同学认为寝室是一个休闲的生活空间，在寝室放松闲聊是应该的。生活在一个寝室里的几个人每天会因为各种生活事件产生碰撞和矛盾。

大学的班级形式和高中很不一样。高中时，所有人以高考为目的，天天在一起，形成了一股强大的凝聚力。大学的班级形式相对松散，同学们不一定在一起上课，且因为各种活动的不同，同学之间可能见少分多，因而部分同学在交往中感觉孤独，没有归属感。

大学授课方式的特殊性，使得教师与学生的交流更多地集中在课堂，部分同学不知道如何与老师有效沟通。人际交往所带来的挫折感给大学生的生活带来了多方面的影响，也容易引发各种心理问题。

（三）家庭挫折

1. 经济压力

对于绝大部分大学生而言，虽然已经是成人，但是仍然无法实现经济独立，需要家庭提供几乎全部的经济支持。在交友、学习、日常必需品等方面的消费支出需求，给没有收入的大学生带来了一定的压力，尤其是一些家庭经济困难的学生。

2. 家庭关系

大学生和家人之间的关系状态，一定程度上影响着他们在校的学习和生活。家庭成员关系就像一个背景，隐约地影响着大学生的在校生活，其原因是复杂的。有一部分父母由于对孩子大学生活的不了解，交流过程中时常会产生冲突；还有一部分家庭原本存在的关系矛盾无法化解，沟通中的错位、缺位、越位时有发生，由此给大学生带来孤独、无力、愤怒等负面感受，而这样的感觉又会不断地影响其学习和交友。

（四）就业挫折

1. 个人期待与现实需求之间的矛盾

大学生群体普遍存在收入预期过高现象，在选择职业时，选择性忽略市场的真实需求，"高不成、低不就"的择业观在大学生中比较常见。

2. 就业能力与岗位要求之间的矛盾

职业的胜任力表现在大学生在面对一份工作时能否保质保量地完成。很多大学生在面对岗位的实际需求时体会到"所学非所用"或者"所学不够用"的情况，从而影响自我的职业自信，造成一定的就业心理压力。

3. 社会期待与个人需求之间的矛盾

社会和家庭由于定势思维，对大学生就业普遍存在较高的期待，他们认为大学生一定要从事"高大上"的工作。受这些因素的影响，大学生在择业过程中不自觉地向社会期待一极偏移，无法较为自由地从个体的实际需求、爱好和选择出发。

三、面对挫折时个体的本能反应

心理防御机制是指挫折发生后，个体有意或无意地采用某种自我保护措施，以消除不愉快情感的一种心理操作方式。绝大部分防御机制的使用都可以表现为适应性或不适应性两种情况。适应性心理防御机制能够使个体减轻挫折带来的精神压力，协助恢复心理平衡，激发个体的主观能动性。而不适应性心理防御机制会干扰个体对客观环境的应对方式。

心灵的面具

（一）否认

个体是意识不到运用了否认的防御机制的，一般是周围人对此有清晰的认知。比如你全部好友都说你的恋人和你是逢场作戏，但你觉得你们就是真爱。或者所有人都认为你现在的状况很糟糕，身体肯定会扛不住，但是你自己觉得还能再战三百回合。

（二）全能控制

有全能控制防御机制的人希望一切都在自己的掌握之中，也认为自己有能力做任何自己想做的事情。这种防御机制会让个体时时刻刻处于雄心勃勃、与人竞争的状态里。"赢"对他们有绝对的吸引力，也是他们唯一的目标。

（三）极端理想化与贬低

这类人对其他人的评价总是极端的。他们认为有些人就是完美的存在，而有些人就应该受到惩罚。这类人对周围的人的期待往往真挚且浓烈，但强烈的失望也是必然会发生的结果，一旦他们发现对方并不符合自己想象中的完美形象，就会立刻把对方贬低得一无是处。

（四）投射与投射性认同

当个体产生了一种情绪，但是自己无法接受的时候，就会想把这个情绪扔给别人，由别人来承担，这就是投射。如果你无意识接受了这个被扔过来的情绪，把它当作自己的情绪，这就是投射性认同。例如，妈妈觉得冷，她非认为你也冷，这就是投射，然后你就因此真的觉得冷，这就是投射性认同。

（五）躯体化

不知道有多少人记得自己小的时候被"吓出病"的经历。这就是非常典型的躯体化防御方式。当情感无法用言语表达的时候，强烈的情绪会破坏身体的免疫系统从而让身体产生诸多症状，所以确实很多身体疾病和心理状态都是相关的。现代医学发现的人体第二大脑——肠神经系统，就会有强烈的情绪反应，所以在人遭受压力或挫折的情况下，消化系统会容易出现问题。

（六）付诸行动

当一个人担心自己直接表达需求会被拒绝的时候，就容易选择用行动来间接地表达自己的需求。比如有一场你非常不愿意参与但是又觉得自己不能拒绝的聚会，你大概率不会准点到达现场。

（七）压抑

采取否认防御机制的个体完全意识不到自己在否认，但是采取压抑防御机制的个体是知道发生了什么的，但是因为现实太痛苦了，所以说服自己当作什么都没发生。压抑处理着人类日常生活中数不胜数的焦虑，但是当压抑无效，又无力应对现实，或者压抑的方式从长远角度限制了个体的成长时，压抑会导致不良的后果。

（八）情感隔离

这一机制在很多职场人身上都是必要的内在保护。比如医生如果一直只关注一位患者的病情，就无法完成自己的本职工作；警察、律师、法官在工作的时候也时常需要将自己的个人感情放置一边，用更"职业""中立"的态度办事。但情感隔离的过度使用，会导致他们缺失同理心。

（九）理智化

如果说情感隔离是麻木的，理智化就是用强大的自我力量让个体对自己所经历的痛苦处事不惊。过度理智化会让个体失去对生活的乐趣，认为一切都是平淡无奇的。

（十）合理化

通俗地说，合理化就是凡事都能找到理由。这样可以让人更加容易接受当下的局面，但是反面教材也显而易见。当家长将打孩子的行为合理化到"我们这代人也是这样长大的"，家长就不太可能去反思自己的教育方式了。

（十一）道德化

这是比合理化更加体现"道德绑架"的一种方式。当那些理由都被赋予了道德和责任层面的意义时，在那些理由下做出的行为就变得更加坚定。比如打孩子的理由变成了"这就是父母表达爱的方式，正是因为我在尽职尽责地做他的父母，我才会这么做"，在这个理由下做出打孩子的行为看起来就更加理直气壮了。

（十二）自责

自责这种防御机制在一直道歉的人身上十分常见。他们将一切问题都归于自身，这样一切都变得简单起来，原来那些无力回天的事情只是由于自己的能力不足，这样的想法反而可以给自己希望："是不是我变得更好之后，一切就会不同？"但过度自责是抑郁状态的诱因。

（十三）置换

将无法表达的情绪释放到被允许发泄的对象身上。比如被妈妈训斥了，回屋后对着枕头一顿乱砸。又如被领导批评的白领回家后对家人撒气。无意识的置换会诱发一些莫名的恐惧症；但同时置换也有很积极的现实作用，比如当你心绪不宁的时候让自己忙碌地工作。

（十四）认同

认同在一个人的成长过程中起着非常重要的作用，认同机制的好坏取决于认同的对象的品质。孩子最初认同的对象就是照顾自己的人，认同他们的形象作为自己未来要成为的样子。

（十五）升华

升华可以将自己的内在冲突、痛苦用创造性的方式表达，用被社会认可接纳、有价值的方式进行防御。

（十六）幽默

脱口秀为展现幽默这一机制提供了舞台，当一个人可以用诙谐搞笑的方式表达自己的痛苦时，便在展现这个人积极的内在防御。拥有自嘲的能力一直被视作精神健康的核心要素。

防御机制本身没有好坏之分，每一种防御机制都试图让个体在遭受挫折后可以不被痛苦吞噬，维护自尊。但如果在任何情况下，只使用一种防御机制来面对挫折，就是比较僵化的防御系统，你会感受到这样的防御系统总是暂时有效，但从长远的角度出发，单一的防御机制是不能真正地帮助你解决困境的，甚至有可能造成更糟糕的局面。如果你在"对号入座"的过程中，发现前六种不太成熟的防御方式比较普遍，则反映出你确实时常会感觉到面对压力和挫折时强烈的痛苦与无助，这种情况可以考虑和心理咨询师一起探索自己的防御系统的构成。

任务三　管理压力：与压力共舞

一、管理环境的压力

"能归于外部原因的事情，千万别着急认为是自己的错"。很多人从小被教育要从自己身上找原因，这个思路本身没有什么问题，但是被过分地强调之后，它很容易变成一种自我苛责的声音，让你无法客观地看待局势。

如果最近你所生活的区域不太平，或是你的家庭正在遭受经济危机，这些都会变成一种"弥散性"的压力，从而影响着你。但与此同时，你可能并不觉得你现在的压力和这些事情有关。

压力源往往不止一个，评估环境中的压力因素不会意味着你是一个逃避责任的人。细致的评估可以帮助我们作出更合理的行动规划。在这个评估中，练习对压力源优先级的排序，可以帮助我们在一段时间内实现效率最大化。

当我们罗列了自己当下面临的环境压力源，在评估自己此刻"应该要达到的状态"时，我们就可以提出更合理的要求了。如果你现在正处在封闭隔离的状态中，不知道自己有没有被传染，那么这个威胁到生命的巨大环境压力会占用大部分大脑资源，留给你应对学业的大脑内存会少很多，这时可适当降低学习要求，避免不必要的自我责怪，毕竟太多让人焦虑的事情同一时间发生了。同时，我们也要学会建立可行的小目标，只要达到就及时奖励自己，哪怕是点一份炸鸡、一杯奶茶，也可以及时给自己正面的反馈。

二、管理激素的压力

倍感压力的时候，大脑的中枢神经处于高度唤醒的状态。同样的，高度唤起的中枢神经系统也容易让你的大脑认为自己在"迎战状态"中，所以中枢神经兴奋剂的过度使用有可能让你更加容易认为自己在压力状态中。比如摄入大量的咖啡因或尼古丁，让你的心跳加快，呼吸急促。大脑有可能会把这份生理感受理解为是激素的作用，也有可能评估为感到压力时的反应。当大脑认为是压力导致你现在心脏怦怦跳，而不是尼古丁的话，你在思考应对方案的时候，可能会高估你当下的压力状态，从而更加觉得自己无法应对。

所以物质成瘾的人对压力的反应更敏感，也更容易选择 3F 反应。他们可能会更容易情绪激动，展现攻击性；或者情绪脆弱，逃避现实。如果一个人有酗酒、强烈的烟瘾，或者暴食等行为，那么他会陷入恶性循环中。这种情况需要求助专门的物质成瘾干预措施来改变。

三、管理生理反应的压力

当你感觉到压力的时候，你首先会发现很多生理上的指标在变化。比如你的手心开始出汗，心脏怦怦直跳，血液流速变快，呼吸急促。这是遇到压力事件后，你的大脑通过分泌肾上腺素和皮质醇来改变生理状态，为即将采取的行动作出的反应（不管你是要战斗还是要逃跑，都是一个剧烈运动，身体要提前进入状态做好准备）。不过，这些激素的生效时间并不长，皮质醇的有效时间只有 20 分钟。

我们往往会后悔自己在某些压力环境中冲动的行为，觉得自己太不计后果了，事后收拾烂摊子更劳民伤财。我们可以尝试让自己在那些不舒服的生理状态里面待够 20 分钟，20 分钟之后再行动，可能你就会采取更冷静、理智的措施了。因为当本能的反应洪峰过去之后，你的理性大脑才能更好地分析局势。在这 20 分钟里，我们与其试图让自己平静，不如寻找一些可以发泄那无处安放的躁动的方法。同时，我们可以通过记录身体的节律，了解压力的变化，更好地管理压力。（见实践手册项目四拓展活动二：压力测量计）

🔖 拓展阅读　━━━━━━━━━━━━━━━━━━━━━━━━━━━━━━━━ ▼

"紧张—放松"训练

找一个温暖、安静、光线柔和的地方，舒服地坐在椅子上，双脚平放在地上。如果你想结束练习之后就睡觉，你可以选择躺着进行这个练习，让身上每一块肌肉先紧张后放松，最终达到全身放松的效果。吸气时收缩肌肉，呼气时放松肌肉，不过记住，要去紧绷肌肉但不要拉伤。

先把注意力放在你的脚趾，用力蜷缩脚趾 30 秒，一定要使出全力。然后突然放松 3 秒。按 30 秒扣紧、3 秒放松的频率做 5 组。

伸直双腿，收紧小腿肌肉和臀部肌肉，努力保持住，然后放松。

把注意力放在你的腹部，收紧你的腹肌，想象你正在试着让肚脐贴近颈椎，然后通过呼吸放松你的肌肉。

捏紧拳头，想象你的手心攥着此刻让你感觉到压力的事情，使出全力把它们捏碎，然后放松。

耸起肩膀，收紧你颈部和肩部的肌肉。用下巴靠近前胸，去感受脖子和肩膀后面的张力和紧绷感。保持住，然后放松。

紧闭双唇，把舌头绷直并贴紧上颚，注意到喉咙的紧绷感。咬紧牙齿，收紧你的下巴。保持住，然后放松。

让你的两条眉毛相互靠拢，就像是在皱眉一样。眯起双眼，让眼周围的肌肉紧张起来。保持住，然后放松。

现在扬起眉毛，皱起额头，然后放松，想象你的前额肌肉在放松时变得光滑和松弛。

平时可以有意识地训练自己进行"紧张—放松"的能力，在遇到情绪激动的时候，通过这样的方式让紧张的肌肉得以放松。

四、管理想法的压力

很多时候，让我们倍感压力的事情其实并没有发生过。它们仿佛是你通过某个"预言水晶球"看到的未来。这些未来都非常糟糕，而且你觉得发生的可能性是 99.99%。

首先，你评估事态走向的风格是从自己的过往经验中总结出来的。这让你的想法变得特别可靠，毕竟之前事态就是沿着这个方向发展的，你对于接下来会发生的事情深信不疑。其次，这个风格可能形成于你能力很弱的时候，所以它像是一个"脆弱"的人才会看到的世界，也像是一个"能力不足"的人才会采取的措施。最后，这些思维模式曾经一定是非常有用的，才会被你保留下来。而你现在发现它们阻碍了你的发展，是因为这些方法"不合时宜"了。

当你意识到自己处于压力和挫折中时，你会经常出现一些想法，比如"我真的太蠢了""这点事儿都做不好，果然我就是个废物"等，可以问自己以下几个问题：

◆ 是否可以用别的方式来看待这种情况？

◆ 我的反应真的符合这种情况吗？

◆ 可能发生的最坏的结果是什么，最好的结果又是什么呢？

◆ 我能做些什么来改变这种情况？最细微的第一步可以做什么？

◆ 最有可能发生的事情是什么？我该如何去应对？

◆ 如果我有一个朋友也面临同样的问题，我会建议这个朋友怎么做？

◆ 5 年前的我会如何看待这个问题，会怎么做？ 5 年后的我会如何看待这个问题，会怎么做？

我们的大脑一天会闪过几千个想法，我们不会认真地去思考每一个想法的具体内容，却会记住大部分想法带给我们的感觉。如果你每天的想法整体都非常消极，那么你很难找到行动的动力。你可以刻意地为自己增添一些细致、客观，或者积极的想法，以此来平衡你的感受。

五、管理"聚沙成塔"类型的压力

一直生活在高压状态（持续时间可能是以年为单位的）中的人，毫不夸张地说，他不只会情绪枯竭，身体器官在长期高压下还会出现生理上的变化，包括我们的大脑。

如果你对自己的压力反应模式感到好奇，你可以考虑写一份非常详细的生涯成长报告，重点关注你从小到大每次遇到有压力的事情的时候，你一开始是怎么对待这件事情的，你做了什么，得到什么样的反馈，通过这些经验得到了什么教训，之后你是怎样应对相同情况的。你可以通过你的成长经历来提取你的压力反应模式，并且可以思考一下现在这套压力反应模式是否还在持续地发挥作用，它是否和你现在的生活、能力相匹配。

如果你发现找不到自己的压力反应模式，或者不知道如何入手，可以去学校的心理咨询中心预约一个免费的咨询，让心理咨询师帮助指导你去关注内心的状态，并且告诉你内心状态是怎么来的，它是怎么形成的，曾经发挥了什么样的作用，让你得到什么样的收益。同时，心理咨询师会和你一起去评估，现在它是否还需要被保留下来，如果它现在已经不能很好地帮助或者保护你了，你就有必要去考虑一下改变自己的压力反应模式。

最后，如果这种持续性的高压状态已经使你的大脑发生了生理上的变化，比如你已经因为高压的状态达到了抑郁症或焦虑症的诊断标准，这就在提示你，你的大脑已经没有办法正常地对环境作出反应了。例如激素分泌，正常的大脑可能在机体吃到一颗糖后分泌一定量的多巴胺让你感到快乐，可是生了病的大脑在机体吃了糖后也不会分泌多巴胺，或者说机体得吃 10 颗糖后，大脑才会分泌健康的人吃一颗糖分泌的多巴胺的量，这就会导致你变得难以快乐。这个时候你就必须通过精神类药物来帮助大脑康复了。

六、管理你的 3F 本能

无论我们多么理性地去应对压力，3F 本能总跃跃欲试地想要做点什么。如果我们在应对压力的过程中，巧妙地满足一下 3F 本能，就会发现效率大大提升。

（一）管理你战斗的本能

你会发现自己在压力状态下，脾气很急躁，有时极端得像路怒症，并且想要动手打人。在处理压力的时候让自己的行动有一些攻击性其实是很有力量的。例如，你可以选择更扭曲的面部表情，选择敲起来噼里啪啦响的键盘，准备一个巨大的外置回车键，每一次回车都大力砸下。这些都可以作为你合理地表达战斗本能的方式。

（二）管理你逃跑的本能

人们如果一直处在压力环境中是一件非常有压力的事，总会忍不住想缓口气，让自己得到放松。在很多游戏中，人物奔跑的时候会消耗体力条，如果体力条耗尽的话，需要歇好一会儿才能重新跑起来，但是如果在体力条没有耗尽的情况下就休息，反而可以恢复得很快。在迎击压力的过程中，你可以找到一些短暂的逃避方式帮助你在做任务的状态下保持得更久。比如正在写作业的你，旁边的 iPad 播放着一部你已经看了十多遍的动漫，你对剧情已经倒背如流，这部剧本身已经不会对你有任何吸引力了。但是每当你打完一个段落的文字之后，都会看一小段剧情，不管当时在演什么，你都让自己暂时从写作业的状态中抽离出来，这个场景演完了，你再重新进入写作业的状态里。这会让你保持很长时间的工作输出，还不会觉得非常疲惫，甚至有一种时间过得好快、我的效率好高的成就感。

（三）管理你木僵的本能

木僵发生的时候你可能根本意识不到你进入了木僵状态，管理这个本能更多的是需要大量的平时练习。就像普通人面对歹徒的袭击可能会愣在原地不知所措，而受过训练的警察则会在第一时间作出反应。如果你发现自己很容易在一些特定的压力状态中陷入木僵，那么平时就可以有针对性地训练自己在那些压力状态中作出不一样的反应。即使你不真的作出实际行动，反复地在脑子里演练也是有用的。

项目小结

1. 大脑自带一套压力应对系统，叫 3F 反应，即战斗、逃跑或木僵。

2. 每个人的压力反应是不一样的，往往会通过生理、心理、行为、情绪、社交等方面表现出来。

3. 压力是"保命"的警报器，压力是"改变"的助燃器，压力是"呵护"的信号器。

4. 挫折主要包含三个要素：挫折情境、挫折认知和挫折反应。

5. 大学生常见的挫折有学习挫折、人际交往挫折、家庭挫折和就业挫折。

6. 挫折之下，人本能地会启动否认、全能控制、压抑、合理化、隔离等心理防御机制。

7. 掌握管理环境、激素、生理反应、想法等压力的方法，学会与压力共舞。

第三部分

探索篇

项目五

做最好的自己：大学生的自我意识

● 学习目标

知识目标

1. 了解自我意识的概念、内涵和意义；
2. 了解自我意识的结构、自我的形成和发展；
3. 了解防御机制的概念、内涵和意义。

能力目标

1. 学会自我认识的方法，理解自我认识中的盲点和局限性；
2. 学会理解理想自我、投射自我和现实自我之间的关系；
3. 掌握自我完善的方法，不断发展和超越自己。

素养目标

培养在困境中理性看待自己，积极适应环境的心理品质。

● 学习重点与难点

1. 学习认识自我的方法和途径，更好地接纳和发展自我；
2. 对自我发展的影响有整体、系统的认知，能够理解、接纳自我；
3. 培养自我反思、深度思考的能力，从传统文化的角度理解自我意识偏差。

● 配套资源

微课视频

《认识自我的那扇"窗"》

拓展活动

《独一无二的我》

《朋友圈中的自我呈现——镜中花与水中月》

《自我和谐量表》

老子在《道德经》中曾言："知人者智，自知者明。"这句话的意思是：能够了解他人的人是有智慧的，能够了解自己的人是高明的。自我认识是个体进行自我调节控制的心理基础，作为处在大学阶段的青少年，正处在青春期向成年期转变的重要时期，自我意识正逐步发展、形成，并走向完善。认识自我、完善自我是这个人生阶段重要的课题之一，是自我发展的前提和基础。本项目的学习目标如下：

◆ 了解自我意识的概念、内涵和意义；

◆ 从自我发展的角度理解自我的形成和发展；

◆ 掌握认识自我的方法，合理、客观地进行自我评价；

◆ 掌握完善自我的方法，有效地调节与接纳自我。

【导入案例】

小兮来自一个小县城，经过自己的努力顺利考进大学。对大学的生活，小兮充满了期待并下定决心要好好学习，可是她渐渐地发现身边有的同学主要精力并不是花在学习上，而是沉迷于游戏，追求各种名牌吃穿，买昂贵的手机，炫耀自己的旅游生活，对于学习的要求只要过得去就行。在同学之间，似乎只知道学习的小兮显得格格不入，阅历没有同学丰富，大城市生活经验也知之甚少，说起话来也难免缺乏自信心，没有其他同学落落大方，有好几次学生活动竞选她都落选了。这一系列的变化让小兮开始困惑：周围的同学看似没有怎么努力却享受着比自己更好的物质生活，在同学之间也更受欢迎，自己这么努力真的有用吗？

思考问题：1. 你打算怎样规划你的学习和生活？

2. 你将如何定位你的生活？

自我的由来：自我的形成与发展

一、什么是自我意识

进入大学后，我们面临着很多外在环境的变化，会不禁思考："我是谁？我为什么上大学？我的目标在哪里？"在宁静的夜晚，我们仰望星空，看着浩瀚的星海，自己宛如一颗亮闪闪的星星，你是否会扪心自问："在这个纷繁复杂的社会里，我的目标是什么？我处在一个什么样的位置？我应该成为怎样的自己？我来自何处，又要去向哪里？"我们的内心开始出现两个"我"：一个是观察者的"我"（I），另一个是被观察者的"我"（Me），也就是"主体我"与"客体我"的分化。这种分化意味着青少年期自我矛盾冲突的加剧，对自我的肯定与否定，我们如何认识自己，又如何理解自己，成了我们人生中的重要课题，当这两个"我"的矛盾难以调和时，我们将难以在青少年时期形成自我形象，青少年期许多心理问题也起源于此。

自我意识是指个体对自己存在的意识，是个体在社会实践中对自身及周围关系的认知、体验、愿望和评价，是个体关于自我全部的思想、情感和态度的总和。自我意识是个人意识发展的高级阶段，是意识的核心。

二、自我意识的内容

（一）自我意识的内容——从概念角度分

心理学家根据自我概念的不同组成部分将自我分成三类：物质自我、心理自我和社会自我。

1. 物质自我

物质自我是指个体对自己身体、生理状态的认识和体验，如对外貌、身高、体重及舒适感的认识和体验。青少年时期是对物质自我高度关注的时期：女生关注自己是不是漂亮，身材保持得好不好，有没有吸引力；男生关注自己的体型与身高，有没有男子气概，外表是不是成熟等。此外，物质自我还包括与自我有关的人、物品、地点等所有能表明我们是谁的部分。物质自我可以分为躯体自我和超越躯体的自我，所有物和自我之间是紧密联系的，积累所有物是为了扩展他们的自我感。

2. 心理自我

心理自我是指个体对自己心理活动、个性特点、心理品质的认识、体验、愿望和评价，包括对自己的感知记忆思维、智力能力、性格气质、爱好兴趣等的认识和体验。心理自我是指我们的内部自我，如自我的能力、态度、情绪、动机等。心理自我是自我最持久和最私密的部分。

3. 社会自我

社会自我是指个体对自身与外界客观事物关系的认识、体验、愿望和评价，包括个体对自己在客观环境及各种社会关系中的角色地位、权利义务、责任力量等意识。简而言之，社会自我指的是我们被他人如何看待和承认。在不同的社会情境中，我们的自我是不同的，即使人们在不同的社会背景下有着表现自我不同侧面的倾向，但依然存在一个超越这些社会角色的稳定、核心的自我，因为人们存在一种渴望被他人注意到的本能内驱力。

（二）自我意识的内容——从形式角度分

自我意识从形式上可表现为认知的、情感的、意志的，分别对应为自我认识、自我体验和自我控制。

1. 自我认识

自我认识是主观自我对客观自我的评价，包括自我感觉、自我观念、自我分析、自我评价等。认识自我是人类永恒的话题，是一个终身的课题。

2. 自我体验

自我体验是主观自我对客观自我产生的情绪体验，是在自我认识基础上产生的。自我体验主要集中在能否悦纳自己、对自我是否满意等方面。自我体验的内容十分丰富，包括自尊、自爱、自信、责任感、优越感、荣誉感、耻辱感等。

3. 自我控制

自我控制是对自己的行为、思想、言语的控制，以达到自我期望的目标。自我控制包括自我激励、自我暗示、自强、自律，其核心内容是如何规划自己的人生。自我控制是自我发展的最高阶段，其重点是我应该成为什么样的人，如何管理好我自己。我们可通过选择认知角度，改变认知观念，实现对自我的有效控制。成功的人都有较高的自我控制力，但并非所有自我控制都是积极的。自我要求与控制如果过高，会在实际中因主观或客观原因而不能实现，容易产生自我怀疑与否定，以及自我意识的偏差。

◁ 价值塑造

中国传统文化对自我的理解

我国古代学者就对自我有着非常明晰的认识。关于正视自我发展，中国传统文化思想中有一些精辟的论述。老子在《道德经》里说："知人者智，自知者明。胜人者有力，自胜者强。知足者富，强行者有志。"这句话的意思是：能了解他人的人是有智慧的，能够了解自己的人是高明的，能够战胜他人的人是有力量的，能够战胜自我的人才是真正的强者。知道满足而不妄想的人是富有的，努力不懈地去奋斗的人是有志气的。在中国传统文化中，人们普遍认为认识自己是认识他人和世界的基础。我是谁？我要成为怎样的人？关于这类自我意识方面的问题，我们的古代智者早已给出了答案。

三、自我意识的形成与发展

心理学家提出了著名的自我意识发展阶段理论，见表 5-1。心理学家认为，人的自我意识发展持续一生，并把自我意识的形成和发展过程划分为八个阶段，在心理发展的每个阶段都存在一种"危机"，人们需要完成相应的心理任务。同时，人生的每一阶段都有一个特殊矛盾，矛盾的顺利解决是人格健康发展的前提，对危机的积极解决有助于自我力量的增强，有利于个人适应环境。

表 5 - 1　自我意识发展阶段理论

阶段	危机	解决	未解决	品质
婴儿期	基本信任对不信任	需求得到满足的信心	由不确定的满足导致的愤怒	希望
儿童早期	自主对害羞或怀疑	受到鼓励与自我控制的独立	由被控制导致的疏远	意志力
学龄初期	主动对内疚	作用与欲望、冲动和潜能	对自我的思想行为感到内疚，缺少自我价值感	目的
学龄期	勤奋对自卑	集中注意力与"工具世界"	缺乏技能和地位	能力
青春期	自我同一性对角色混乱	确信同一性可由他人看出	先前同一性发展失败	忠诚
成年早期	亲密对孤独	与他人的同一性相融合	没有亲密关系	爱
成年晚期	生育对自我专注	指导下一代成长	成熟过程的延滞	关心
老年期	自我调整对绝望感	情感的整合	时光是短暂的	智慧

（一）婴儿期（0～1.5 岁）：基本信任和不信任的心理冲突

此时不要认为婴儿是一个不懂事的小动物，只要吃饱不哭就行，这种想法是错误的。此时是婴儿基本信任和不信任的心理冲突期，因为这期间婴儿开始认识人了。当婴儿哭或饿时，父母是否出现是建立信任感的关键。

（二）儿童早期（1.5～3 岁）：自主与害羞（或怀疑）的冲突

这一时期，儿童掌握了大量的技能，如爬、走、说话等，更重要的是他们学会了怎样坚持或放弃，也就是说儿童开始"有意志"地决定做什么或不做什么。父母对儿童的保护或惩罚不当，儿童就会产生怀疑，并感到害羞。

（三）学龄初期（3～6 岁）：主动与内疚的冲突

这一时期，如果幼儿表现出的主动探究行为受到鼓励，幼儿就会形成主动性，这为他将来成为一个有责任感、有创造力的人奠定了基础。如果成人讥笑幼儿的独创行为和想象力，那么幼儿就会逐渐失去自信心，这使他们更倾向于生活在别人为他们安排好的狭窄圈子里，缺乏自己开创幸福生活的主动性。

（四）学龄期（6～12 岁）：勤奋与自卑的冲突

这一阶段的儿童都应在学校接受教育。学校是训练儿童适应社会、掌握今后生活必需的知识和技能的地方。如果他们能顺利地完成学习课程，他们就会获得勤奋感，这使他们在今后的独立生活和承担工作任务中充满信心。反之，他们则会产生自卑。

（五）青春期（12～18 岁）：自我同一性与角色混乱的冲突

一方面，青少年本能冲动的高涨会带来问题；另一方面，青少年面临新的社会要求而自身又无法满足，因而感到困扰和混乱。所以，人们在青少年时期的主要任务是建立一个新的同一感或自己在别人眼中的形象，以及他在社会集体中所占的位置。

（六）成年早期（18～40 岁）：亲密与孤独的冲突

只有具有牢固的自我同一性的成年人，才敢于冒与他人发生亲密关系的风险。因为与他人发生爱的关系，就是把自己的同一性与他人的同一性融为一体。这里有自我牺牲或损失，只有这样才能在恋爱中建立真正亲密无间的关系，从而获得亲密感，否则将产生孤独感。

（七）成年晚期（40～65 岁）：生育与自我专注的冲突

当一个人顺利地度过了自我同一性时期，以后的岁月中他将感到幸福，他将生儿育女，关心后代的生育。人们普遍认为，生育感有生和育两层含义，一个人即使没生孩子，只要能关心孩子、教育孩子也可以具有生育感。反之，没有生育感的人，其人格贫乏和停滞，是一个自我关注的人，他们只考虑自己的需要和利益，不关心他人（包括儿童）的需要和利益。

（八）老年期（65 岁以上）：自我调整与绝望感的冲突

由于衰老过程，人的体力、心力和健康每况愈下，对此他们必须做出相应的调整和适应，所以这个阶段充斥着自我调整与绝望感的心理冲突。当老人回顾过去时，可能怀着充实的感情与世告别，也可能怀着绝望走向死亡。自我调整是一种接受自我、承认现实的行为，是一种超脱的智慧。老年人对死亡的态度直接影响下一代在儿童时期信任感的形成。因此，第 8 阶段和第 1 阶段首尾相连，构成一个循环或生命的周期。

任务二　自我认识：我是谁

当前社会发展迅速，生活水平明显提高。但同时我们也深刻地体会到：人们面临的心理挑战有增无减，普遍存在一些急躁、烦恼、焦虑、担忧的情绪，我们在一直追求更快、更好、更优秀的路上一往无前，却没有用心去体会自己内心的感受，清楚地认识自己。我们需要在认识自己的过程中获得安全感、获得感和幸福感。

一、认识自我

自我认识不是与生俱来的，它是在与他人的互动中获得的。认识自我是一件残酷的事情，也许你会发现自己长得很丑，没有过人的才能，笨嘴拙舌，一无是处；你也会觉得自己长得很美，天下第一，无所不能，思维敏捷，动作矫健，完美无缺。然而这一切都是自我的感觉，在现实中也许完全不是这样的。认识自我的途径通常有以下几个：

1. 通过自我反思认识自我

林徽因说过一句话："真正的平静，不是避开车马喧嚣，而是在心中修篱种菊。"在现实生活中，我们常忙着学习、交友、刷手机或玩网游，这些都让我们在虚幻的世界里沉沦。我们不妨每天给自己留出几分钟和自己对话，省察内心、明辨是非，认清现实生活中的自己。在自我意识的培养过程中，我们需要不断地进行自我反思与分析，勇于解剖自己，敢于批评自己，在自我解剖和自我批评过程中，加深对自己的认识。唯有时刻向内探索、审视自己，才能不断更新自我认知，守好人生航向。（见实践手册项目五拓展活动一：独一无二的我）

2. 通过他人反射性评价认识自我

人们常说"当局者迷，旁观者清"。自己的言行、相貌自己难以判断其正确与否，别人是一面镜子，通过观察他人对自己的反应，从而综合形成自我评价，在一般情况下是比较公允的，听取别人的评价有助于认识自己。心理学家认为，当一个人自我评价与别人对他的客观评价有较大程度的一致时，表明他的自我意识较为成熟。了解他人对自己的看法，有助于发现自己忽视的问题。他人对我们的性格、品质、能力能给予比较清晰的反馈，会增强我们对自己的了解，特别是当许多人的看法一致时，我们就会相信这些看法是正确的。

3. 在与他人比较中认识自我

人们不仅可以通过与他人的比较来认识自我，从不同人的回答中正确认识自己的长处和不足，也可以通过比较过去的自己和现在的自己来认识自我。因此，对自我意识的培养，一方面，我们要鼓励自己超越自我，不要满足于现有的成绩；另一方面，我们要确立恰当的抱负水平，不要一味跟自己过不去，而是从自己发展历程的比较中认识自我。与他人比较最重要的是要选定恰当的而不是盲目的参照体系，要学会用发展的眼光、辩证的方法去看待自己和他人，比较的视域越宽广、方法越科学，对自我的认识就越清晰。

4. 从实践中认识自我

大学生可以通过参加社会实践的学习和生活的经验来分析、认识自己。例如，自己做了哪些事情？擅长于什么？拙于什么？成功了多少？失败了多少？通过回顾自己走过的人生之路正确地认识自己，这是认识自己最主要的方法和途径。因此，在培养自我意识的过程中，我们需要客观地认识自己的知识才能、兴趣爱好，从取得的成果中体会自身的价值。社会衡量一个人的价值主要通过活动或成果认定，因而我们需要把自己与社会需要连接起来进一步认识自我，探索自我价值，从而进一步开发潜能，弥补自己，激发自信。

⊃ 拓展阅读 ┈┈┈┈┈┈┈┈┈┈┈┈┈┈┈┈┈┈┈┈┈┈┈┈┈┈┈┈▼

人心是一扇"窗"，认识自我的那扇"窗"：周哈里窗

人们总会得意地说："世界上最了解我的人，就是我自己！"实际上，我们并非那么了解自己。也许你身边总是有人夸奖你说："你太有趣、太幽默了！""你的头脑太灵活了，总是想到一些新奇有趣的事情！"或者还会有对我们的批评，如："你真的有一点懒惰。""你的脾气有时候不是很好。"当然，这些一定是我们自己不曾发现的问题，我们甚至会觉得朋友们是在说谎，可说的人多了，你就需要仔细地想一想，他们说的究竟是对还是错？

认识自我的
那扇"窗"

如图 5-1 所示，周哈里窗展示了关于自我认知、行为举止和他人对自己的认知之间在有意识或无意识的前提下形成的差异。该理论用窗户比喻一个人的内心，普通的窗户分成四个部分，人的心理也是如此。因此把人的内在分成四个部分：开放我、盲目我、隐藏我、未知我。它们对人类自我的认知范围和认知程度也各不相同，共同构成了一个完整的"我"：

开放我：周哈里窗左上角的那部分被称为"开放我"，也叫"公共我"，这一部分属于自由活动领域。也就是说，这是自己清楚、别人也知道的部分。比如，一个人的性别、外貌、婚否、职业、工作单位、居住地点、能力、爱好、特长、成就等。这是自我认识的基础部分，自己能够很清楚地意识到，同时对他人也无需隐瞒。"开放我"的大小取决于自我心灵开放的程度、个性张扬的程度、人际交往的广度、他人的关注

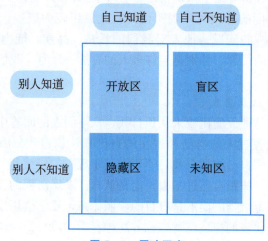

图5-1　周哈里窗

度、开放信息的利害关系等。"开放我"是自我最基本的信息，也是了解自我、评价自我的基本依据。

盲目我：周哈里窗右上角的那部分被称为"盲目我"，也称"脊背我"，属于盲目领域。这是自己不知道而别人却知道的部分。这部分可以是一些很突出的心理特征，比如有人轻易承诺却转眼间忘得干干净净；也可以是不经意的一些小动作或行为习惯，比如一个得意的或者不耐烦的神态和情绪的流露——自我常常觉察不到这些信息，但是别人却心知肚明。盲目点可能是一个人的优点，也可能是一个人的缺点。由于本人对这个认知领域毫无察觉，当别人将这些盲目点告诉自己时，我们一般会产生惊讶、怀疑或辩解的情绪反应，尤其当听到的信息与自我认知不相符时。所以，我们有时会听到一些人满脸惊讶地说："啊？是吗？难道我这种性格真的很受大家喜欢吗？我还一直以为大家都喜欢像小华那样的性格类型呢！"

隐藏我：周哈里窗左下角的那部分被称为"隐藏我"，也称为"隐私我"，属于逃避或隐藏领域。这是自己知道而别人不知道的部分，也就是我们经常说的隐私，即不愿意透露或不能让人知道的事实或心理。隐藏的内容不一定都是缺点，像身份、往事、疾患、痛苦、窃喜、愧疚、尴尬、欲望、意念等，都可能是"隐藏我"的内容，具体内容视一个人的性格和心理而定。相比较而言，心理承受能力强的人、隐忍的人、自闭的人、自卑的人、胆怯的人，"隐藏我"会更多一些。因为他们不愿意让别人把自己看得太透明，或者不敢把自己完全地展示在他人面前。

未知我：周哈里窗右下角的那部分被称为"未知我"，又叫"潜在我"，属于未知领域。这是自己和别人都不知道的地方，有待挖掘和发现，也就是我们通常说的潜能。一般来说，潜能是指一个人经过训练和学习后，可能获得的知识和技能，或者在特定的机会里展示出来的才干。潜意识仿佛是隐藏在海水下面的冰川，力量巨大却又容易被忽视。只有我们充分探索和开发"未知我"，才能全面、深入地认识自我，激励自我，发展自我，超越自我。

二、现实自我、投射自我与理想自我

在认知心理学中，一直存在着三个自我：现实自我、投射自我、理想自我。

现实自我是指个体对自己受环境熏陶、炼铸，在与环境相互作用中所表现出的综合的现实状况和实际行为的意识。它是自我现实、社会存在的真实反映。

投射自我（或称镜中自我）是指想象中他人对自己的看法和评价。它与现实自我可能存在差距，也就是说，自己对自己的看法和想象中别人对自己的看法往往是有差距的。但是，投射自我对于现实自我的形成起着重要的作用，人们总是把他人对自己的看法和评价作为重要参考，来形成自我概念。

理想自我是指个体为满足理想或内心需要而在意念中建立起有关自己的理想化形象。理想自我的内容尽管也是客观社会现实的反映，包括来自他人和社会规范的要求以及它们是否满足个体需要的反映，但这些内容整合而成的理想自我却是观念的、非实际存在的。

现实自我和理想自我的形成与社会环境的影响密切相关。现实自我产生于自我同社会环境的相互作用；理想自我则产生于这种相互作用中他人和社会广泛的要求内化后，在个体头脑中整合形成的自我的理想形象。人们总是按照理想自我来塑造自己，理想自我是现实自我努力的方向，而且一般人，特别是青年人往往以为理想中的自己就是现实的自己。（见实践手册项目五拓展活动二：朋友圈中的自我呈现——镜中花与水中月）

因此，现实自我总是带有不可摆脱的理想自我的痕迹。在正常情况下，当理想自我的形成建立在理智认识或他人和社会规范的自觉内化之上时，理想自我可以在现实自我和社会环境之间发挥调节作用，指导现实自我积极地适应社会环境。这时，理想自我、现实自我和社会环境的要求可以在新的水平和方向上达到协调一致，自我得到健康的发展。现实自我与理想自我重合度越高，我们的自我满意度也就越高；反之，自我满意度也就越低。我们需要通过学习不断地提高自己的认知，完善自己的个性，使自己朝着自己理想中的样子发展，让美丽自信的我去打败那个自卑颓废的我，让明媚的阳光照亮我们前行的方向，哪怕是阴雨雾缠绵，哪怕是风高月黑夜，总有一束光在心里，这个时候，你便会有一种充实感，不会觉得现实和理想间的鸿沟难以逾越。

做好自己的理想规划，不要屈从于心血来潮的冲动，也许这些冲动能够带给你即刻的安慰，但这些安慰往往是短暂的。"饮鸩止渴"地想一想而不去立即行动，也许你这一生便会活在落差感极大的现实自我中。因为有了现实和理想，我们才不会拥有一个完全随机的人生。把生活过成一种被动状态下的自我陶醉，还是主动选择朝理想的人生奔赴，是由自己决定的。

三、自我意识偏差

大学生处于自我意识发展的关键时期，自我认识能力不断增强，自我体验日益丰富、深刻，自我调控能力也不断强化。但与此同时，其自我意识也会出现分化，自我体验受环境刺激的影响而表现出波动性，自我调控能力仍具有矛盾性。在主我与客我、理想自我与现实自我、个人目标与他人要求、学校环境与社会环境之间的碰撞和冲突下，大学生也可能会出现自我意识的偏差，这些自我意识偏差可能会导致大学生适应不良，或者引起各种心理问题。

（一）常见的自我意识偏差

1. 自卑

自尊是指一个人尊重自己，对自己持肯定态度的情绪体验。心理学家马斯洛认为自尊是人类的一种高级需要，当自尊需要得不到满足时，人们可能会感到渺小与自卑。自卑心理是个体由于自我认知偏差等原因而形成的自我轻视和自我否定的情绪体验。自卑可以成为每个人的成长动力，使人追求补偿以促进自我的发展。然而，过度的自卑则有可能把人压垮，不但不能促进自我的发展，还将成为心理健康的重要障碍。自卑始终是自卑者的一个心结，就像一根刺，让人备受煎熬，永远不能自已。因此，克服自卑，彻底从内心剔除这种情绪，才是一个人真正做自己、真正轻松洒脱的开始。

2. 自负

自负是一种过度自信。俗话说"人贵在有自知之明"，自负的人常常缺乏对自我的"自知之明"，对自我、他人和世界的认知还很局限，以为整个世界都以自我为中心，往往把错归结到他人身上，把自己的意识强加在别人身上，不能和身边的人和睦相处，其实自负表现强烈的人也是极度自卑的人。

（二）自我意识偏差的调试

1. 正确认识自己，提高自我评价

自卑的人往往注重接受别人对自己的低估评价，而不愿接受别人的高估评价。在与他人比较时，自卑的人也多半喜欢拿自己的短处与他人的长处相比，越比越觉得自己不如别人，越比越泄气，自然产生自卑感。其实，我们每个人都有各自的优点和缺点。因此，有自卑心理的人，首先要正确认识自己，提高自我评价，要经常回忆自己的长处和自己经过努力做成功了的事例；要善于发现自己的优点，肯定成绩，以此激发自己的自信心，不要由于自己某些缺点的存在而把自己看得一无是处，不能因为一次失败而以偏概全，认为自己什么都做不了。

2. 善于自我照顾

自卑的人一般都比较敏感脆弱，经不起挫折打击，一旦遭受挫折，就很容易意志消沉，充满自卑感。因此，有自卑心理的人凡事应不怀奢望，要善于自我满足，知足常乐，无论生活、工作或学习，目标都不要定得过高，这样，就容易达到目标，避免挫折的发生。我们必须明白和做到：努力的目的是完成自己的既定目标，而不是为了打败别人，每次取得的成功体验，都是对自己的一种激励，是十分有利于恢复自信心的。

3. 体验成功感

自卑的核心就是你认为自己不行，那怎么才能将"我不行"变为"我能行"呢？很简单，体验成功感。"我能行"这句话不是喊出来的，有时候你光喊口号，做的时候发现还是不行，那对你的打击更大，所以真正的改变还需要行动。你可以给自己设置一个难度阶梯，不需要一上来就做最难的，可以先做简单的，难度一点点递增，这样你稍微努力就可以完成，在这个过程中你自然会相信自己能够做到。体验成功感还有一个方式是坚持做某件事，尤其像是健身、学习这类积极的事，乍看起来它们可能与你现在要面对的困难无关，但你全身心坚持去做了，你会由衷地觉得自己真棒。

4. 去自我中心化

自负者最大的问题就是自我中心化，不愿意改变自己的态度或接纳别人的观点。自负者要善于接纳别人的正确观点或建议，通过接受他人的批评或建议，而真正审视自我认识的盲区，改变固执己见的自我形象。同时，自负者也需努力提高自我认识，全面地认识自我，不要"一叶障目"，要客观地看待自己和他人的缺点和优点。事物都有两面性，因此我们认识自己和他人不能用孤立的眼光去评价和判断，要用发展和长远的眼光看待自己和他人。

◆ **价值塑造**

新时代青年学生是实现中华民族伟大复兴的主力军，以自我为中心，功利化都难以将"小我"融入集体和国家的"大我"之中，难以担当民族复兴的时代使命。传统文化中主张"与人为善、以己度人、己所不欲勿施于人的"推己及人"的待人处世的观念。蕴藏着由"己及人"和"由人及己"的和谐统一的社交智慧。和心理学中设身处地的共情理念不谋而合。传统文化中的"仁"和"爱"之心，强调恭谦礼让，不以自我为中心在人与人之间建立和谐关系，帮助处理自己和他人的关系，提高合作与交往的能力。理解自我为中心割裂个人与他人与社会连接的局限性。孟子："亲亲，仁也"，强调亲情之爱，亲爱家人，孝敬父母。将"己爱"延伸至家庭推及到社会，使之成为一种家国之爱，在不断的修身与成长中获得滋养的关系，形成参与人生、热爱生活的积极心态。

➡ **拓展阅读**　⎯⎯⎯⎯⎯⎯⎯⎯⎯⎯⎯⎯⎯⎯⎯⎯⎯⎯⎯⎯⎯⎯⎯ ▼

显性自恋与隐性自恋

自恋可分为两种类型：自大暴露型（显性自恋）和脆弱敏感型（隐性自恋）。显性自恋者往往只是过度自信，真正需要被重视的往往是我们看不到的隐性自恋者。隐性自恋的人格大部分与原生家庭有关，比较常见的是在成长过程中，父母扮演的角色一直是完美主义者，当你获得优秀的成绩时，他们会把世间所有的美好夸赞都给你，可是一旦你出现纰漏和错误，他们就会忽略掉你所有的优点只剩责备，所以隐性自恋者一直都对自己有着很高的要求。这种要求久而久之会变成一种特性，最终让个体觉得自己是完美的，想被关注却不愿讨好别人，他们只是停留在"我很特别"的认知上。实际上，这种自恋都归咎于内心的自卑。隐性自恋者一边把自己想象得很牛，一边又很在乎别人是不是把自己看得很低。这两种想法总是在冲突，其实很痛苦。他们一方面认为自己就是宇宙的中心，另一方面内心的空虚感和无力感却让自己时常感到孤独和内疚，玻璃心、敏感、脆弱或是纠结，每天都包围着他们，让他们既自命不凡又深受痛苦。

任务三	自我发展：做最好的自己

一、增强自我防御功能——提高自我成熟度

自我防御机制的概念首先由心理学家西格蒙德·弗洛伊德提出，这是通过扭曲或篡改事实使个体摆脱不良情绪，如焦虑、抑郁和愤怒等，进而维护心理平衡的一种适应性倾向。其中，初级防御机制较为原始，个体和外部的界限较为模糊，现实检验能力不足，而次级防御机制相对成熟，个体内部的界限较为清晰，自我防御功能也相对较好。合理化的防御机制可以帮助个体避免体验到因得不到想要的东西而产生的挫败和遗憾。

个体采用哪种防御机制同自我成熟度、心理健康水平有着密切的关系，同时呈现出明显的阶段性和持续性的特征。防御机制的发展受成熟程度的制约，这些并非意味着随着年

龄的增长，人们就自然获得了成熟的防御机制。在现实生活中，我们可以观察到无数已经在生理年龄上达到成熟的人，在遭遇某些不快和焦虑时，表现出来的行为依旧是不成熟的，久而久之会累积成较为严重的心理问题。处在青春期的大学生有着较为共同的特点，他们的心理发展过程，充斥着本我、自我与超我三者之间的矛盾，这些矛盾使得心智与心理尚未成熟的青少年采用一些不成熟的自我防御机制，缓解或抑制痛苦，同时这些青少年很有可能陷入过激的防御机制—暂缓痛苦—更为痛苦—更为过激防御机制的循环中。要引导学生从不成熟的防御机制走向成熟的防御机制，逐步走向自我和谐。（见实践手册项目五拓展活动三：自我和谐量表）

并不是说个体存在防御机制，就说明个体的自我发展不够健康。每个人身上或多或少都存在一些从小发展过来的自我防御机制，不太健康的情况是指个体没有发展出成熟的防御机制，这样就会影响现实适应能力。

二、如何看待自己——不以物喜，不以己悲

很多时候我们都会为自己的过去感到悔恨，为自己的明天感到担忧，或者为自己的缺点感到羞愧，为自己的优点感到不安。其实人生没有绝对的完美，我们要学会自我接纳，这样我们才不会将自己的精力消耗在无知的对抗中，才会知道如何去享受当下的生活，从一点一滴的生活经历和自我构建中获得生活和学习的信心。一方面，积极悦纳自我，可以将真实的自我展示于人们面前，可以让别人了解自己，从而增进与他人的人际关系；另一方面，接纳自我，才能够自重自爱，珍惜自己的自尊和人格，才会努力实现自我，追求自己努力的方向。

（一）寸有所长，尺有所短，理性看待自己

在日常生活中，我们常给自己设置不切实际的参照标准，并拿那些无法实现的目标来对照自己，那么最终的结果就是不断地自我怀疑，自我否定，乃至丧失自我。每个人的外在、身材、能力、个性等方面都有一定的局限性，我们要接纳自己的不足和不完美，不要耿耿于怀。我们需要理性地鉴别哪些是不能改变的，哪些是通过一些办法或努力可以改变的。对于无法改变的，我们就不需要在这些方面无休止地耗费精力；对于可以改变的，我们就大胆地去完善它们。

（二）珍惜独特，挖掘潜能，积极看待自己

每个生命都是独特的存在，我们需要全面、理性、客观地看待自己。学会欣赏自己的优点，善于从自己的缺点、失败中寻找长处和积极的一面。例如，你认为自己成绩差，说明你还有很大的提升空间，或者在其他方面你做得并不差等。你可以经常这样对自我进行梳理，渐渐地你会发觉有时候缺点也可以成为优点，甚至能挖掘出自己的潜能。心理学家威廉认为，目前平凡的自己与我们应该成为的人相比，平凡的我们只使用了我们头脑和身体资源的极小一部分。所以悦纳自我不但要喜欢有闪光点的自己，而且要欣赏目前平凡但潜藏着巨大潜能的自己，然后在此基础上去体验价值感、幸福感、愉快感与满足感。

三、分离个体化——走向独立

大多数人在20多岁的时候会经历第三个阶段的个体化。心理学家使用术语"个体化"来描述个体在情感上与父母分离的过程，该过程是指个体在成长过程中，先与养育者共生，然后走向独立自主的过程。处于青少年时期的大学生已经开始培养出一种身份认同感，并逐渐意识到他们的信仰、观点和价值观与父母不一样。

发展心理学家认为，分离个体化是青少年阶段的一个重要的发展任务。个体需要在心理上与父母分离，并建立自己作为独立个体的形象。分化水平较好的个体，可以作为一个独立的人适应社会，尊重他人，与他人良好地合作，对自己的行为负责，具有理智处理问题的个人成熟度，思维较少受情感的影响。大学生处于与父母分离、个体化的阶段，这个时候逐渐形成独立自我。当大学生追求独立和向往自由时，这也意味着他们将要走出家庭为自己担负起更多的责任。这个过程中，学生们需勇于思考，拥有自己的观点和看法，逐渐摆脱父母和他人的影响。

四、构建自我同一性——走向整合

构建自我同一性是指一种建立内心稳定，并使其具有连续性和归属感的过程，是一种内化和建构的精神过程，该过程将贯穿人一生的发展。自我同一性在青少年时期发展尤其迅速，自我同一性构建得比较好的个体会坚定地进行每一次的选择，从人际关系选择到职业选择；而自我同一性构建得不好的个体会在面对选择时犹豫不决，这将影响其人生的稳定性。大量研究证明同一性成熟和同一性延缓是走向比较成熟的自我确定的途径，而长期处于同一性早闭或同一性弥散的个体会导致适应不良。同一性成熟的个体具有较高的自尊水平，对自己的生活有较好的掌控感，认为学习和工作是实现愿望的切实途径，其道德推理能力也较强。同一性早闭或同一性弥散的个体在面对困难时，会显得被动且难以适应。同一性早闭的个体常常表现出未经深思熟虑的思考，直接把父母或他人的观念内化。他们大多害怕遭到拒绝，尤其害怕受到关注；同一性弥散的个体是同一性发展过程中最不成熟的，他们采用混乱回避的认知方式，不愿意谈论个人的决定、个人的问题，做出的反应受到当前情绪压力的影响，内心常常会产生对未来的无助感。

🔁 拓展阅读

怎样促进自我，获得较为成熟的自我同一性？

重视家庭之外的关系。我们处在各种各样的关系中，随着自我脱离家庭为主的人际关系，家庭之外的关系在这一时期变得尤其重要，通过与各种各样的同伴互动，我们可以在更大范围内表露自己的想法和价值观。亲密的友谊可以提供情感上的关心和同一性发展的示范，从而互相帮助，对各种选择进行探索。一项实验发现，拥有相互关心、相互信任的同伴关系的个体在青少年时期会探索更多同伴关系问题。例如，思考自己在亲密朋友或生活伙伴心中的价值。另一项实验发现，通过研究年轻人对朋友依恋的程度，可以对他们的职业探索、职业选择过程作出预测。

重视现实经验的积累。学校和社会为大学生活提供了丰富多彩的探索机会。探索学习、生活和社会实践工作，有助于同一性的发展。在学校里，课堂促进了大学生高水平思维的发展，课外实践使大学生承担负责任的社会角色，融入成人的真实工作环境中。这些现实经验都有助于大学生获得成熟的自我同一性。

五、挑战自我——走向超越

自我完善的过程也是不断超越自我的过程。人生的意义在于不断超越自我，克服自己的惰性，尝试自己从来没做到的事，挑战更高难度的任务，不断提升和完善自己，以适应不断发展的社会。但有些大学生选择"躺平"，还不断给自己洗脑："我选择'躺赢'。"殊不知，"躺平"不可取，"躺赢"不可能。我们只有不断地超越自我，才能撑起一片属于自己的蓝天，书写自己的无悔人生。

价值塑造

在第三届东京残奥会上，中国队田径选手周霞在女子100米和200米T35级项目上均打破世界纪录，再次续写了之前她在里约残奥会上两破世界纪录的传奇故事。在这条短跑赛道上，周霞从未停止进步。与其说周霞是在跟对手赛跑，不如说她是在跟自己赛跑，在不断地超越自我。回顾东京残奥会的精彩瞬间，超越自我、赢得胜利的运动员不乏其例。54岁的轮椅乒乓球运动员张岩曾两次摘得残奥会金牌，虽然巅峰状态已经不在，但是张岩仍然坚持参加比赛，又一次夺得残奥会金牌。在女子50米自由泳S11级决赛中，马佳以打破世界纪录的成绩夺冠，在其他选手提出申诉后，赛事组织者决定重赛，在重赛中马佳又一次打破自己之前创造的世界纪录，不仅在超越自我中赛出了水平，更赛出了风采。运动员们这种不因胜利而止步、永不停息、自我超越的勇气和执着，值得我们学习。

人生中最难超越的就是自己，但最需要超越的也是自己，因为只有超越自己，才能进步，获得自我发展和完善的可能。现实中，当自己不如别人时，许多人往往能奋力拼搏；而当取得一定的成绩后，有的人就很难保持之前的干劲，这也是为什么人们会有"败事多因得志时"的感慨。无数事例告诉我们，如果我们躺平在"功劳簿"上，沉浸在"当年勇"中，即使一时赢得胜利，也会因为停止自我超越而最终失去胜果。持续地超越自我是我们最大的进步，超越自己的过程，也是一个不懈奋斗的过程。胡适曾说："进一寸有一寸的欢喜。"干工作、做事情只有一锤接着一锤敲，永不停歇地埋头于"进一寸"中，才能站得更高、看得更远。不以超越别人为目标，每个人都有自己独特的一面，我们要根据自己的禀赋发展自己，然后不断地超越自己，在每次超越自己之后，都会发现自己走向成熟、走向稳定，生活也会变得更丰富多彩。

项目小结

1. 自我意识是指个体对自己存在的意识，是个体在社会实践中自己对自身及周围关系的认知、体验、愿望和评价。

2. 心理学家根据自我概念的不同组成部分将自我分成三类：物质自我、心理自我和社会自我。

3. 自我认识的方法：自我反思、他人反射性评价、与他人比较。

4. 自我意识偏差：

（1）自卑的人往往注重接受别人对自己的低估评价，而不愿接受别人的高估评价。

（2）自负是一种过度自信，自负的人对自我、他人和世界的认知还很局限，以为整个世界都以自我为中心。

5. 自我防御机制是通过扭曲或篡改事实使个体摆脱不良情绪，如焦虑、抑郁和愤怒等，进而维护心理平衡的一种适应性倾向。

项目六

千姿百态的人格：大学生的人格发展

◉ 学习目标

知识目标

1. 了解人格的定义、特征和影响因素；
2. 认识各类型人格测试的原理和测验结果；
3. 理解大五人格的四个维度。

能力目标

1. 科学运用人格测试了解自身人格；
2. 掌握完善人格的调试方法。

素养目标

运用科学的方法了解自己，探索自我，健全人格。

◉ 学习重点与难点

1. 通过对自身以往经验的自省，启发学生对自我人格进行探索和思考，深入了解人格发展历程以及每个发展阶段中遇到的困难与挑战；

2. 接纳自身人格特征，通过自省、制定计划等方法调试完善自身人格。

◉ 配套资源

微课视频

《发现自己的宝藏》

拓展活动

《气质类型测验》

《走出圈外》

《大五人格测验》

在大学阶段，青少年们进入了一生发展理论中建立自我同一性的阶段。在这个时间段里，大学生开始对以下问题进行探索："我是什么样的人？""我的能力表现在什么方面？""我将选择什么样的价值观？"心理学家认为人格等同于个性特点，是指相对稳定的和独特的认知、情感与行为模式，能够体现个体独特的精神风貌。本项目将围绕人格主题，帮助大学生了解自身人格，提供科学的技巧和方法探索自己，实现以下学习目标：

◆ 了解什么是人格以及人格的特征；
◆ 了解人格类型与人格特质的定义；
◆ 掌握不同人格测试的方法；
◆ 了解人格的发展阶段，掌握完善自我人格的方法。

【导入案例】

余丹宁最近参加了毕业 4 年的初中同学聚会，她发现随着时间的流逝，大家都发生了一些变化。大家在一起边吃饭边聊着初中时期发生的趣事，那些回忆在脑中慢慢清晰。她记得初中时期的数学课代表李琪琪在班级里一直是内向、朴素的，如今李琪琪也开始打扮自己，穿着时髦、妆容精致，甚至一改以往的拘谨，大大方方加入大家，一起热络地聊天。还有以前总被男生们打趣的"老好人"王石，现在听说当选了学生会某部门的部长，成了一个很棒的领导者。虽然在聚会中王石依旧话不多，经常在一旁听大家说话憨憨微笑，但哪个同学水杯空了，他都给倒上；菜没上好，也是他跑前跑后地去催促。不过以前班上的"大喇叭"，被称为"八卦中心"的刘雯好像一点儿都没变。大家围着刘雯听她说不知道哪里来的各种小道消息，还经常被她逗得哈哈大笑。班长黄晓阳显得更加成熟稳重了，大家笑着说这是有了女朋友后才会有的改变。

思考问题：1. 你认为人格是稳定的还是变化的？
　　　　　2. 你认为哪些因素可能会影响一个人的人格？

任务一　人格透视：了解人格的基本知识

一、什么是人格

（一）人格的定义

人格又称个性，是指一个人独特的、稳定的和本质的心理倾向和心理特征的总和。在日常生活中，我们经常使用"人格"这个词汇，如"他的人格很高尚""她具有独特的人格魅力"等。然而，我们这里介绍的人格，却与我们平时使用的"人格"有着不同的含义。为了更好地理解人格的概念，下面将日常生活中人格的概念和心理学中人格的概念作一个区分。

1. "你这样做是侮辱我的人格。"

这里的人格通常等同于品格或尊严，是从道德、伦理或法律的角度对"人格"进行评价，指"人格尊严"，用来对人进行道德评价，如评价某某人格高尚、某某人格卑劣等。

2. "他只有在家里的时候才展示真实的性格。"

这里的性格指心理学上的人格，更准确地说是人格特质，心理学家把特殊的、稳定的性格特点称为人格特质。我们可以从一个人的性格中推断出他的人格特质。

3. "这人天生就这样的个性。"

这里的个性通常是人格中的气质类型。不同于日常生活中所说的"气质"（特指行为举止、谈吐修养），在心理学上，气质是指一个人生来具有的典型且稳定的心理活动特点。

4. "他是一个什么样的人？"

通常这个问题是在问这个人的人格类型，也是心理学上所说的人格特质，比如这个人是外向的还是内向的，遇到问题时是优柔寡断还是坚定果决作出决定，是情绪化还是沉稳、冷静等。例如下列案例中的余丹宁，她渴望了解自己在他人心目中的印象，以此来回答"我到底是什么性格？"这一问题。

余丹宁参加完同学聚会，回到家时感触良多，不禁开始想："不知道同学们对我的印象是什么样的？我的性格有改变吗？"她仔细想想这些年的经历，发现自己的性格确实会在各种各样事件的影响下发生变化。有时候她觉得自己是外向果敢的，可以跟同学们一起侃侃而谈，约着一起旅游玩耍。面对一些待解决的问题时，她思路清晰，处理果断，有主见。有的时候她又喜欢宅在家里不出去，想要一个安静的环境，遇到一些问题也会犹豫不决，瞻前顾后。那么到底哪一个才是她真实的性格呢？

◇ 价值塑造

凭借强大的人格魅力，周恩来总理赢得了世人尊重。《时代》周刊驻华记者白修德感慨，一见到周恩来总理，自己的怀疑和不信任感几乎荡然无存。这就是伟大人格的巨大魅力。

（二）人格的特征

要想更加全面、深入地了解人格，我们需要从人格的特征来入手，人格具有以下三大特征：

1. 独特性

我们经常说的"人心不同，各如其面""千人千面"就是指人格的独特性。遗传、教育和环境的不同，使每个人形成了各自独特的人格，即使是相似人格特征也会有不同之处。比如导入案例中余丹宁的同学刘雯和王石都属于亲切友善的人格特质，但刘雯属于外向开朗的人格特质，喜欢在大家面前发言，而且有幽默感，而王石更倾向于倾听他人，默默为大家做事情，这就体现了他们在人格上的不同。

2. 稳定性

"江山易改，本性难移"强调了人格的相对稳定性。人格的稳定性是指一个人经常表现出来的特点，是其一贯的行为方式的总和，一般具有生物学基础。人格的稳定性表现为跨时间的稳定性和跨情境的一致性。其中，跨时间的稳定性如导入案例中，刘雯无论是在中学还是毕业后的同学聚会上都表现出喜欢与他人交流的一种倾向；跨情境的一致性则为性格外向的个体在家里和学校都表现出喜欢与他人交流的一种倾向。但是稳定性并不意味着人格不可改变，相反人格同时具有可塑性。通常青少年的人格正在形成中，还不稳定，容易受环境影响而发生变化；成年人的人格比较稳定，但是可以自我调控。例如《国王的演讲》中的主人公经过自己的练习和努力最终克服了口吃，发表了激动人心的演讲。导入案例中的班长黄晓阳，也因为自身亲密关系的发展，让自己沉稳的人格得到了进一步的成长；内向的李琪琪也在成长的过程中，学会打扮自己，学会自信大方地与他人交流，改变了自己的特质。

3. 统一性

人格的第三个重要特征是统一性。人格的统一性是区分正常与不正常精神状态的重要标志。人格是由气质、性格、能力、兴趣、爱好、需要、理想、信念等成分构成的，这些成分或特征不是孤立地存在着，而是具有内在统一性。正常人能够正确地认识和评价自己，能及时地调整自己内心世界中出现的相互矛盾的心理冲突。一个人如果失去了人格的内在统一性，就会出现人格分裂现象。例如，电视剧《Kill Me Heal Me》的主人公就表现出典型的人格分裂，他一方面是谦虚有礼、循规蹈矩的绅士车度贤，西装革履，彬彬有礼；另一方面却分裂出反叛人格申世期，浓厚眼线，喜欢穿带铆钉的服装，还有暴力倾向。

（三）人格的结构

人格的结构包括两个方面：一是个性心理特征，这部分有较强的稳定性，主要包括气质、性格和能力；二是个性倾向性，包括动机、兴趣、理想、信念、价值观，这部分构成了个体活动的动力。相对来说，人格与气质和性格关系最为密切。

1. 气质

人格中的气质是个人与生俱来的，在生活早期，气质就表现出稳定的个性差异，即那些由遗传和生理决定的心理与行为特征，这些心理与行为特征基本上一生都不会改变。它与我们平常说的"禀性""脾气"近似，是形成个性或人格的"原料"之一。生活中，我们稍加留意就可以

发现自己的宝藏

发现，有的婴幼儿温顺听话，有的婴幼儿不安分、爱哭闹，这就是气质的表现。

早期的气质理论提出人体内有四种液体，即血液、黏液、黄胆汁和黑胆汁。每一种液体和一种气质类型相对应：黄胆汁——胆汁质，血液——多血质，黏液——黏液质，黑胆汁——抑郁质。从现代的观点来看，用四种体液来解释气质类型是没有科学依据的，但四种气质类型的用语一直沿用至今。根据神经活动的强度、均衡性和灵活性，研究者把动物和人类的高级神经活动类型分为四种，即兴奋型、活泼型、安静型和抑制型，与之相对应的分别是胆汁质、多血质、黏液质和抑郁质（如图6-1所示）。不同气质的人的心理和行为各有特色。（见实践手册项目六的拓展活动一：气质类型测验）

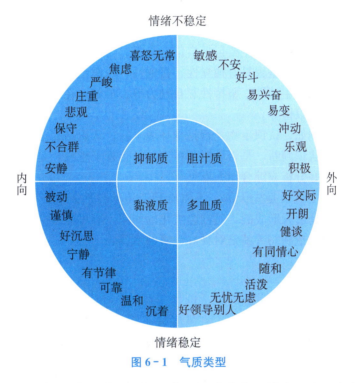

图6-1　气质类型

胆汁质——胆汁的人能坚持长时间工作而不觉疲劳，精力旺盛；直爽热情，情绪兴奋性高；但心境变换剧烈，脾气暴躁，难以克制自己。

多血质——多血质的人活泼好动、语言行动敏捷、反应迅速，注意力易转移；适应变化，善交际，不怯生，易接受新事物；兴趣多变，情绪不稳定。

黏液质——黏液质的人反应速度慢，情绪兴奋性低而平稳；举止平和，做事有条不紊，踏实，容易循规蹈矩；注意力容易集中，稳定性强；但不善言谈，交际适度。

抑郁质——抑郁质的人多疑多虑，内心体验深刻；敏感多虑，注意细节，做事认真仔细，动作迟缓；胆小孤僻，寡欢，爱独处，不爱交际。

在现实生活中，纯粹属于某一种气质类型的人为数极少，更多的人往往是以一种为主，兼有其他一种或两种的混合型。气质本身没有优劣之分，心理学家认为，不同气质类型各有所短、各有所长，气质也不能决定一个人活动的社会价值和成就的高低。因此，我们要正确对待自己的气质类型，接纳和控制自己气质的消极品质，发扬积极品质，从而有利于形成良好的个性。

2. 性格

当说起某一个人时，我们喜欢用"他是什么样的性格"来描述。性格是个性的重要组成部分，是个体在后天形成的对人、对己、对事的较稳定的态度和习惯化的行为方式中表现出来的人格特质。例如，一个人在各种场合总是表现出对他人热情诚实、与人为善，如导入案例中的王石。性格不同于气质，它受社会历史文化的影响，有明显的社会道德评价的意义。一个人的性格是在后天实践中逐渐养成的，性格作为个人社会行为的特征，会以各种方式表现出来：

（1）态度方面。例如，对待他人、集体、社会的态度，主要包括是否热衷人际交往，人际关系的亲疏、忠诚或虚伪、同情或冷酷、正义或狡猾等；对待学习、工作、劳动的态度，主要包括勤奋或懒惰、认真或马虎、细致或粗心、富有创造精神或墨守成规、节约或挥霍浪费等；对待自己的态度，主要包括自信、自强、自尊、自负、自卑等。

（2）意志方面。例如，是否具有独立性、目的性、组织纪律性、冲动性、盲目性、散漫性等。又如，是否具有主动性、坚持性、自制力等。再如，在遇到困难的时候，是否冷静、勇敢、顽强、持之以恒等。

（3）认知方面。例如，认识事物是否易受环境干扰；认识是否注意细节，是否善于概括，能否进行持久性认识判断，是否敏锐而精细，是否善于想象，是否善于提出问题或借用现成答案，是否爱好分析或综合他人意见等。

由此可见，人格中气质是先天的，是体质和遗传的自然表现，很难改变，无好坏之分，而人格中的性格是后天形成的，是社会文化的刻印，有可能改变，有好坏之分。在很大程度上，对人格的塑造和完善就是对良好性格的培养。

 拓展阅读

如何对待"害羞"的人格特质

调查发现：超过50%的大学生认为他们自己是"经常害羞"的人。他们中的许多人认为害羞是一种令人不快的状态，与它所带来的积极效果相比，它对人格和社会具有更多的负面影响。另外一群学生说他们有"情境性害羞"，而不是大部分学生所具有的"气质性害羞"。他们在一定情境，如新奇、窘迫、社会压力下，会感到害羞。研究者对成年人的害羞进行调查，惊奇地发现，那些"不害羞"的人在美国和其他受调查的国家中非常少。看起来，害羞似乎是人们一个比较普遍的人格特质。

害羞可以界定为一种在人际环境中使人感到不舒服和压抑的状态，它影响了一个人的人际交往。许多害羞的人同时也是内向的人，他们采用独居的方式生活，很少有社会活动；其他一些则是"外向性害羞"的人，在公共场合表现活跃但内心是害羞的。

为什么一些人会害羞呢？其中一个解释是天性，研究表明，大概有10%的幼儿"生来害羞"。另外一个解释是家庭因素，这些家庭认为"被爱戴"是在竞争中由于外表美丽或在活动中取得了成功。第三个解释集中在文化上，在对九个国家和地区的研究表明，害羞在亚洲国家和地区中比例最高。第四个解释来自美国最近出现的关于害羞普遍性的报告：年轻人都被电子产品包围着，他们长时间独自一人看电视、打电子游戏、网上冲浪和发电子邮件，由此与社会产生了隔离，减少了与人面对面接触的机会。过量使用网络会使人们感到孤独，从而更加害羞。

当害羞变得极端化时，就会迫使人们的生活进一步恶化。这里有几条建议和策略给容易害羞的同学减少害羞带来的消极影响，希望你们深入地思考，并尝试去行动：

（1）要意识到并不只有你一个人感到害羞，每一个你见到的人可能都会比你更害羞。

（2）害羞是可以改变的，但是这需要勇气和毅力，就像你要改变一个存在了很久的习惯一样。

（3）尝试对你所接触到的人微笑，并与他们有目光的接触。与别人交谈时，大声说话，用最清晰的声音，特别是当你说出你的名字或是询问信息时。

（4）在一个新的社会环境中，努力使自己第一个提出问题或是发表观点。每一个人都会欣赏"破冰者"，如果你有勇气成为"破冰者"，以后也就不会再有人认为你害羞了。

二、人格的影响因素

人格的形成受到四个方面因素的影响，下面对影响因素进行介绍，进而展现出影响因素在人格成长与培养过程中的作用。

（一）遗传因素

心理学家对于人格是否会遗传的问题采用同卵双生子的实验进一步进行研究，结果显示即使同卵双生子被分开抚养，他们之间的相似性也大于异卵兄弟姐妹，可见遗传在人格中发挥的作用是显著的。具体到某些人格特质，如外向型、神经质（情绪稳定性），遗传的变异贡献量占到20%～45%。不过遗传效果并不意味着永久不变。另外一项对同卵双生子的研究表明，双胞胎被分开抚养的时间越长，两人之间的差异也就越大。每个人都是先天与后天相互影响的"合金"，我们的一些人格特质可能受遗传倾向的影响，但遗传的效果是有限的，我们后天从社会以及向他人的学习也会影响我们的人格特质，遗传因素并不能决定我们的命运。

（二）社会文化因素

社会文化是影响人格的第二大因素，具有塑造人格的功能。例如，不同文化的民族有其固有的民族性格，不同的地域有不同的文化传统，不同的文化发展时期有不同的文化认同。比如与东方人自我表达和判断他人的"曲折化""婉转"相比，西方人则更直接、更坦率。

（三）家庭环境因素

家庭是"制造人类人格的工厂"。家庭是一个人最早接受教化的场所，社会和道德的要求往往是通过家庭对儿童产生影响的。许多精神分析学家认为，一个人从出生到五六岁是人格形成的关键阶段，父母的教养态度对于其人格的形成和今后的发展起着重要作用。不同的依恋关系、父母对子女的态度、家庭氛围都对一个人的人格有着较强的影响。"早期的亲子关系决定了一个人的行为模式，塑造出这个人日后的行为方式。"这是心理学家有关早期童年经验对人格影响力的论述。另外，有研究者对孤儿院里的儿童进行了研究，发现这些早期被剥夺母爱的孩子，长大以后在各方面的发展均受到影响。但是这种早期的创伤经验并不会单独对人格产生影响，早期儿童经验是否对人格造成永久性影响也是因人而异的。对于正常人来说，随着年龄的增长、心理的成熟，童年的影响会逐渐缩小、减弱，其影响效果不会永久不衰。

（四）自然环境因素

生态环境、气候条件、空间拥挤程度等这些物理因素不仅会影响人的情绪，而且会影响人的人格。例如，人在大热天会表现出烦躁不安，对他人采取负面的反应。世界上炎热的地方，是人们发生攻击行为较多的地方。外部环境和情境同样影响人格的表现方式。

➡ 拓展阅读 ┄┄┄┄┄┄┄┄┄┄┄┄┄┄┄┄┄┄┄┄┄┄┄┄┄┄┄┄┄▼

内向者的优势

赵凌峰最近遇到了一个困扰，他喜欢上班里非常漂亮、活泼的林可凡，却鼓不起勇气去追求。赵凌峰一直以来性格内向，平时没事喜欢在宿舍默默看书学习，不太喜欢跟室友一起出去打球、吃饭、聚会。但是他平易近人，别人咨询学习方面的问题他总是能耐心解答，和同学的关系一直挺好。在追求爱情的路上，赵凌峰经常看到林可凡热情地和班上的男生和女生打招呼、聊天，他觉得自己内向的性格很不好，想改变自己的性格，努力尝试和同学玩到一起，结果发现自己总是表现得很尴尬，而且很累，但是不改变自己的性格就离心仪的女生很远，这让他很迷茫。

你是否有赵凌峰这样的烦恼呢？是否也对自己内向的性格感到失望？在所有人格特质的描述中，内向和外向是稳定性较高的特质。但是人们并没有平等地看待内向和外向的人格，社会更鼓励外向的行为，片面地把内向病态化，把内向与羞怯、社交焦虑、自闭症、注意力障碍联系在一起，这本身并没有科学依据。大家都想使自己变得外向一些，似乎只有外向的人才更适应当今社会。但事实上，性格外向的人一样也有对自己的性格不满意的地方，内向者同样拥有自己的优势，这些优势在于：

（1）内向的人可以从自己的内在世界，如思想、情绪和观念中获得精力，他们容易受到外部世界的刺激，并体验到不舒服的"刺激太多"的感觉。他们需要对独处的时间和参与外界活动的时间加以平衡。而外向的人则需要从外部世界获得精力，一旦长时间独处就会难以感到兴奋。也正因此，内向的人具有独立思考、高度集中注意力、从事创造性工作的毅力和能力。

（2）内向的人就像充电电池，只需要提供刺激较小的环境，就可以再次充电，而且他们天生具有储存精力的功能。与大多数人的刻板印象相反，内向的人并不一定就是孤僻的，他们只是需要一个安静的适于思考的地方，使自己恢复充沛的精力。而外向的人则像太阳能电池，必须接触太阳——外部世界，才能再次充电。

（3）内向的人限制从外部直接进入的经验，但他们收获的每一个经验都体验较深。他们通常只有较少的朋友，但关系都较为密切。他们喜欢深入地钻研问题，对某一个问题深入性地探讨甚于宽泛性地追寻。而外向的人则刚好相反，多样性是他们刺激和精力的源泉。

由此可见，性格内向的人将很好的品性带到了我们这个集体——高度集中的注意力，对周围人变化的敏感觉察和体会，摆脱限制、独立思考问题的习惯，以及不受外界干扰的定力。

　人格类型：辨析丰富的人格类型

一、有趣又多样的人格测试

在当今信息爆炸时代，各种类型的心理测试、性格测试出现在大众视野中，令人眼花缭乱。那么有没有可以相信的、比较权威的测量方式呢？下面将为同学们介绍，在心理测量的领域中各类较权威和科学的人格测试。

（一）人格测试量表

人格测试量表是心理学一种最基本而且最常用的测试人格特质的方式。量表通过填表者的自我反馈，根据自己的真实情况填写各个题项答案，并根据最后计算的总分，从而判断填表者在这些人格特质上的表现。这种大样本的调查方式具有较高的信度和效度，人格测试量表中的每一道题目都是经过筛选的，确保该题和填表者的人格维度高度相关。只要填表者真实作答，问卷就能够相对准确地评估参加者的人格情况。明尼苏达多相人格测验、大五人格测验、16PF 测试都属于这种测试类型。

（二）投射测验

投射测验是精神分析、心理动力学家喜欢采用的方式，它用间接的方法来揭示人们无意识或内隐的想法、愿望和需要。投射测验包括以下几种：

（1）罗夏墨迹测验是历史最悠久、使用最广泛的投射测验之一。如图 6-2 所示，心理学家会通过分析参加者对这些模棱两可的图片的解释，探索参加者的若干人格特征。

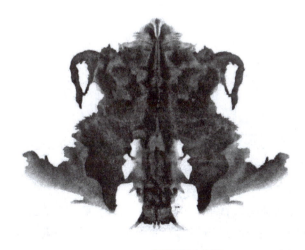

图 6-2　罗夏墨迹测验图

（2）主题统觉测验，也是一种知名的投射测验，由心理学家莫瑞创编。如图 6-3 所示，主题统觉测验由一系列模糊的图片组成，让参加者根据情境讲故事，故事的差异是参加者内在人格的线索。主题统觉测验常用来测查一个人在支配需要上的差异，以及在人际关系中的情感问题。

图6-3　主题统觉测验图

（3）目前流行的"房树人"绘画测验也属于投射测验的范畴。如图6-4所示，这种测验因为是无结构也无固定答案，来访者更容易讲出那些困扰他们的问题，临床心理学家通过分析来访者的主要心理冲突，开展有针对性的咨询。

图6-4　房树人测验图

投射测验也有明显的缺陷，就是效度不高，不同心理学家认为测验结果的评分的客观性不高，所以这种测验必须由经过培训的专业人士来使用和分析解释。（见实践手册项目六拓展活动二：走出圈外）

（三）情境测验法

行为流派偏爱情境测验法，他们将参加者置于某种情境中，如挫折、压力、诱惑等，观察他们在这种情境下的行为反应，进而了解其人格特点。这不同于我们日常在地铁、公交车上的主观观察，而是带有更多目的性的观察，评分也更为规范。儿童心理学家会观察儿童在陌生情境下与母亲的互动，从而发现孩子的人格发展特点；而职业心理学家会在招聘的过程中使用压力测试的方法，观察在压力情境下应聘者的反应，以此来推断一个人的人格特点是否与职业要求相匹配。

（四）访谈法

访谈法是指通过谈话的方式快速判断一个人的人格特点的方法。例如在企业招聘的面试环节中，面试官通过与应聘者谈话，对应聘者的人格作出判断。这种方法具有比较大的主观性，非常容易受到参加者穿着打扮、身份的影响。但是这种方法能收集到丰富的语言和非语言信息，是纸笔测试所不能达到的。

以上四种或者更多的测试方法都有其优劣之处。不管是人才测评还是心理诊断，人们越来越倾向于使用多种测试技术，所以人格评估往往采用成套测验的方式，既包括初步访谈，也包含人格测试量表、投射测验，甚至压力测试等。

这也给同学们一个启示，在心理测量领域尚且需要这么多方式才能对一个人作出稳定的评估，单凭网上的某个测试就看清楚一个人的这种做法太不合理了。

二、大五人格

（一）尽责性

尽责性是指人们控制、管理和调节自身冲动的方式。尽责性得分高的人在目标导向的行为上比得分低的人更有条理、认真，也更愿意坚持。这种人格特质与个人学业、职业领域的成就密切相关，它是世俗意义上成功的预测指标之一。得分高的人更可能追求并坚持健康的行为，从而获得长寿。如果得分高的人生活在混乱、不确定和快节奏的环境中，就不一定能成功，反而容易适应混乱的环境。有研究发现，尽责性得分低的爵士乐音乐人即兴演奏的能力更强。人格特质也需要考虑与社会生态环境的适配性，看似积极的人格特质有可能只是因为个体处在适宜这种特质发挥的环境条件下。

（二）宜人性

宜人性考察的是一个人对其他人的态度，宜人性得分高的人易亲近人、有同情心、信任他人、宽容，也容易心软，且非常看重合作和人际和谐。宜人性在人们的第一印象中起着非常重要的作用，但是与其他人格特质相比，它对世俗意义上的成功的预测作用最低。宜人性和工作效率的关系并不稳定，太讨人喜欢或太难相处的人工作效率都不高，宜人性得分中等的人工作效率较高。

（三）神经质

神经质也叫情绪稳定性，反映了一个人的情感调节过程。神经质得分高的人倾向于有心理压力和不现实的想法，可能会有过多的要求和冲动，更容易体验到诸如愤怒、焦虑、抑郁等消极情绪。与其他人格特质不同，神经质和个人幸福之间的关系相当简单明了，那就是神经质得分低的人更容易获得幸福。因为神经质是人格特质中与生物学因素联系紧密的因素，它反映的是人对环境中消极信号的敏感程度，所以神经质得分高的人也是敏感度高的人，他们会更容易发现危险的信号并反复回想、琢磨这些信号，一直处于警惕的状态，长期处于压力状态。另外，神经质还是其他人格特质的放大器，尽责性得分高的人如果情绪非常不稳定，就容易出现过度谨慎或者强迫行为。那么如果一个人的神经质测试结果为高分，是不是就糟糕了呢？并不能这样简单推论，每一个人格特质都有重要的功能，神经质的人格特质在人类进化的历史上发挥了重要的适应作用。想想人类的祖先，他们在朝不保夕、危机四伏的恶劣生存环境中具备高敏感性、高警惕性，才得以存活下来。

（四）开放性

开放性描述了一个人开放的认知风格，他愿意接受新的观点、新的人际关系和新的环境，是与创造力高度相关的特质。开放性不仅仅是对新事物的接受更开放，对情绪也一样，所以开放性得分高的人比得分低的人更容易感受到焦虑、抑郁，同时也容易体验到快乐、喜悦等积极情绪。如果一个人的开放性得分很高，那么他就更容易对文化与艺术感兴趣，具有更复杂的理解世界的方式，同时他对幸福的体验更加细腻。

（五）外倾性

外倾性也叫外向性，表示个人人际互动的数量和密度、对刺激的需要以及获得愉悦的能力。人们可以从两个层面理解外倾性：人际互动的卷入水平和活力水平。外倾性得分高的人（外向的人）更愿意与人互动，更主动，且他们会一直试图提高自己的活力水平，而外倾性得分低的人（内向的人）则表现为沉默、严肃、腼腆、安静，总是寻求降低自己活力水平的环境。一般来说，咖啡能够让人兴奋，外倾性得分高的人喝咖啡能够更有效地执行任务，而对外倾性得分低的人则不一定有作用。外倾性人格特质的差异是由人们生理基础的气质差异造成的，并不能由此判断人格特质的优劣，他们处理信息的方式、身体反应、记忆系统、行为方式、交往方式、注意力指向、能量恢复方式均有所不同。其实内向和外向是结合体，纯粹内向或外向的人是很少的，大多数人是介于内向和外向之间的中间型。组织心理学家研究发现，处于中间型的人比单纯外向或单纯内向的人更擅长销售这种与人交往的工作。

在介绍完大五人格特质后，同学们是不是也好奇自己属于哪种特质？打开我们的实践手册，通过大五人格特质测验来看看自己的测试结果吧！（见实践手册项目六拓展活动三：大五人格测验）

拓展阅读

小寝室，大不同

在寝室中，小丝是最活泼开朗的人，她常常会以夸张的表演为大家带来欢乐；小米十分细心，总能把寝室整理得井井有条；小竞让大家觉得充满活力，常常带给大家新奇的点子；小平则温和得像个大姐姐。全寝室其乐融融，让人觉得集体生活真是幸福。一个周末，四个好姐妹准备去唱歌娱乐一下。

小丝说："我们去 A 店吧，那里今晚还有抽奖活动呢！"

小米说："可是那里的音响效果不好。"并转过头问小平："你觉得呢？"

小平回答说："我听你们的。"

于是小丝又说："那我们去 B 店吧，那里音响是全市最好的！"

小平说："我无所谓，都可以。"

"嗯，那个地方比较贵，而且人多。"小米继续提出自己的质疑。

小丝毫不气馁地继续提意见："那就去 C 店吧，听说那里的自助餐最好，并且价格也不贵。"

"可是，那里离学校也太远了吧！"小米永不满足。

而小平总是那句话："我觉得都可以，你们拿主意就好了。"

最后还是小竞给大家作了决定，大手一挥，说："好啦，大家不要讨论了，一点效率也没有！我看就去 B 店，费用均摊后也不会太高。好了，我们继续讨论一下应该怎么过去吧！"

类似的情景在日常生活中经常上演，一开始大家都还能相互迁就、容忍，愉快相处。但是，随着交往的深入，同学们之间大大小小的矛盾也渐渐冒出头来。先是小竞嫌弃小平做事拖沓没效率，后是小米觉得小丝话多得让人心烦，有时还会被小丝的话伤到。总之，每个人都希望按照自己喜欢和习惯的方式生活，最后却使原本和睦、融洽的寝室关系变得紧张，集体生活的幸福也随之受到了挑战。

教师点评：

在大学集体中，小到寝室，大到班级或社团，每个人都有自己独特而稳定的人格特质，有的敏感、有的迟钝，有的开朗、有的内向，有的率真、有的豪爽……这些不同的人格特质让同学们的集体生活变得丰富多彩。

从上述案例中，我们可以明显看到四个有着完全不同个性特征的人：小丝开朗，点子最多；小米事事追求完美；小平属于不太有异议的人；小竞则常常是最后拍板作决定的人。从气质类型来说，小丝偏向多血质，小米偏向抑郁质，小平偏向黏液质，小竞偏向胆汁质。从性格特点来说，小丝和小竞均属于外向型，喜欢与人交往；小平和小米则属于内向型，更喜欢安静地思考。小丝乐观但缺乏恒心，小竞果断但容易冲动，小平温和但缺乏主见，小米细心但过于挑剔。

这样的寝室组合，如果能相互了解对方的人格特质，发挥各自的优势，相处起来会很有趣，既有新鲜的点子，又有应对意外的措施，最后也不会一直拖延着不作决定。但如果每个人都希望别人迁就自己，变得跟自己一样，那么最终疑惑、抱怨就产生了：为什么小丝不能像小米这样少说话？为什么小米不能像小丝那样大大咧咧？为什么小平不能像小竞一样办事利索？

对于处于集体中的每一个个体来说，我们在了解、接纳和完善自己人格特质的同时，也要学会了解和接纳别人与我们的不同。当然，现实中我们每个人不一定都有案例中那么典型的人格特质，所以我们更需要借助一些专业测量工具，并在实践中不断反思，从而更好地了解自己和他人的人格特征。

任务三　人格完善：影响命运而不是决定命运

一、人格与健康的关系

现代生活节奏的加快、压力的加大都在驱使人们用更高效率、更快的方式去解决和面对生活、工作中的各种困难。有研究者曾根据心脏疾病易感染性来区分人格类型，将其称为"A-B型"人格。A型人格被认为是心脏病的易感染人格，这类人往往有克服困难的强烈动机，会努力取得成就，他们喜欢竞争、权力和赞扬，但也容易愤怒和好斗。他们不喜欢浪费时间，而喜欢以有激情的高效方式工作。A型者发现，悠闲自在的人常常是让他们受挫的根源，A型者很像我们俗话说的"急性子"。而典型的B型者则比较放松，不慌不忙。他们偶尔也会努力工作，但少有像A型者那样以精力充沛、冲动性的方式工作。这类人也较少像A型者那样追求竞争或容易愤怒、好斗。B型者很像我们俗话说的"慢性子"。

A型者的三个主要特点。第一，A型者比B型者有更强的获取成就的竞争性。不管有没有像最后期限这样的外部压力，A型者都会为了成就而努力工作。第二，A型者有时间紧迫感。他们感到时间宝贵，不能浪费。当B型者还在拖拖沓沓时，A型者已经急切地投入工作。研究发现，A型者比B型者更早地报名做实验志愿者，而且较早来到现场。第三，A型者对挫折情境更易产生愤怒和敌意反应。

实际上经过大量研究证明，A型人格与心脏疾病并没有直接的关联。有关联的是A型特质里可能存在的敌意成分，敌意强的人不一定表现为喜欢暴力或专横霸道，但他们对人们都会经历的日常挫折和困难会作出激烈的反应，例如他们对很小的烦恼都会"表现出对抗、不快、无礼粗鲁、批评与不合作"。敌意强的人如果在邮局排队时队伍前进缓慢，或不能马上想起把东西放在什么地方，就会心烦意乱。多数人都能从容地对待这些小麻烦，但有些人会因此而恼怒。我们有时称这些敌意强的人为"急脾气"。有时，研究者用愤怒或攻击性来代指这种特质。

几项研究表明，敌意和愤怒测量得分可以很好地预测冠心病。一项研究在四年半的时间里追踪了12 986名中年男女。实验结果发现，愤怒特质得分高的追踪对象在这段时间里患某种形式的心脏病是愤怒特质得分低者的2倍多。更值得警惕的是，在研究期间，高愤怒追踪对象因心脏病住院或死亡者，将近是低愤怒追踪对象的3倍。

为什么敌意与心血管疾病有关呢？研究者查明了几种可能的联系，包括不健康的生活方式、缺乏社会支持、免疫机能低下，以及高血脂。高愤怒、高敌意对健康的不良影响见表6-1。

表6-1　高愤怒、高敌意对健康的不良影响

身体疾病	高敌意可能意味着一些疾病发生率的增多，例如，哮喘、肝病、关节炎。
免疫系统	高愤怒与免疫机能降低有关，尤其在冲突之后。
疼痛	高愤怒与实验室研究中的低疼痛耐受性或者与病人在疼痛时更多的抱怨有关。
胆固醇	高愤怒与胆固醇水平高有关。
心血管疾病	高敌意与心血管疾病的高发有关，例如，动脉硬化和冠状动脉阻塞。
死亡	高愤怒、高敌意与心血管疾病或其他原因引起的死亡有关。

其他研究发现，高敌意的人经常出现与心血管疾病有关的生理反应，如高血压。在一项研究中，男性实验对象一整天戴着血压监测仪，记录自己的活动和心情。高敌意实验对象在与别人交往时血压升高，低敌意实验对象则没有这样的反应。很显然，高敌意实验对象在很多交谈中感到失意或烦恼，这种反应导致了高血压。

对于A型人格，平和的心态和对情绪合适的宣泄与调节是健康之本。由此可以见得，

人格和健康是有一定关联的。那么同学们应该如何对待自己的人格特点，如何做合适的调试呢？

拓展阅读

内向不是错

有一天，学校心理咨询室的公共电子邮箱"心灵信箱"收到了一封匿名邮件。

某同学："心理老师您好！我想咨询您我的一个困扰。我很羡慕寝室的一个同学，她好像总能跟他人打成一片，跟谁都能搭上腔，朋友特别多。而我一遇到陌生人就会紧张，不知道怎么跟人打破僵局，总是担心别人不喜欢我，觉得我很闷。所以我常常宁可一个人待在寝室，看看书，听听音乐，或者去图书馆，也不想和他人一起玩耍。可是，这样一来我又觉得很孤单，有时候还会担心被室友孤立。其实我也很渴望有好朋友啊，我好讨厌自己的内向，我也好想变得外向些，我该怎么办？"

心理老师回复："感谢这位同学对我们'心灵信箱'的信任，对心理老师的信任！相信很多内向的同学都会有与你相似的苦恼，毕竟我们的主流文化比较推崇那些性格开朗、能说会道、善于交际的人，相对来说，他们更容易获得老师和同学的好感、得到更多的机会。正因此，许多内向的同学都会像你一样不喜欢甚至讨厌自己的内向。

但其实内向本身并没有错，就好比有些人爱吃荤，有些人爱吃素，内向者只是更关注自身而已，内向者甚至拥有许多外向者所不具备的优势。内向作为一种个性特征，受先天的气质类型影响较大，改变起来确实很困难。

不过现实证明，内向的人同样可以具备良好的沟通能力和人际交往能力。你说自己不会讲话、不知道如何与人相处，这些都是可以通过训练得以改善的。不过内向者因为更关注自身，与人交往的经验自然会减少，故此给人产生内向者都不善言辞的错觉。外向者天生对人和外界感兴趣，他们有更多的机会练习如何与人交往，自然显得驾轻就熟。

因此，我们在接纳自己天生对自身更感兴趣的同时，给自己创造足够的与人交往的时机，是自我完善的第一步，只要坚持，一定会有成效，祝成功！"

二、人格的完善需要接纳和调试

也许你通过完成实践手册中的气质和人格测试，或者通过自省，发现自己并没有完全拥有那些你想拥有的人格特质，甚至拥有自己非常不喜欢的人格特质。例如，你渴望情绪稳定，但是感觉自己很像刚刚所说的A型人格，尤其是发现人格与健康的关系后，就更加焦虑和紧张。那么如何看待这些我们拥有的人格特质呢？我们首先要接纳自己，接纳自己身上的人格特质，正视它，改变可能适应不良的部分，继而完善自我人格。

（一）接纳自己，拥抱人格

智慧的自我接纳和改变自己的关键就是分辨变与不变的区别。有的大学生花了很多力气和自己的人格特质较劲，有的大学生把自己的问题归结为性格如此，不愿意踏出自己的安全区而做出改变。如何才能让做调节工作的"自我"充满智慧，作出最佳的选择呢？

第一，相信你的价值。无论你陷入怎样的悲伤和低迷，你依旧是你。就像被折了一角的百元大钞，永远不会贬值为50元。每个人作为独特的存在，都有本身的核心价值，永远不要自我贬低。

第二，不要完美主义。每个人都会做一些努力去改变不能改变的事情，又或者作出一些错误的选择和决定，例如不去努力做自己可以改变的事情，而只给自己下达"只作正确的选择"的命令。这样做是没有任何意义的，人的智慧很多是在失败、挣扎之后得到的。

第三，对自我包容。拥有健全人格的人能包容自己的不足之处，而不是排斥所有的缺点。重点不是"改正"自己个性方面的缺点，而是理解自己"缺点"背后的积极意义，进行转化，拥抱独特的自己，让人格成为美好生活的催化剂。

（二）发展灵活的个人建构

人们在评价自己和他人的时候，总是带着这样或那样的看法和观点，但是只要你开始认真审视自己，就会发现这些看法和观点并不是一成不变的。比如在本项目任务一中介绍的内向者的优势，就可以看出无论什么人格特质都有自己的优缺点，内向者也有自己的优势资源和独到之处。我们不必局限于自己的人格特质，而应该多打开思维，发掘自身的优势。

价值塑造

刘禹锡两次被赶出朝廷，终生不被重用，"巴山楚水凄凉地，二十三年弃置身"，其苦闷是可想而知的。然而越是被远谪、被抛弃和生命荒废感最沉重的时候，越能激起刘禹锡坚贞不屈、激荡不息的生命力。刘禹锡的个性在他的诗篇中表现得淋漓尽致。比如他的《秋词》诗，古人望秋而悲，他却反其道而行之："自古逢秋悲寂寥，我言秋日胜春朝。晴空一鹤排云上，便引诗情到碧霄。"他的《杂曲歌辞·浪淘沙》以淘金为喻，抒情达志："莫道谗言如浪深，莫言迁客似沙沉。千淘万漉虽辛苦，吹尽狂沙始到金。"类似的诗文不胜枚举，如"多节本怀端直性，露青犹有岁寒心"的松竹个性，"无丝竹之乱耳，无案牍之劳形"的陋室心声，"世道剧颓波，我心如砥柱"的顽强耿介，"莫道桑榆晚，为霞尚满天"的乐观豪迈等。直到晚年，刘禹锡还在自传中对"永贞改革"加以肯定，至死没有改变政治抱负和革新初衷。

（三）制定与自我协调一致的发展计划

有步骤地接近自己的理想状态。如果你曾经在开学初制定过学期计划，那么一定会理解实现计划并不容易。个人计划能够顺利执行，有三个条件：第一，这个计划必须是自发的，并不是外界环境要求个人必须改变，而是自己希望有所改变；第二，这个计划是有可能实现的，不切实际的计划完全没有意义；第三，这个计划本身是可控且可持续的，当人们制定改造自我的计划的时候总是兴趣盎然，但是时间一长就很容易懈怠，所以个人计划需要有监控的措施，你可以请舍友帮忙监督，互相帮助，一起成长。

（四）创造自我恢复的空间

雄心勃勃的自我人格"改造"计划要想顺利实现，不能忽视自己的生物属性，所以创造自我恢复空间是一个重要的配套措施。如果你是内向的人，那么在发展自己外向的自由特质，如在完成在班上主动发言、在同学聚会上侃侃而谈的挑战任务后，最好去图书馆找一个让自己舒适的角落，喝一杯热气腾腾的枸杞养生茶，读一读自己喜欢的书"冷静"一下。给自己休息调整的时间，慢慢来，这样你就可以有更多的精力面对下次的突破天性的举动，也会变得越来越自然和平衡。

九种人格类型起源

先让我们看个故事，了解九种性格的起源以及带给人类的信息。

在遥远的太空某处，一艘太空船正在四处漫游，由东往西，从南到北，穿梭宇宙星际，希望能找到无人到达过的地方，探索出新的文化和资源。

某一天，太空船来到太阳系的某个星球，远远看去，星球很美丽，山青水绿，色彩缤纷，船长于是命令太空船驶近一点。

用先进仪器探索一番后，得到的结论是这个星球有水、泥土、树木、动物，可以支持生命生存，是个很不错的地方。船长决定派遣船员作为先行部队，到地面上探索该星球是否适合居住。然而船员人才济济，该派谁去呢？

开路先锋：8号。船长打开一幅关于船员的九种性格地图，发现8号的人生使命是保护太空和平，特质是从不害怕、有谋略、目光长远、懂得保护身边人，想方设法克服问题，有力量和冲劲去解决困难。要开山劈石做先锋，建立长远目标，8号是最佳人选。于是，船长派遣8号来到星球上，先建立一个桥头堡，并为进一步发展铺垫道路。8号尽责地策划了很多方案、目标，不过由于工程浩大、工作繁多，8号无法一一应付，便向船长求助，要求派遣一些人来帮忙。

支援之选：2号。船长再度打开船员的性格地图，发现2号的人生使命是成就他人，尽力协助他人，最适合做支援工作，于是又派遣2号去支援8号。不过，问题依然存在。8号只顾看长远目标，不能兼顾细节，2号只懂支援策划，却不会自行多走一步，欠缺真正勤奋办事的人，迫使船长再考虑加派他人去协助。

忠心队员：6号。打开性格地图，船长发现6号团结、忠心、安全，最适合作士兵，于是派遣他前去。这时，一个国家已初具规模，有皇帝（8号）、宰相（2号）、士兵（6号）。不过6号太重视安全，在探索时遇到危险便退缩，8号又认为需要增派将军来带领士兵。

勇字当头：3号。3号正是将军的人选。他的人生使命是达到目标，然后再达到另一个目标。3号有成就，勇字当头，可以披荆斩棘，不怕痛楚，不受拖累，决定去做一件事时，无人可以阻碍他。3号来到星球上，跟从8号的指引，带领6号向前冲，令太空船的势力急速扩大。不过，由于3号为求目的，有时会不计成本，横冲直撞，不惜牺牲士兵，导致怨声载道，因此8号又要求船长派人帮忙，以制约各方，取得平衡，同时能规划各种行为上的细节。

长于规划：5号。太空船长这次派来的是5号。5号理性、不会冲动，人生使命是收集资料和作出分析。一抵达，5号就搜集了所有问题的资料，逐一研究，建议解决方案，建立真正细致的拓展蓝图。有了蓝图，3号便可以根据规划带领6号去冲锋，探索新大陆、修桥筑路等工作变得更安全。果然，有了5号的规划，工作变得顺利得多，只欠一点：3号有时为了急于求成，会不顾一切，没有跟从5号的规划方法去做。不跟从的后果，是工作效果不够好，时有遗漏，或素质欠佳。

监督使者：1号。为了保证素质，太空船长于是再派1号来做监督，确保所有人按照标准去做，因为 1 号的人生使命正是跟从标准、原则。由于 1 号很有判断性，是非黑白分得清楚，颇能收监管之效，因此令飞船运作开始顺畅。可是不久之后，留在星球上的人又觉得有所缺乏，因为平日只有工作的份儿，没有玩乐，也欠缺士气。这次，太空船长派了 7 号前来。

娱人先生：7 号。7 号的人生使命是创造可能性，最怕闷，怕不开心。为了常常保持自己快乐，7 号会不停娱乐自己和他人，设法带给每个人欢笑和享受。有了 7 号，星球开始变得丰富，吃喝玩乐一应俱全。

心灵诗人：4 号。不过，本身拥有高度智慧和深度的太空人并不愿意看见留在星球上的船员是一群只满足于吃喝玩乐这种表面肤浅的娱乐方式的人，更害怕他们只顾向外发展，而忽略了心灵空间，忘却本来的灵性。太空船长于是派遣 4 号前来。4 号的人生使命是凭感觉做事，会创作歌曲、诗章、雕塑、艺术品、画画，透视人的内心感受，带动所有人重投灵性的怀抱。

和平大使：9 号。至此，星球似乎什么都有了。不过人一多，纷争、冲突便出现了。为了维持和平，船长把最后一种人（9 号）派来。9 号的人生使命是维持和谐。9 号本身没有野心，又爱调解其他人的纷争，能够维持和平，制造凝聚力。

当九种人同时在星球上共存时，一个最完整、没有缺陷的团体诞生了。这九种人共同合作、互相制衡，堪称真正的梦幻组合。这个星球就叫作"地球"。

这个故事想说的是：人类本是很完美的团队，虽然人与人各有不同，但每种性格都与一定的职位、工作相适应，缺一不可。没有一种性格比其他好，没有一种性格比其他差。但可悲的是，一般人往往希望身边的人的想法、行为、价值观和自己的一样，这也是人类长期以来痛苦的原因。"九种性格"理论告诉我们要认知每种性格的存在，接受每种性格的存在价值，尊重每种性格的使命，协助每种性格发挥自己的能力。

项目小结

1. 广义的人格等同于个性特点，是相对稳定、独特的认知、情感与行为模式，它体现了一个人独特的精神风貌。

2. 人格的主要特征：独特性、稳定性和统一性。

3. 人格的影响因素主要有遗传、社会文化、家庭环境以及自然环境等。

4. 现在人格评估的应用往往是一套测验，既包括初步访谈，也包含人格测试量表、投射测验，甚至压力测试等。

5. 大学生处于统一自我认同和培养亲密感的人格发展阶段。

6. 某些人格因素可能会引发健康问题。

7. 人格是可以完善的，大学生可以从接纳自己开始，制定与自我协调一致的发展计划来发展灵活的个人建构，从而创造自我恢复的空间。

8. 人格的各个部分都是人的资源，人越能整合各个部分，就越能自如地运用人格，实现人格的和谐和完善。

第四部分

相处篇

项目七

揭开人际的神秘面纱：大学生的人际交往

学习目标

知识目标

1. 了解人际交往的含义、功能和意义；
2. 了解三种依恋类型的特点；
3. 理解人际交往的四大原则。

能力目标

1. 掌握人际交往的原则和方法，优化人际交往；
2. 学会从原生家庭的视角，察觉自身的人际交往模式；
3. 掌握非暴力沟通的方法，有效处理人际冲突。

素养目标

1. 培养学生诚实守信、平等尊重、互惠互利、包容等良好的心理品质；
2. 注重家庭、注重家教、注重家风。

学习重点与难点

1. 掌握人际交往的原则和方法，优化人际交往；
2. 掌握非暴力沟通，有效处理人际冲突；
3. 启发学生思考家庭的代际传递，理解原生家庭对人际关系有意识或无意识的影响。

配套资源

微课视频

《人际关系的起源》
《人际交往的原则》
《同理心》
《非暴力沟通》

拓展活动

《同理心训练》
《学会倾听》
《学会赞美》

每个人都要在社会中谋求生存和发展，建立各种各样的人际关系。大学生正处在人生发展中的重要阶段，他们强烈渴望与人建立亲密关系，缓解孤独。从某种程度上说，人际交往能力是检验大学生心理健康水平、社会适应能力的重要指标，更是大学生今后事业发展和生活幸福的基石。本项目将围绕人际关系主题，从大学生人际交往的实际状况出发，就理解人际关系的起源、优化人际交往的方法和技巧、化解人际冲突等问题展开详细阐述，实现以下学习目标：

◆ 了解人际交往的定义、功能和意义；

◆ 从原生家庭的视角，理解自己目前的人际交往模式；

◆ 掌握人际交往的方法和技巧，提高人际交往能力；

◆ 掌握非暴力沟通的方法，有效化解人际冲突。

【导入案例】

心理学家曾做过一项恒河猴研究，他们将小猴与猴妈妈分开，让小猴与一个用铁丝制成的假妈妈和一个用绒布制成的假妈妈在一起。在用铁丝制成的假妈妈上挂了奶瓶，可以为小猴提供食物，而用绒布制成的假妈妈上则没有。结果发现，小猴只有在饥饿的时候才到铁丝妈妈那里喝几口奶，其他更多的时间则是跟绒布妈妈待在一起。

在为期165天的实验过程中，小猴在绒布妈妈身边的时间平均每天达到16小时以上，与绒布妈妈拥抱、亲昵或在绒布妈妈怀里睡觉。相反，小猴每天在铁丝妈妈旁边的时间大概只有1.5小时左右，这时间还包括吃奶的时间在内。当小猴遇到不熟悉或危险的物体时，会立刻跑到绒布妈妈身边并紧紧抱住她，似乎绒布妈妈能给小猴更多的安全感。虽然这个实验的对象是猴子，但是心理学家们普遍认为，它对人类婴儿同样适用。

思考问题： 1. 人类为什么需要人际交往？

2. 俗话说"有奶便是娘"，这句话你认同吗？

任务一　人际起源：原生家庭对人际交往的影响

一、正确认识人际交往

人际交往是指人们在社会生活中，通过相互认知、情感互动和交往所形成而发展起来的人与人之间的相互关系，反映出人与人之间的心理距离。人际交往是人最基本的需要之一，没有人是一座孤岛，每个人都需要生活在各种各样的人际关系网络中，以此满足自身对归属、情感联结和亲密关系的需要。

人际交往可以满足人类对安全的需要。人类与动物一样，都存在与其他个体进行交往的本能需要，而且这种需要满足与否，会进一步影响个体的健康成长和发展。只有在与他人的正常交往中，保持一定的情感联系，体验温暖和舒适的感觉，形成亲密关系，人们才会有安全感。

人际交往可以满足人类对亲密关系的需要。心理学家埃里克森在"毕生发展阶段"理论中曾提出，成年早期（18～25岁）阶段最突出的发展任务是建立亲密关系，缓解孤独。大学生正处在这个发展阶段，渴望与他人建立亲密的关系，让自己融入某个圈子，获得情感上的满足。大学生一旦遭到孤立、排斥或嘲笑，会异常痛苦，并且有可能导致情绪和情感发展上的滞后。

价值塑造

人的本质并不是单个人所固有的抽象事物，在其现实性上，它是一切社会关系的总和。

——马克思

二、人际关系的起源

人际关系的起源

心理学家研究表明，生命的第12至18个月，是孩子与一个或几个亲密的人形成依恋关系的关键时期。在孩子2岁以后，孩子与特定依恋对象形成的"内部工作模式"是孩子人际交往的基础。如果在生命的早期，我们与父母形成温暖的、强大的情感上的联结，那么在心理上会形成一个安全的"港湾"，就敢于去探索未知的世界，因为我们有随时可以靠岸的"港口"。如果我们感到关联太弱或者不安全，就会害怕离开，不敢去探索外面的世界，因为不确定能否返回安全的"港口"。一个不受欢迎的孩子，不仅觉得自己不受父母欢迎，而且相信自己基本上不被任何人欢迎。相反，一个得到爱的孩子长大后不仅相信父母爱他，而且相信别人也觉得他可爱。可见，要了解人际交往的形成和起源，就得从依恋开始说起。

心理学家设计了"陌生情境"实验，观察母亲在身边、母亲离开、母亲返回时儿童的反应和探索行为，将儿童依恋分成安全型、回避型和矛盾型三种类型，成年人的依恋分布情况也跟儿童相似。

1. 安全型依恋

这样的人相信自己讨人喜欢，能够与人建立亲密的关系，能够根据具体的情境决定自己的行为，作出适当的反应。他们容易与人相处并信赖对方，能忽略同伴的缺点，接纳和支持同伴，也更喜欢在恰当的时候与人分享信息。

2. 回避型依恋

这种类型的人容易形成低社会行为，与人保持一定的距离，回避亲密的接触，常常拒绝参加群体活动。他们怀疑那些说爱他们的人，害怕离他们太近会受到伤害，也因分离不可避免而害怕付出情感。

3. 矛盾型依恋

这种人往往生活在高度控制或控制不充分的环境里，倾向于形成控制型或服从型的行为方式。他们要么喜欢控制别人，替别人做决定，却反对别人控制自己；要么表现得过分顺从、依赖别人，不愿意对任何事情或他人负责任，在与他人交往时，甘愿当配角。

🔁 拓展阅读

你愿意与人亲近吗？

下面三个选项描述了人际关系的三种状态，被测验者需要回答哪一种状态与他们平时生活中的情况最为接近。现在，请你仔细阅读三个问题的描述，然后再选定一个最符合自己的类型。

A. 我很容易与人接近，信任他们，或让他们信任，这真是世界上最开心的事情了，我不担心会被抛弃，因为这很少（或几乎不）会发生，我也不害怕别人亲近我，我觉得那是他们信任我、依赖我的表现。

B. 与别人接触有时会让我觉得不安，因为我很难完全相信别人，更不用说去依靠他们了。如果有人对我很亲近，我就会很紧张，手足无措，不知道该说些什么或做些什么来回应他们的亲近。有时，甚至是很亲近的人想让我表现得更亲近一点，也会让我感觉有些不自在。

C. 我很想让别人亲近我，与我没有任何距离地交流，但我觉得他们似乎很不情愿这么做。我经常担心我的同伴并不是真的爱我、喜欢我、想和我在一起，我也常常认为他们想离开我，不愿意和我在一起。我真的想和他们融为一体，可这个愿望有时会吓跑别人，也让我觉得痛苦。

上述的三段描述大体概括了人际关系的三种典型状况，也许在回答这三个问题的时候你会发现，自己并不是完全的A类型，也不是完整的B类型，看起来更像是C类型，但有的时候也似乎带了一些B类型的影子。这是很正常的，在不同的场合，我们可能会表现出不同类型依恋的反应模式。

三、家庭关系的代际传递

人们常说"父母是孩子最好的老师"。无论学习的内容是好是坏，孩子都会在耳濡目染中不知不觉地向父母学习，这就是家庭的代际传递。但究竟传递了什么呢？实际上，传递的内容涉及生活习惯、个性特点、价值观念等方方面面，最明显的就是与他人的相处模式。我们可以留意观察并反思，自己与家庭成员之间是否有一些反复出现的行为，这些行为就是家庭的互动模式。不同的家庭有不同的互动模式，比如在有些家庭中，父母是绝对的权威，对孩子高度管控，孩子凡事都得听父母的，孩子没有自主的空间；在有些家庭中，父母是孩子的奴隶，他们对孩子百依百顺，过分宠溺，过度满足。这两种互动模式都会影响孩子与其他人的人际交往，例如，在过度控制的环境中长大的孩子也会认同这种高度控制的方式，过度干预别人的行为，希望别人能按照自己的方式和标准行事。如果父母之间遇到矛盾和冲突，通过协商沟通的方式来解决，孩子也很有可能习得这种良性的冲突解决方式。

那早年的这种互动模式又是如何影响成年后的人际交往的呢？人就好比一台运行良好的电脑，电脑界面上有各种各样运行良好的程序，但决定这些程序如何运行的却是隐藏在后台程序中的代码。我们因为受到这些看不见的程序代码驱使，所以表现出某种人际交往的风格。那这些看不见的程序代码来自哪里呢？每个人出生后，第一个跟我们互动的人是父母，这种早期与父母的互动奠定了人际交往的基础。不管承不承认，每个人在人际关系中或多或少都带有与父母交往的烙印。

拓展阅读

疤痕实验

心理学家们征集了 10 位志愿者，请他们参加一个名为"疤痕实验"的心理研究活动。10 名志愿者被分别安排在 10 个没有任何镜子的房间里，并被详细告知了此次研究的方法：他们将通过以假乱真的化妆，变成面部有疤痕的丑陋的人，然后在指定的地方观察和感受不同的陌生人对自己产生怎样的反应。心理学家们请电影化妆师在每位志愿者左脸颊上精心地涂抹上逼真的鲜血和令人生厌的疤痕，然后用随身携带的小镜子使每位志愿者都看到自己脸上的疤痕。当志愿者们在心中记下自己可怕的"尊容"后，心理学家们收走了镜子。之后，心理学家们告诉每一位志愿者，为了让疤痕更逼真、更持久，他们需要在疤痕上再涂抹一些粉末。事实上，心理学家们并没有在疤痕上涂抹任何粉末，而是用湿棉纱把化妆出来的假疤痕和血迹彻底擦干净了。然而，每一位志愿者却依然相信在自己的脸上有一大块令人望而生厌的伤疤。志愿者们被分别带到了各大医院的候诊室，装扮成急切等待医生治疗面部疤痕的患者。在候诊室里，人来人往，全都是素昧平生的陌生人，志愿者们在这里可以充分观察和感受人们的种种反应。实验结束后，志愿者们各自向心理学家们陈述了感受。他们的感受出奇地一致。志愿者 A 说："候诊室里那个胖女人最讨厌，一进门就对我露出鄙夷的目光。她都没看看她自己，那么胖，那么丑！"志愿者 B 说："现在的人真是缺乏同情心。本来有一个中年男子和我坐在同一个沙发上的，没一会儿，他就赶紧拍屁股走开了。我脸上不就是有一块疤吗？至于像躲避瘟神一样躲着我吗？这样的人，可恶得很！"志愿者 C 说："我见到的陌生人中，有两个年轻女人给我的印象特别深。她们穿着非常讲究，像有知识、有修养的白领，可是我却发现，她们俩一直在私下嘲笑我！如果换成两个小伙子，我一定将他们痛揍一顿！"

任务二　交往能力：优化人际交往的方法和技巧

　　人际交往是大学生在心理咨询中求助频率最高的困扰之一，有的因为与室友生活和作息习惯不一致导致关系紧张，有的因为缺乏人际交往的经验和方法，不善交往，找不到知心朋友而感到孤独。本任务旨在介绍适用于所有人的一般人际交往原则，同时结合具体的人际交往实例，提供有针对性的人际交往技巧和方法，提升大学生的人际交往能力。

一、人际交往的原则

（一）诚实守信原则

人际交往的原则

　　诚信是诚实、守信、信任的内在统一体。心理学家安德森对关于个性品质的喜爱程度进行研究后发现，在受欢迎的个性品质中，排在前五位的是真诚、诚实、忠诚、真实、可信，可见诚实守信是与人建立良好关系必须具备的基本品质。诚实守信要求我们在与人交往中做到诚实，不说谎，不作假，不为不可告人的目的而欺瞒别人，遵守诺言，从而取得他人的信任。在校学生群体的信用一般不像社会政治和经济交往中那样受到法律约束，而主要依靠道德力量来约束。古人云，"一言既出，驷马难追"，一旦许诺，就要努力实现。朋友之间，需做到"言必行，行必果"，不卑不亢，端庄而不过于矜持，谦虚而不矫饰诈伪，以此可取得别人的信赖。

（二）平等尊重原则

　　每个人在人格中是绝对平等的，交往双方必须以平等、尊重的态度与人交往，这是维持良好人际关系的前提，也是人的基本需要。同学之间不要因为家庭背景、成长经历和经济条件等方面的差异而对别人另眼相看，也不要因为学习成绩、社交能力、长相等方面存在差异而看不起别人。在公众场合，我们一定要给同学留面子，不能做有损对方颜面的事情。我们要尊重别人的"空间"，不能放纵自己强烈的控制欲而剥夺他人的自由空间。大学生处在生理和心理发育的特殊阶段，会比其他群体需要更多的关注和尊重，在心理上也需要获得更多的认同感，所以平等尊重原则对他们来说显得尤为重要。

（三）互惠互利原则

　　互惠互利指的是双方在交往过程中都能从对方那里得到一定的好处和利益，相互满足各自的需要，获得心理上的满足和平衡。古人云"礼尚往来""来而不往非礼也"，如果一方只索取不给予，容易使对方认为自己被利用，或者使对方误解你的诚意，从而不敢再进一步向你敞开心扉，最终中断交往。事实证明，交往中互利性越高，双方的关系越稳定和密切；互利性越低，交往双方越容易疏远。然而要指出的是，人际交往中的互利既包括物质层面的互利，也包括精神和情感层面的互利。大学生的人际交往虽然也有一定的物质互利，但更多的是精神上的互利，表现在情感交流、理解尊重、相互支持等方面。

（四）自我价值保护原则

　　自我价值保护是一种自我支持倾向的心理活动，其目的是防止自我价值受到贬低和否定。由于自我价值与他人的评价密切相关，因此个体对他人的评价极其敏感。在人际交往过程中，只要威胁到个体的自我价值，个人就会变得警觉，自动启用自我价值保护机制，对批评给予否认或反驳，以保护自我价值不受侵犯。这也是为什么接受他人的批评或建议是一件困难的事情。在人际交往过程中，我们要时刻注意尊重和保护对方的自我价值，在此基础上的批评才有可能被对方接受。

（五）包容原则

包容指的是个体与他人相处时的容纳、包涵、宽容及忍让，要理解、体谅、不求全责备、不按照自己的标准来要求别人，能够为别人着想，做到"己所不欲，勿施于人"。宽容克制并不是软弱、怯懦的表现，而是要做到在大是大非的问题上讲原则，在非原则问题上不斤斤计较，谦让大度。大学生生活在集体环境中，与同学朝夕相处，难免有矛盾和冲突，更要求同存异，彼此宽容，不但容纳他人的个性，还要容忍他人的短处，谅解他人的过失，对他人不求全责备。无论做什么事，大学生都要推己及人，将心比心，设身处地为别人着想。

以上这些原则是大学生在人际交往过程中的核心品质，代表最基本的态度和要求，因此它们不仅适用于大学生，也同样适用于与恋人、长辈、同事和领导相处。

价值塑造

在现实生活中，必要的人际交往是不可避免的，工作生活中都会发生大量人际交往，但交往要有原则、有界限、有规矩，低调为人、谨慎交友，自觉净化自己的社交圈、生活圈、朋友圈，不能什么饭都吃、什么酒都喝、什么人都交、什么话都说。

——2014年5月8日，习近平总书记同中办各单位班子成员和干部职工代表座谈讲话

二、人际交往的技巧

（一）建立适当的边界

作为寝室长的小晶，个性随和，做事考虑周全，是大家眼里公认的"老好人"。面对室友的各种请求，小晶从不敢开口拒绝，哪怕自己很忙，面对室友"死缠烂打"的请求，她也会放下手头的事情去帮忙。看到室友不值日、不打扫卫生，她就默默承担更多，告诉自己寝室长多干点也是应该的。有一次，她临时有事，打电话紧急求助室友A，没想到室友A回复她"我现在有事不能帮你，要不你问下室友B吧"并很快挂断电话。小晶当时很纳闷，自己明明对她"有求必应"，为什么轮到自己需要帮忙的时候，她却可以果断地拒绝？小晶感到很委屈。

你有没有上述案例中小晶一样的烦恼和困惑呢？在人际关系中，你会不知不觉牺牲自己的想法和感受，去迎合和讨好别人；不敢拒绝别人的请求，一旦拒绝别人容易引发愧疚感；当被不平等、不公正对待的时候，往往会选择忍气吞声。实际上，这是一个边界的问题。所谓边界，是指个人所创造的准则或规定，以此来分辨什么是合理的、安全的，别人如何对待自己是被允许的，以及当别人越过这些界限时自己该如何应对。一个拥有较为清晰自我边界的人意味着他能够更好地保护自己，避免被他人控制、利用和侵犯。他知道什么可以做，什么不能做，即尊重别人，也保护自己。显然，小晶无法直接清楚地跟室友表达自己的想法和需要，边界不断被侵犯，无法保护自己正当的权益，最后只能委曲求全。

个人边界分为四种，分别为柔软型、刚硬型、海绵型和灵活型。

1. 柔软型

具有柔软型边界的人容易融进其他人的边界之中，容易被他人影响和控制。他们常常难以对他人说"不"，可能会过分共情，陷入由于被他人情绪影响，从而被他人操纵和利用的困境中。案例中的小晶就属于典型的柔软型。

2. 刚硬型

具有刚硬型边界的人是封闭的、隔离的，很难去信任他人或感到安全，很少有人能真正靠近他们。这样的人有可能经历过身体上、心理上的虐待或创伤，常常用过于坚硬的外壳来保护自己。

3. 海绵型

海绵型的个人边界是柔软型和刚硬型的混合物，就像海绵一样。具有海绵型边界的人比柔软型更少、比刚硬型更多地受到情绪上的感染。他们常常感到矛盾，对于边界仍然没有清晰的意识，不确定该将什么纳入边界之中，将什么排除在外，时而担心侵犯了他人，时而又会担心没有和他人建立联结。

4. 灵活型

灵活型边界是理想的边界类型，该边界是清晰的、灵活的、具有保护性的，且这样的边界是为自我而建立的。具有灵活型边界的人能够控制自己的边界，决定让什么进入，让什么保持在外，也能够抵御情感上的感染和控制，很难被他人利用。

从整体来看，健康的个人边界是对自己的情绪和行为负责，并且不对他人的情绪和行为负责。具有健康边界的人能够接受自己的选择带来的好处和后果，同时也努力让别人为他们自己的生活负责。而具有不健康边界的人，要么容易对他人的情绪和行为负责，要么是期待他人对自己的情绪和行为负责。大学生该如何建立健康的个人边界呢？以下有四个建议。

第一，明确你有建立个人边界的权利。每个人都有权利保护自己的隐私，有权利拒绝，当然也应该对"允许别人怎么对待自己"这件事情负责。只有自己建立清晰而坚定的界限，别人才会尊重你。有趣的是，个人边界脆弱的人，会更倾向于冒犯他人的边界，所以拥有良好的个人边界也可以促进对他人的尊重。

第二，分辨出哪些是你无法接受的行为。回想一下经常让你感到生气的场景，并列出清单，反思这些场景是否与你的个人边界有关。然后，用平和的话语写下能表明你个人边界的文字，以后再次遇到类似场景时，直接清楚地向对方表明。这是建立边界的关键一步。

第三，别人的需求和情绪不一定比自己的更重要。很多人会觉得，别人的需求或情绪，尤其是父母或亲密恋人的会比自己的更重要，否则会担心自己是不是自私的人。大学生要学会将自己放在首位，为自己建立边界，保持足够的自尊和自爱才会让人际关系变得更好，而不是一味地迁就他人。

第四，学会拒绝。当个人边界被冒犯时，生气是最常见的、本能的反应，它在传达一个强烈的信号，说明你该采取行动解决这个问题了。如果你对于建立个人边界感到焦虑或愧疚，别忘了提醒自己："如果你因为担心冒犯别人而不去表达自己的不悦，你的人际关系反而会受到损害。"表明个人的边界并适当地拒绝，反而有助于人际关系的发展。

（二）提高同理心

拓展阅读 --▼

你会怎么办?

君君有三位室友，每个人的个性特点、兴趣爱好都不一样，最让他头疼的是作息习惯不一致。君君习惯早睡早起，其他三位室友都是夜猫子，喜欢夜里干活或者熬夜打游戏，有时玩兴奋了还大声尖叫，君君明明睡着了，也会突然被吵醒。而室友小飞也多次跟君君抱怨，君君早起在卫生间洗漱、吹头发声音太大，影响他们睡懒觉。君君多次找班主任申请换寝室都被拒绝，但一想到未来还有两年多时间一起相处，每天抬头不见低头见，他就很烦恼。他不想因为一点小事就跟室友闹别扭，但是又无法忍受这种白天黑夜颠倒的作息方式，不知道该怎么办。

同理心

君君面临的人际关系问题，在大学生群体中非常普遍。大学室友在个性特点、生活作息习惯和价值观念等方面往往存在差异，这些差异本身无所谓好坏，但如果不积极引导和解决，很容易成为诱发人际冲突的导火线。面对这样的生活琐事，大学生如果能够换位思考，站在对方的角度去体会和感受，多一点理解，往往能"大事化小，小事化了"，不至于让矛盾升级。

这种换位思考的能力，其实就是同理心，也称为"共情"，指的是能够理解别人的想法和感受，并且将这种感受反馈给对方的能力。具备同理心的人，往往能设身处地替他人着想，最大限度地理解和体谅他人，会使大多数人以同样体贴关心、温暖的态度与自己合作，从而更能体验到人际关系的亲密感和信任感，人际关系质量更高，幸福感也更高。如何通过学习和练习提升自身的同理心呢?（见实践手册项目七拓展活动一：同理心训练）

1. 积极倾听

倾听是一种艺术，积极的倾听可以让对方感觉到被肯定和被重视，从而收获更好的人缘。倾听是一个复杂的心理过程，不仅要用耳朵听，还要用眼睛看、用心感受；不仅要听口头表述的语言信息，还要观察面部表情、肢体动作等非语言信息。倾听时我们要与对方保持目光接触，用眼神、表情、肢体动作等表现出你在认真倾听，时不时点头或者发出"嗯、哦"等声音表示你对他人谈话内容感兴趣。必要的时候，我们可以通过提问进一步突出谈话的要点。（见实践手册项目七拓展活动二：学会倾听）

2. 设身处地，换位思考

假如君君和室友都尽可能地站在对方的角度去思考问题：他如果睡着后被吵醒，会有什么感受? 有什么反应? 会做出什么事情? 就像穿上对方的鞋子，设身处地地去感受对方当时的想法。有时对方表述得比较含蓄委婉，我们还需听出对方的弦外之音或言外之意，以便能更准确地理解对方的意图。

3. 聚焦感受

当对方深陷情绪困扰的时候，我们需要坚持"先搞定情绪，再搞定事情"的原则。首先关注对方的情绪，当他的情绪被看见、理解、接纳的时候，他才能慢慢平复情绪，重新找回自我的力量，应对当下的困境。此时，我们专注地聆听对方，用心去体会对方的真实感受，就是给予对方最好的礼物。

4. 适当反馈，增进联结

听完对方的倾诉后，用适当的语言将你的理解反馈给对方，传递你的善意和关爱，增进彼此的情感联结。当对方跟你分享的是一件非常难过的事情，你不知道该如何回应时，可以告诉对方："虽然此时我不知道该说什么，但我很高兴你愿意跟我说这件事情。"或者说："如果你需要，我会一直陪着你，你并不孤单。"有时，陪伴也是一种很好的共情。

同理心可以起到安慰对方的效果，也因此往往容易跟同情心混淆，但两者有本质的区别。同情心是以居高临下的姿态去俯瞰他人，做出可怜、怜悯对方的姿态。同情心是有条件的，要回报的，不一定是物质上的回报，有可能是精神上回报，必须得到对方持续的认可、感激或表扬。同理心是设身处地站在平等的位置上，用心体会对方的感受，找出能与对方相呼应的情绪和感受，增进彼此的情感联结。

（三）善用赞美

人际交往中，有个受人欢迎的 3A 法则。第一个 A（Accept）：接受对方；第二个 A（Appreciate）：重视对方；第三个 A（Admire）：赞美对方。被认可、被赞美是每个人深埋内心的一种渴望，会让人感到愉快和自信。真诚地欣赏他人的优点和长处，适时适当地赞美别人，可以拉近彼此的距离，增进两人的关系。

第一，赞美要真诚、真实。赞美跟拍马屁、巴结奉承是两回事。后者是虚伪的，为了达到某种目的，极尽溢美之词，刻意讨好别人，拉近关系。赞美是基于你对他人的观察和了解的基础，发现对方的独特之处，发自内心真正的欣赏和认同。

第二，赞美要具体、详细。赞美应从具体的事件着手，善于发现对方细微之处的优点和长处。相比笼统、模糊的赞美，越具体、越详细的赞美，能让对方更加真切地感受到自己好在哪里、美在哪里，也说明你平时关注对方、重视对方。（见实践手册项目七拓展活动三：学会赞美）

任务三　人际冲突：有效化解人际冲突

一、正确认识人际冲突

人际冲突指的是两个或两个以上相互关联的主体之间的紧张、不和谐、敌视，甚至是争斗的关系。当不同的个体因需要、想法、态度、动机、价值观等方面存在差异，彼此之间无法调和时，冲突就出现了。生活中，人与人之间的冲突是普遍存在的，生活在同一屋檐下的大学室友之间的冲突最为常见。人们来自五湖四海，承载着不同的文化背景和地域风俗，成长在不同的家庭环境，有独特的生活经历、作息习惯、兴趣爱好和个性特点，随着交往的进一步深入，各种差异和矛盾逐渐暴露，冲突在所难免。

根据冲突的不同层次，心理学家将冲突分成三种类型。第一种为特定行为上的冲突，即双方对于某个具体问题存在不同的意见，如室友 A 特别讲究卫生，东西摆放干净整齐，而室友 B 生活习惯比较随意邋遢，衣物鞋子到处乱放。第二种是关系原则或角色上的冲突，即双方对于如何处理两个人的关系，在关系中各自的权利、义务有不同的理解，如果角色规范比较模糊，则容易引发矛盾和分歧。例如在班级中，班长和副班长对于各自的班干部角色分工不太明确，有些模糊地带，就有可能因双方对事情的理解存在差异而发生冲突。第三种是因为个人性格与态度上的冲突，这往往牵扯双方人格和价值观的差异，属于比较深层次的冲突。比如室友 A 特别节俭，精打细算，购物前习惯货比三家，而室友 B 花钱大手大脚，买东西不看价格，每到月底就开始哭穷。两位室友因金钱观念的差异，势必导致彼此在生活习惯、消费习惯、娱乐消遣等方面出现分歧，容易引发矛盾。一般来说，层次越深，涉及因素越多，矛盾越复杂，解决起来越困难。

人际冲突会给彼此的关系带来巨大的挑战，但处理得当，也可能给关系带来积极正向的影响。如果冲突的双方把隐藏的不满公开表达出来，澄清误解，消除隔阂，可以进一步增进理解，拉近关系。同时，彼此表达对某事件的看法，通过建设性的讨论，碰撞出思想的火花，最终创造性地解决问题。

价值塑造

周恩来总理是公认的语言大师，常常在各种重要的外交场合运用语言的艺术化解各种尴尬和冲突。凡是和周恩来交谈过的人，无不为他的幽默风趣的语言魅力所折服。

美国代表团访华时，其中一名官员就对周总理说道："中国人很喜欢低着头走路，而我们美国人却总是抬着头走路。"这句话一说出来，四下哗然。周总理却毫不着急，不疾不徐地回答道："这并不奇怪。因为我们中国人喜欢走上坡路，而你们美国人喜欢走下坡路。"这位官员所说的话，可以说是对中国人的巨大羞辱，当时在场的中国人都感到非常愤怒。但由于是在外交场合，又不能直接斥责对方，若是忍气吞声，任凭对方侮辱自己，那么我们国家就很难抬起头来。而周总理巧妙的回答使人亲眼见识了什么叫柔中带刚，不失礼节和尊严地反驳了回去，令所有在场的美国官员都无言以对，十分尴尬。

有一次，一位美国记者在对周总理进行采访时，看到周总理桌子上放着美国生产的派克钢笔，便用嘲讽的口吻问周总理："请问阁下，你们堂堂中国人，为什么还要用我们美国生产的钢笔呢？"周总理听后，笑着说："谈起这支钢笔，说来话长，这是一位朝鲜朋友的抗美战利品，作为礼物赠送给我的。我无功受禄，就拒收。但这位朝鲜朋友说，留下做个纪念吧。我觉得有意义，就留下了贵国的这支钢笔。"美国记者听到这句话，顿觉自讨无趣。

二、处理冲突的一般原则

（一）对事不对人，避免攻击对方人格

大学生之间的冲突，往往由一些生活琐事引发。一旦发生冲突，仅仅围绕引发冲突的事件讨论即可，具体问题具体分析，商讨解决方案和对策，切忌因情绪失控而贬低、攻击对方，甚至大打出手。如果你对对方的某个行为感到不满，把焦点放在具体的事件和行为上，清楚明白地告诉对方令你不舒服的行为是什么，同时明确希望对方如何去改变，以避免再次出现类似冲突。任何一件事都不能定义一个人，聚焦事情本身，是有效处理冲突的基础。

（二）控制好情绪，避免矛盾升级

一旦发生冲突，双方都处在一种应激状态中，很有可能一时冲动说了不该说的话、做

了不该做的事，导致无法挽回的结果。此时，最关键的是尽快给情绪降温，避免冲动误事。我们只有恢复到理性的状态，才能对当下的情况做出最明智、最符合长远利益的选择。如果我们随意地发泄情绪，只会火上浇油，小问题变成大问题，大问题变成原则性的问题，让矛盾升级。

拓展阅读

是吵架，还是沟通？

大一刚入学，室友之间相互不太了解，大家都比较客气，雯雯和室友相处还比较融洽。大二开始，每个人的缺点都暴露出来了，矛盾也多了。特别是室友琳琳，她是本地女孩子，心高气傲，对雯雯态度不太友好，还暗地里拉拢别的室友想孤立雯雯，但彼此都没有撕破脸，平时像没事一样相处着。矛盾终于在室友竞争入党的事件中爆发了，雯雯和室友琳琳都申请入党，但只有1个名额，最终雯雯得到了入党的机会。有一天，她回到寝室发现琳琳和几个室友在聊天，好像在说"就会讨好老师""拍马屁"之类的话，她感觉琳琳在说她，很生气。她觉得明明自己是靠实力赢得的机会，凭什么这么说她。她跟琳琳大吵一架，关系恶化，两人一直不说话，处于冷战中。时间久了，雯雯想主动缓和紧张的关系又觉得很委屈，明明自己没有错，但同一寝室相处又比较尴尬，不知道该怎么办。

三、非暴力沟通

与人发生冲突的时候，我们容易被情绪左右，条件反射性地发泄、指责、谩骂和嘲讽别人，将情绪传递给对方，使彼此之间的关系变得紧张。非暴力沟通由马歇尔博士首先提出，旨在提醒人们在沟通中注重彼此的感受、需要和请求，最大限度地避免语言暴力，即清晰地表达自己的想法和诉求，尊重并理解他人，有利于促进彼此双方的积极回应和沟通。非暴力沟通主要包含四个要素。

非暴力沟通

（一）观察

清楚地表达你观察到的事实是非暴力沟通的第一步，然而我们经常犯的错就是用评价代替观察，很难做到客观描述事情本来的样子。比如，你可能会对朋友说："你总是不考虑我的感受。"这里的"总是"是一个整体的评价和判断，传达了对对方的不满和抱怨，对方听了可能会立刻反驳说："我照顾你感受的时候还不多吗？"这就是暴力沟通，容易激化矛盾。非暴力沟通是诚实地反映客观事实，不批判、不指责，比如"你当着其他室友的面，说了我的秘密"就是事实，是有理有据的客观描述。与他人沟通的时候，尤其是发生冲突时，不带评价地描述事实是良好沟通的基础。

（二）感受

表达感受是指察觉自己在这件事情上有什么感受，并用适当的情绪词汇表达出来。但在现实生活中很多人不会表达或羞于表达自己的感受，还常常将感受与想法混淆。比如我们可能会脱口而出的"你根本不在乎我的感受"这句话是想法，不是感受。感受往往是对一件事情的直接感觉，想法是对事情的一种认知、态度和信念。我们可以将以上的话做个调整："当你在众人面前批评我的时候，我感到很尴尬。"这就是感受。我们往往期待对方

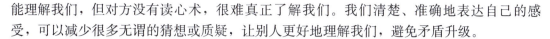

能理解我们，但对方没有读心术，很难真正了解我们。我们清楚、准确地表达自己的感受，可以减少很多无谓的猜想或质疑，让别人更好地理解我们，避免矛盾升级。

（三）需要

每一种感受背后都隐藏着需要，提出自己的需要是非暴力沟通的第三步。在生活中，我们不太擅长表达自己的需要，一气之下就容易批评、指责对方。当人们感觉自己被批评、指责了，本能的反应是为自我辩解，保护自己。反之，如果我们直接说出自己的需要，对方更有可能做出积极的回应。比如"你批评我，我感到很伤心，因为我觉得你不爱我"这句话并没有说出自己的需求，反而让对方感觉到了被质疑，如果改成"你批评我的时候我很难过，因为我想得到你的肯定"这句话就清楚地表达了自己的感受和需求。

（四）请求

我们了解自己的需要，下一步就是提出具体的请求来满足需要。请求必须具体，而非抽象的语言，可以用"能不能""可不可以"等句式说出自己的请求。但注意不要命令，命令会引起他人的反感与抵触。如果提出请求的人通过批评、指责给对方施压，这是命令。如果我们想利用对方的内疚来请求，这本质上还是命令。例如："你能留下来陪我吗？是不是还有别的事？别的事比我还重要吗？"这个时候对方会有胁迫感，请求则变成了命令。我们换一个表达："你愿意留下来陪我吗？如果你没有别的安排，我希望你能留下来陪我。"这就给对方留下了余地，也没给对方施加压力。

项目小结

1. 人际交往可以满足人类对安全和亲密的需要。
2. 幼年时与父母的互动奠定了成年人人际交往的基础。
3. 儿童依恋分为安全型、回避型和矛盾型。
4. 家庭的互动模式会通过代际传递的方式，在孩子的人际交往中重复出现。
5. 人际交往要遵循诚实守信、平等尊重、互惠互利、自我价值保护和包容的原则。
6. 个人边界可以分为柔软型、刚硬型、海绵型和灵活型四种类型。
7. 我们可以通过建立适当的边界、提高同理心和善用赞美的方法来优化人际关系。
8. 非暴力沟通包含观察、感受、需要和请求四个要素。

项目八

穿越亲密关系的藩篱：大学生的恋爱心理

学习目标

知识目标

1. 理解爱情的本质；
2. 理解爱的五种语言；
3. 了解性心理健康的基础知识。

能力目标

1. 学会从多个视角理解爱情的本质；
2. 学会表达爱、构筑爱、处理爱的冲突和面对失恋；
3. 读懂、识别自己和对方爱的语言，提升爱的能力。

素养目标

1. 提倡亲密关系中平等、尊重的价值观念；
2. 建立良好的性价值观。

学习重点与难点

1. 学会表达爱、构筑爱、修复爱和处理爱的冲突，提升爱的能力；
2. 思考和建立自己的性价值观。

配套资源

微课视频

《理解爱情的真谛》
《爱的五种语言》
《走出失恋的 33 天》

拓展活动

《爱情中的自我对话》
《亲密关系公约》
《性同意行为调查》

爱情的现象可以去理解、去描写、去解释、去研究……但爱情的美只能在感动中得以体会，那是一个充满想象与超脱现实的生命经验。为什么一个人可以那样地去爱另一个人？人在爱情里最容易被治愈，也最容易受到更深的伤害，那么，是被治愈还是被伤害，取决于什么？本项目将围绕亲密关系主题，从大学生恋爱心理状况出发，就理解爱的本质、提升爱的能力、化解爱的冲突、构建性价值观等问题展开详细阐述，实现以下学习目标：

◆ 了解爱的意义，理解爱的本质；

◆ 提升爱的能力，化解爱的冲突；

◆ 建立性价值观，注意恋爱中的相关礼仪。

【导入案例】

哈佛成人发展研究是目前有关成年人生活研究中历时最长的——75年间追踪了724位男性。该研究项目的第四代负责人罗伯特聚焦于所有人都关心的"什么是美好人生"这个问题，用两个长达75年的纵向随访研究的成果，强调构成美好生活的最重要因素并非富有、成功，而是良好的身心健康及温暖、和谐、亲密的人际关系。研究表明，在80岁之后依然处在对另一个人安全依恋关系中的人是有保护性的。在亲密关系中，那些在自己需要帮助时可以依赖另一个人的人群保持清晰记忆力的时间更长，而那些感到自己在亲密关系中无法依赖另一个人的人群将更早出现记忆力衰退。实际上，那些良好的关系并不一定要一直保持平顺。一些80~89岁的老年夫妇，他们可能一天到晚都在吵架。但只要他们感到在困难时刻自己真的能依赖另一个人时，他们根本就不会记得那些争吵了。所以我们学到的是：良好、亲密的关系有利于我们的健康和完好的状态。100多年前，当马克·吐温回顾自己的一生时，写下了："生命如此短暂，我们没有时间争吵、道歉、伤心。我们只有时间去爱。"所以说，好的生活是建立在好的关系上的。

思考问题：1. 人类为什么需要亲密关系？

2. "宁在宝马车里哭，不在自行车上笑"，这句话你认同吗？

任务一　爱的本质：理解爱的真谛

一、爱的本质

恋爱不等于真爱，但每个恋爱的人都渴望获得真爱。真爱不是来自两个人之间口头上的海誓山盟与海枯石烂，而是来自生活中的点点滴滴。

（一）真爱是关心

爱，是想对方之所想，给对方之所需，是无私的给予和关心。关心是具体的，一点一滴的，大到关心他/她的前途、命运，小到给他/她买一条围巾。细腻的关心需要从对方的神情中敏锐地捕捉他/她的心理反应。关心不能凭自己的主观而想当然地强加给对方。真正的关心是细心观察对方，做到雪中送炭、锦上添花。

（二）真爱是信任

信任是一种尊重，也是一种自信，不必盘问对方的每个细节，更不必去跟踪调查。爱一个人，就要先信任他/她，不要凭感觉随意猜疑他/她，给他/她一个自由的时间和空间，相信他/她对你的爱。

（三）真爱是给予

人们往往把爱看作被爱，注重怎样被人爱，怎样使自己可爱从而获得爱。为了达到被爱的目的，男人渴望获得权力和财富，女人注意梳妆打扮，目的在于获得别人对自己的爱。但那些真诚、不做作、主动地给予对方爱的人，在不问收获、埋头耕耘的过程中，自然而然地获得了爱。

（四）真爱是宽容和理解

宽容包含着理解、同情与原谅，是最大限度地接纳对方，既要接纳对方的长处，也要接纳对方的短处，但要注意限度与原则。

（五）真爱是尊重

尊重意味着一个人对另一方的成长和发展顺应其自身规律和意愿。尊重蕴含着没有剥削，即让对方按自己的目标去成长和发展，而不是服务于你。尊重的内容包括对方的职业、爱好、选择、隐私和不同于自己的观点和生活习惯等方面。

（六）真爱是专注

人的一生可能不只爱一个人，但那是在人生的不同时刻发生的事情。真爱不能同时发生在两个对象身上，我们只有一心一意，钟情于一人，才能获得充分的爱的体验。正如陶行知所言："爱情之酒甜而苦。两人喝，是甘露；三人喝，是酸醋；随便喝，要中毒。"

（七）真爱是理性

马克思说，真正的爱情表现在恋人对他的偶像采取含蓄，谦恭，甚至羞涩的态度，绝不表现在随意流露的热情和过早的亲昵。真正的爱是理性的，能较好地控制自己的冲动和欲望，不会为了一己私欲费尽心机讨好和欺瞒对方。在生活中，我们需要认真、严谨地对待感情，客观评价自己和对方，理性看待感情中的任何问题，不会因为一时兴起做一些伤害感情的事情。

（八）真爱是独立

独立不是疏远，而是指与人相处时有自己独立的思考和行动，不轻易受他人左右，知道自己真正需要什么。独立的心态是一种成熟的品质，是心理断乳的标志。爱需要我们保持独特个性和独立人格，不让自己消融在对方的影子里。

二、爱的意义

（一）个体完整呼唤爱情

造成恋人间强烈吸引的原因之一，是"完整之我"的追寻。每个人都身具"显性"与"隐性"人格，换言之，每人除了表现外在众人所见的"显性人格"外，还有个正好相反的人格，即潜藏心底的"隐性人格"。"显性人格"的形成与先天因素有极大的关系，但也受后天因素的影响。例如，男性成长过程中，多被要求"喜怒不形于色""好汉打落牙和血吞"，因此，男性"显性人格"的部分便被深深压抑到潜意识中，变成"隐性人格"。当先天人格成分中"阳刚""分析"特性较强的男孩去念理工专业，毕业后又在要求一丝不苟、毫无变通的环境中工作，而身具"阴柔""感性"特质的女孩去念人文专业，学成后又在文艺界工作时，此时男、女孩间先天加上后天的差异就变得更大了。

当一个人遇见一位身具自己"隐性人格"的异性时，心中常会有欢欣雀跃的感觉，因为对方彰显出自己所缺乏的人格特质。例如，当"分析型"男性与"感性型"女性相遇时，彼此常会充满新鲜感和欢愉。她丰盈流畅的情意，往往会挑动他长久压抑心底感性部分的人格。与她在一起时，他那被深埋阴暗地窖的"隐性人格"开始见到阳光，感受到一股从外注入、活泼新鲜的生命力，使他深受吸引，觉得自己好似脱胎换骨般，受桎梏的心灵顿时得以自由释放。这个异性相吸，彼此各得一线生命契机，使自己尘封枯萎的"隐性人格"重见天日，得到露水滋润，与自己"显性人格"整合，发展出一个较完全、较成熟的人格的过程，我们称之为"完整之我"的追寻。

人要发展出一个"完整之我"是一个非常艰巨的过程。沉浸于爱情的男性与女性在蜜月期中，先品尝了爱情浪漫的甜蜜滋味，然后再让他们闭着眼睛心甘情愿地进入"磨合期"，在艰苦的"旷野"之中，让两人彼此在个性上"铁杵磨成绣花针"，继续发展"完整之我"。

（二）个人成长需要爱情

一个人从小成长的背景，常会深深地影响他日后被什么样的人吸引，以及日后亲密关系的建立与维护。不管曾经受过多少伤，当爱情来临时，就是最好的医治和疗伤机会。但是因为人们彼此间相互信任、不设防，所以恋爱时也是最危险的时候。当人的感情被触动时，就进入了一个非理性的潜意识过程。爱情关系其实很像母亲与婴儿的关系，彼此恋慕、含情对视，都想把最好的一面呈现给对方，不在一起时会焦虑不安，仿佛"一日不见，如隔三秋"。

从深度心理学的角度来看，天下最好的治疗者是自己的爱人。唯有在恋爱中，人的两个基本心理需求可以同时得到满足：一是无条件被人接纳，二是在所爱的人心中居首位。特别是心里越空虚或越不成熟的人，越容易依赖对方来支撑其脆弱的自我价值感。不知不觉地，你就会期望对方能随时随地无条件接纳你，随时随地把你摆在第一位。心里越没有安全感的人，日后对伴侣的要求越是加倍，过去受的伤，要从现在爱的关系中加倍讨回。例如，过去在家中被忽视的人，现在会不知不觉地要求伴侣不断给予其更多的注意力；过去被管得太厉害的人，现在会要求伴侣信任他，给予空间。彼此互许终身之后，双方会觉得："为什么我所要的，你却不给我？"在恋爱中的人，心理上往往退化回到婴孩时期——"有什么需要，不用开口，爸爸妈妈就应该知道，得到照顾最好的办法就是哭闹"。但在成人的世界中用哭闹处罚对方，强求他人来满足自己心理需求的方式是行不通的。

人的心理需求有很多，就像照相机有广角和望远镜头，用望远镜头对准某一对象时，对象会变大，而其他对象就变成模糊的背景。这就像肚子饿时我们去市场买东西会买得特别多，因为我们对食物的需求被放大。可是当我们吃饱后，需求又不一样了，食物像被广角镜头退回背景中，吃饱后我们口渴了，这口渴的需求又像被望远镜头放大了一般，其他需求都变得不重要，而我们把所有注意力放到这个新的对象、新的需求上，直到它得到满足，才重新退回背景之中。起初，我们也许期望一个慈父般的伴侣，但当被照顾、被关注的需求满足后，我们很可能产生一个新的心理需求，开始要求独立、自主。人是会成长、会改变的，于是冲突便开始产生。刚开始我们从爱情关系中可以得到满足，但因为我们的心理需求会随人生境况而改变，所以，情侣还要不断适应，不断学习，不断成长。（见实践手册项目八拓展活动一：爱情中的自我对话）

◁ 价值塑造

国家富强，民族复兴，人民幸福，最终要体现在千千万万个家庭都幸福美满上，体现在亿万人民生活不断改善上。

——2016年12月12日习近平在会见第一届全国文明家庭代表时的讲话

三、爱的理论

（一）爱情观类型理论

社会学家通过文献收集和调查访谈两阶段的研究，将男、女之间的爱情分成六种形态：情欲之爱、游戏之爱、友谊之爱、依附之爱、利他之爱及现实之爱。所谓"情欲之爱"，是建立在理想化的外在美，是浪漫、激情的爱情；游戏之爱则视爱情为一场让异性青睐的游戏，并不会将真实的情感投入，常更换对象，且重视的是过程而非结果；友谊之爱是指如青梅竹马般的感情，是一种细水长流型、稳定的爱；依附之爱者对于情感的需求非常大；利他之爱者带着一种牺牲、奉献的态度，追求爱情且不求对方回报；现实之爱者则会考虑对方的现实条件，期待拥有让自己的酬赏增加且减少付出成本的爱情。具体六种爱情观类型及其关系特征见表8-1。

表8-1 六种爱情观类型及其关系特征

爱情观类型	关系特征
情欲之爱	充满浪漫与激情，重外表
游戏之爱	视恋爱为游戏，不负责任
友谊之爱	由友情缓慢演变而成
依附之爱	对爱人情感浓烈，占有欲强
利他之爱	在感情中一味付出，不求回报
现实之爱	重视现实需求的满足

（二）爱情成分理论：爱情三因素

理解爱情的真谛

心理学家斯腾伯格提出了爱情三因素理论，他认为爱情存在三个要素：亲密、激情和承诺。亲密是指与伴侣间心灵相近、互相契合、互相归属的感觉，属于爱情的情感成分；激情是指强烈地渴望与伴侣结合，促使关系产生浪漫和外在吸引力的动机，也就是与"性"相关的动机驱力，属于爱情的动机成分；而承诺则包括短期和长期两个部分，短期的部分是指个体"决定"去爱一个人，长期的部分是指对两人之间亲密关系所作的持久性承诺，属于爱情的认知成分。爱情三因素如图8-1所示。

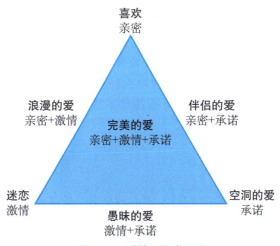

图 8-1　爱情三因素理论

随着认识时间的增加及相处方式的改变，上述三种成分将有所改变，爱情三角形因其中所组成元素的增减，形状与大小也会跟着改变。三角形的面积代表爱情的质与量，面积越大，爱情就越丰富。

在三种成分下有八种不同的爱情关系组合（见表8-2），其分别为：（1）无爱：三种成分俱无；（2）喜欢：只包括亲密部分；（3）迷恋：只存在激情成分；（4）空洞之爱：只有承诺的成分；（5）浪漫之爱：结合了亲密与激情；（6）相伴之爱：包括亲密和承诺；（7）愚昧之爱：激情加上承诺；（8）完美之爱：三种成分集于一个关系中。

表 8-2　八种爱情类型及其关系特征

爱情类型	亲密	激情	承诺	关系特征
无爱	－	－	－	浅薄而随意
喜欢	＋	－	－	普通朋友
迷恋	－	＋	－	追求性欲
空洞之爱	－	－	＋	有名无实的夫妻
浪漫之爱	＋	＋	－	未婚嫁的恋爱
相伴之爱	＋	－	＋	老夫老妻
愚昧之爱	－	＋	＋	闪婚
完美之爱	＋	＋	＋	理想的恋爱

任务二　爱的能力：呵护爱情的花朵

人们如果没有勇气表达爱，就会陷入深深的烦恼中；人们虽然表达了爱，却不恰当，仍然会遭受挫折。爱需要表达，以免错失良机。但表达爱是一种能力，在表达爱的过程中如何将自己的真实想法让对方理解并接受，同时又要使自己在被拒绝的时候不被伤害，被拒绝之后还能使友谊继续，这真的不是一件容易的事。因此除了勇敢地开口以外，我们还需要遵守原则、使用方法和技巧。

小 A 喜欢上一个女孩，为使自己忘掉她而专心读书，他选择了女孩不常去的教室学习。但事与愿违，思念之情日胜一日，使他难以静心学习。终于有一天小 A 抓住机会，拉住女孩的手，表达了爱慕之情。此举让女孩尴尬不已，之后女孩每每见到他都故意回避，这令小 A 十分痛苦。

一、表达爱

（一）表达的基本原则

（1）爱的表达必须在双方有感情基础、"心理交融"的基础上进行。

（2）爱的表达必须在双方都有意向的情况下进行。

（3）说出"我爱你"应该符合双方的性格、心理特征及其他各种具体情况。

（4）不能用固定模式去套，表达爱有各种方式，最好根据情境创造性地发挥。

（二）善于表达爱

1. 表达的途径

（1）谈心。这是最直接的方式。

（2）书信。需要斟酌字句、考虑周到，该方法避免了当面谈心难以启齿的尴尬，或是被拒绝后的难堪。

（3）他人转达。如果感到把握不那么大，我们可以通过他人转达意思，或者进行试探。

2. 表达的形式

（1）直抒爱意。一般来说，追求外向型对象，宜采用直爽的方式直抒胸臆。

（2）体贴关怀。对内向的人示以关怀温暖，在其心情不佳时我们可以耐心倾听，使其内心平衡与协调。

（3）满足自尊。对自尊心强的人，给以自尊心上的满足，抓住时机婉转表达心意。

3. 表达的技巧

（1）含而不露。可借用诗、照片、书、礼卡、信、亲手做的礼物来传递爱的信息；也可用表达感受的方式暗示对方，如"我与你在一起的时候，总是感到非常愉快""我觉得今天的时间过得特别快"。

（2）含中有露。例如：买两张电影票邀请他/她一同观看；邀请他/她一起散步、游公园；赠给对方一张自己的照片，照片的背后题上表露爱情的诗词；赠送一束鲜花、几颗相思豆等。

（3）巧用赞美。例如："你对这个问题的看法，很有新意。""这种发型与你的脸型很相配，非常好看。"

4. 勇敢接受表达的结果

我们在表达爱之后可能有三种结果：一是对方欣然同意，二是说要考虑考虑，三是拒绝。我们对于后面两种情况不能急躁，更不能对对方进行逼迫和威胁。爱情不可强求，果子未熟，摘下来也是酸的。我们要一如既往地交流，以诚相待，培养感情，增加了解。

（三）学会拒绝爱

表达爱需要能力，拒绝爱也需要能力。如果你认为对方的爱不值得接受或自己不愿意接受，就要勇敢、坚决、毫不含糊地拒绝，如果优柔寡断或屈服于对方的穷追不舍，任由关系发展下去，就会对双方都不利。我们要采取恰当的拒绝方式，虽然每个人都有权拒绝，但是珍视每份真挚的感情是对他人的尊重，同时也是对自己道德情操的检验。如果我们处理事情简单轻率、不顾情面，甚至恶语相加，就会使对方的感情和自尊心受到伤害，这些做法是很不妥当的。拒绝的形式和技巧需要发挥你的创造力，拒绝他人的原则以保护他人的自尊心为前提。

二、构筑爱

爱情起源于浪漫的触动，而爱情的维系与发展需要情人生命的共同成长。实质上，爱情生活有两个明显的阶段：一是浪漫触动，二是情人生命的共同成长。爱情三因素理论中的激情、亲密与承诺三个要素，除了激情之外，亲密和承诺需要一段时间才能转化为现实，不是一蹴而就

爱的五种语言

的。爱需要勇气，更需要能力，没有能力的勇气，有心无力，更无力长久。《爱的五种语言》这本书讲述了如何成为爱情中有效的沟通者，构筑和维系甜美的爱情。这五种语言分别是：

（一）肯定的言词

肯定的言词就是被人欣赏、被肯定、被爱。也许，一句鼓励的话语、一句仁慈的言语就会温暖对方，使他/她被激励，做到原本不可能的事情。在恋爱的初期，也正是这些肯定、欣赏、赞美的言语，才使得感情快速升温，关系进一步升华。而我们犯的最大的错误就是对亲近的人讲最严厉的话。对于爱的语言主要是"肯定的言词"的人，我们不妨多多赞美他/她，给予肯定的支持，一定会达到事半功倍的效果。

（二）精心的时刻

精心的时刻不是你们两个人待在一起，你打你的游戏，她追她的番剧；而是你们同在一起，集中注意力一起做一件事情；是要让对方感受到你是在全心全意地陪伴他/她，而不是敷衍。你们可以一同看一部电影，聊聊电影里的人和事；可以一起做顿饭，共同享用你们的劳动果实；可以聊一聊彼此一天中发生的烦心事、开心事、趣事等。对于爱的语言主要是"精心的时刻"的人，我们需要多多陪伴他/她，用心花费时间和他/她在一起，相信幸福就在不远的前方。

（三）礼物的赠送

礼物，是爱的视觉象征，也是一种仪式感的象征，是直观的、能看到的、有迹可循的爱。有些礼物是昂贵的，而有些礼物甚至不花一分钱。对于爱的语言主要是"礼物的赠送物"的人来说，礼物的价钱并不重要，他/她在意的是这一份心意。

（四）服务的行动

假设你的另一半为你剥橙子、柚子、杧果等你喜欢吃的水果，你会不会觉得特别幸福？如果你的另一半为你将洗好的床单铺好，你会不会感到特别开心？如果答案是"是"，那么很可能你的爱的语言主要是"服务的行动"。大概率让你觉得幸福、感受到被爱的方式就是为你服务。对于爱的语言主要是"服务的行动"的人，我们需要放下架子，为他/她做一些事情吧。

（五）身体的接触

身体接触的本质是对方在感情上接受自己，当一个人远离另一个人的身体时，就是在感情上远离他/她。如果一个人的爱的语言主要是"身体的接触"，那么在争吵中，最有效的方法就是给他/她一个有力的拥抱，亲吻他/她。对于爱的语言主要是"身体的接触"的人，我们可以给他/她一个大大的拥抱。

事实上，这五种语言对感情而言都是很重要的。这五种语言，不仅适用于爱情，也适用于亲情、友情等，例如你和父母、你和你的孩子、你和朋友、你和同事，甚至你和领导。

三、处理爱的冲突

相爱容易，相处难。大部分恋情亮红灯，并不是因为贫穷、疾病这样的大问题，而是因为生活小细节。其实这些小细节本身也不是问题，毕竟这就是生活的真相。真正的问题是什么呢？是恋人之间没有形成良性的互动模式，所以没法有效地处理这些问题，最终演变为大矛盾。所以，为了建立积极面对问题、解决问题的良性互动模式，我们参考了心理咨询师陈海贤提出的"亲密关系公约"，期望你能与恋人一起讨论交流，量身定制属于你们的亲密关系公约，为你们的亲密关系保驾护航。（见实践手册项目八拓展活动二：亲密关系公约）

第一条：我承诺好好回应你，就像我也渴望得到你的回应一样。

第二条：我承诺把你看作不完美的人，而不是有问题的人。

第三条：我承诺如果委屈就会让你知道，哪怕我担心这些委屈会让我显得有些脆弱。

第四条：我承诺就算吵架，也会避开你的痛点。

第五条：我承诺及时伸出修复关系的橄榄枝，也接受你伸过来的橄榄枝。

第六条：我承诺尊重你说"不"的权利，无论我多么希望你不拒绝我。

第七条：我承诺不评论你的原生家庭，因为我知道那是你的来处。

第八条：我承诺不逼迫你改变，而是用我的改变带动你的改变。

第九条：我承诺不跟你争输赢，因为我知道要么我们都输，要么我们都赢。

第十条：我承诺永远对你抱有期望，不管你会不会让我失望。

第十一条：我承诺和你在一起我会竭尽全力，这样如果我们真的分开了，你也知道我已经无能为力。

四、面对爱的失去

失恋虽为人之常事，却是一生中最痛苦的心理挫折之一。失恋是痛苦的，这种痛苦具有巨大的破坏"能量"，我们可以通过以下方法来释放：

走出失恋的 33 天

（一）稳定情绪

1. 倾诉

把苦闷向值得信赖的人倾诉。这时你最需要的是他们的开解和梳理，而不是投入另外一场恋爱。

2. 奋笔疾书

写日记或书信记录苦恼，给自己或知心朋友看。

3. 建立新的兴趣中心

做些积极的事情，如运动或旅游、参加集体文体活动、到大自然寻找慰藉。这些都将重新激活人的理性控制力，使你迅速回到正常生活轨道上来，烦恼也会随风而逝。

4. 升华

追求事业和理想。这既可使"自我"得到更新和升华，又创造了更好的择偶条件，可谓"失之东隅，收之桑榆"。

（二）理性梳理

人都有"理智的我"和"情绪的我"。在失恋的情况下，"情绪的我"往往会压倒"理智的我"，但要摆脱痛苦，我们必须用"理智的我"去提醒、暗示和战胜"情绪的我"，学会自我疏导。我们可以尝试着问自己以下问题以重回理性：

1. 分手的根本原因是什么？

2. 在一起是否真的适合？

3. 我到底了解对方多少？

4. 我爱对方什么？

5. 我对他/她有没有足够的关心、尊重？

6. 和他/她在一起我成长了吗？他/她成长了吗？

（三）对自己说积极的话语

积极的话语举例如下：

1. 恋爱失败了还可以再来，爱情只是人生很重要的一部分，但不是全部。

2. 爱情不是是非题，而是选择题。

3. 人间自有真情在。

4. 痛苦也是人生的一种经验，它会帮助我变得成熟。

5. 对方失去的是一个爱他/她的人，而我只失去了一个不爱我的人。

6. 爱情是两个人的事，错过了大家都有责任。

7. 人生很长，谁也无法预知明天，真爱或许就在下一秒等着你。

8. 分手了，我们就做回美好的自己，一个人的世界同样精彩。

任务三　"性"福的烦恼：建立性价值观

《礼记·礼运》有云："饮食男女，人之大欲存焉。"性是非常自然的事，但健康的性却需要学习。健康的性主要包括性生理和性心理两个方面：性生理的健康是指个体的性器官没有器质性的病变；性心理的健康是指个体具有正常的性欲，能够正确认识和理解与性有关的问题，并且具有比较强的性适应能力，能正确处理与异性交往中产生的问题，使自身免受性问题困扰，促进自身心理健康发展。

一、正确认识性心理健康

性心理健康主要表现在三个方面：在性认知方面，个体有正常性态度和性欲望，没有性心理障碍与性行为变态；在性情感方面，个体具有正常的性爱感情和性人格；在性意志方面，个体对性需求能恰当满足与控制，能摆正性在人生目标中的位置。

具体来说，性心理健康可以概括为六个方面：

一是能够正确认识和接纳自己的性别。一个性心理健康的人，首先应是对自己的性别角色能够正确认识并接纳，同时能够成功地扮演好自己的性别角色，对自己的性别角色有相应的自尊感和自豪感。

二是具有正常的性欲望。性欲望是一个人能够获得性爱和性生活的基础和前提，所以一个性心理健康的人必须具有性欲望，否则性心理健康就无从谈起。

三是有科学的性知识。个体能从正常途径了解和学习两性生理结构、性心理反应、生殖健康和预防性病等知识。

四是合理的性认知。个体能正确认识与性有关的性问题，不对性感到神秘或感到难以启齿。

五是有正常的、健康的性行为方式。个体能正确认识和理智调节自己的性梦、性幻想、性冲动等，不去追求新鲜、刺激，能做到相互尊重和为对方负责。

六是能与异性保持和谐的人际关系。随着性生理和性心理的发育成熟，渴望与异性交往并保持和谐的关系，是个体自然且正常的性需求。如果这种需求得不到满足，性心理就很难健康。

二、正面了解性知识

（一）了解性传播疾病的预防知识

性传播疾病是一组由性接触或类似性行为感染在性器官上的传染病，主要包括艾滋病、梅毒、淋病、尖锐湿疣、非淋病性尿道炎、生殖器疱疹、念珠菌病和阴虱病等。每一种性病由不同的病原体引起，如细菌、病毒、螺旋体、支原体、衣原体、真菌、寄生虫等。性病虽然可怕，却是可以预防的，我们需要注意以下事项：

1. 认清性病的严重危害性
自觉拒绝和克服性乱行为，避免不洁性行为，以免导致严重后果。

2. 安全使用避孕套

在性生活过程中，使用避孕套是一种既安全又方便的预防性病措施。安全、正确使用避孕套，避免了两性生殖器的直接接触，不论对男性还是对女性，都可起到预防感染性病的作用，从而减少性病的发生、传播。

3. 及早治疗性病

及早治疗并治愈性病可减少感染性病的危险。正规医院能提供科学、保密的检查、诊断、治疗和咨询服务，必要时我们可借助当地性病、艾滋病热线进行咨询。

（二）了解避孕常识

避孕是指用科学的方法来阻止和破坏受孕过程中的某些环节，以避免怀孕，防止生育。这几乎已成为每个成年男性和女性的生活必需知识。目前避孕有多种方法，主要是通过抑制卵巢排卵，或者抑制精子的正常发育，或者阻止精子和卵子结合，或者阻止受精卵着床，最终达到避孕的效果。从避孕对象来说，可以由男性来避孕，也可以由女性来避孕。

1. 男性避孕方法

男性避孕套是目前使用较多的一种男用避孕工具，只要使用方法正确，避孕效果也很好。

2. 女性避孕方法

随着科学的进步，避孕套不再是男性的专利，女用安全套已成为女性进行避孕的方法之一。安全期避孕法是指女性月经前5～6天和月经后5～6天内发生性行为不易怀孕，但也不是万无一失的。此外，女性常用的避孕方式还有避孕药。避孕药有短效避孕药、长效避孕药、外用避孕药等，其中应用较多的是短效避孕药，如能正确服用，避孕效果几乎可达100％。

三、建立自己的性价值观

（一）性与爱

1. 性不等于爱

Z向相恋已久的女友提出了性邀请，女友考虑了许久，婉言拒绝了Z的要求。Z觉得很受挫，认为女友不够爱自己，开始质疑自己的魅力和这份感情。

爱的最高境界不是占有，而是尊重。不与对方发生性行为，并不等于不爱对方。同样，与对方发生性行为，也并不一定等于爱对方。

2. 不用性去获得爱

W爱上了已有女朋友的帅班长，很想把他从其女友手中抢过来。她说："那女孩没我性感，只要我愿意付出，我相信他会和我在一起的。"

如果那个人不爱你，并且不幸的是那个人恰巧是个好色之徒，那么你就是给他一个占有你，然后轻视你的机会。如果有幸他是一个正人君子，那么你的大胆奉献会让他认为你是一个轻薄之人，而对你退避三舍，男、女皆是如此。

3. 性不能保全爱

Y和女友认识不久就同居了，他坚信自己很有责任感，一直在努力适应对方，但同居前没有暴露的问题在同居后给他们带来了无法弥补的裂痕。有了性，爱情却无法保全，一年后 Y 和女友分手了，彼此都觉得伤痕累累。

性是爱情的生理基础，但却不是爱的保险栓，能够使爱情长久的是双方真诚地关爱、尊重、沟通、理解、欣赏和共同成长，而不仅仅是性。

（二）性爱与学业

B 与女友相距甚远，由于女友的眷恋，B 常去很远的城市看她，一待就是半个月左右，课程落下很多，多门功课不及格，直逼学校勒令留级的警戒线。

性爱在某种程度上可促进学业，但概率少之又少，一般负面影响较大。学业是大学生价值感的主要支柱。人一生学习的黄金时间就是年轻的时候，错失了这段时间，青春会显得空洞和苍白，尤其是当我们将爱情视为生命的唯一时，爱情就是一株温室里的花，娇弱、美丽却经不起风吹雨淋。当爱情成为我们唯一的存在价值时，我们就会失去人格的独立和魅力，也很容易失去被爱的理由。

（三）性爱与礼仪

礼仪是社会交往活动中自然形成的各种美的言行举止，其核心和本质是敬人律己。恋爱是一种特殊的人际交往，礼仪是必不可少的。在恋爱中注意自己的言谈举止，既能得到他人的尊重，也有利于爱情的巩固与发展。

1. 尊重他人的感受

恋爱中的人免不了有亲密接触，如接吻、拥抱等边缘性和过程性性行为。但在公共场合下恋人间的性接触行为是否得体，自己的行为是否会给别人造成影响，这些标准如何衡量，却不是每个大学生都明了的。当大学生被问到"对于恋人当众亲密的行为，你是怎么看的呢"时，以下是比较常见的回答：

A：对于一般情形，我没什么意见，但有的同学在教室里卿卿我我，还发出声音来，我对该行为非常反感。

B. 在湖边、花园这些浪漫的地方，恋人没有亲密的接触有点不正常，但在图书馆、食堂、教学楼边、阅览室里恋人发生亲密行为，跟环境太不协调，很刺眼。

C. 大学毕竟是学习和静心研究学问的地方，在这个环境里，恋人当众做一些过于亲密、热辣的动作，特别是在图书馆、自习教室、严肃的集会场所和有其他同学在场的宿舍，很不合适。

某大学对学生"荣辱行为排行榜"的调查表明，公共场所男女的拥抱和接吻已成为最令人反感的行为之一。

尽管不同的人对公共场合的亲昵行为有不同的看法，但大多数人都持反对态度。恋爱虽是私事，但并不可以随时随地在公共场合进行，恋人们要考虑到其他人的感受和社会的接受底线。

我们需要懂得什么场合应有什么样的举止。行为要和所处的环境协调，边缘性和过程性性行为宜选择私密场合，情侣们若在大庭广众下我行我素，全然不顾他人的感受，只会招致尴尬或引起公愤。

性是私密的事情，需要私密的环境。从医学角度看，和谐的性行为需要安全、私密、舒适的环境，而大学生的性行为多数不具备这样的环境，因而常伴着恐惧、紧张、担忧怀孕及不洁感、不道德感、羞愧感和罪恶感，容易引起性反应抑制和性焦虑，导致男性阳痿、早泄和心理性功能障碍。而女性可能未采取避孕措施，因怀孕而流产，手术后，由于集体住宿担心被老师、同学发现，还要应付繁重的课业负担，身体与心理的恢复困难。同时女性可能会损伤外生殖器，发生意外事故，容易引起多种并发症。

2. 尊重恋人的感受

有一次，我和男友在校园草坪上玩，他突然把手伸进我的衣服里。我感到很不舒服，很不被尊重，他并没有征求我的意见，而是侵犯我，我只想远离他。

恋爱中，有亲昵行为是正常的，但粗俗的行为举止会引起对方的反感，破坏双方感情的发展。只有双方拥有高雅、文明的行为方式，懂得尊重，有理智，才会产生爱情愉悦的心理效应。（见实践手册项目八拓展活动三：性同意行为调查）

（1）恋爱言谈要文雅。说话时想好哪些该说，哪些不该说。多说善意、诚恳、赞许、礼貌、谦让的话，少说恶意、虚伪、贬斥、无礼、强迫的话。

（2）交谈中要诚恳、坦率、自然。装腔作势、矫揉造作、出言不逊、污言秽语、举止粗鲁、无休止地盘问对方，都会使对方自尊心受损，伤害感情。

（3）恋爱过程中要平等相待，相互尊重。不应炫耀抬高自己，或者戏弄贬低对方，也不宜想方设法考验对方或摆架子，这些都可能挫伤对方的自尊心，影响双方的感情。

（4）不要过早地做出性行为。随着交往的增加，恋人举止逐渐自然大方，要注意行为举止的尺度。感情冲动下过早地做出亲昵动作，会使对方反感，影响感情的正常发展。当发觉自己不受尊重时，要立即告诉对方："请尊重我！"若是不立即告诉对方自己的感受，可能会纵容对方，伤害自己。

（5）亲昵动作要高雅，避免粗俗。高雅的亲昵动作使人愉悦，粗俗的亲昵动作往往使人产生厌恶、疏远等消极心理。

（6）理智控制性冲动。性冲动是一个健康、正常人自然和本能的行为表现。性冲动不一定产生性行为，人通过大脑可以调节性行为。人具有社会性，会遵守社会行为准则、人格和尊严，尊重他人的意愿和选择。当萌生性想法时，大学生可能通过运动、参加社团活动、去图书馆学习等方式转移自己的注意力。尽量让爱促进自我成长，使爱情沿着美好的道路发展。

（四）健康的性行为

健康的性行为是互敬互重、互依互恋，是以爱情为基础，以责任为准则，是理性思考后有准备的行为。即将发生性行为前，请你回答以下问题：

（1）他/她是我爱的人吗？

（2）这是我真正想做的吗？

（3）我是出于真正的需要还是出于外在的压力？

（4）在发生性行为后，我能否承受自尊或是来自感情的风险？

（5）性行为是否会增强或削弱恋爱关系？

（6）环境是安全的吗？

（7）我是想以性关系来维持双方的感情吗？

（8）我有能力承担相应的责任吗？

性不仅是个人生活问题，更是严肃的社会问题。一旦发生性行为，个人须对社会承担一定的责任。当我们缺乏这种认识，没有承担义务和责任的能力时，最好三思而后行。

项目小结

1. 爱的意义是个体完整呼唤爱情和个人成长需要爱情。

2. 爱情成分理论中的激情、亲密与承诺三个要素，除了激情之外，亲密和承诺需要一段时间才能转化为现实，不是一蹴而就的。

3. 爱情起源于浪漫的触动，而爱情的维系与发展需要情人生命的共同成长。

4. 五种爱的语言分别为：肯定的言词、精心的时刻、礼物的赠送、服务的行动和身体的接触。

5. 量身定制属于你们的亲密关系公约，为你们的亲密关系保驾护航。

6. 失恋是痛苦的，我们可以通过稳定情绪、理性梳理和对自己说积极的话语，逐步走出失恋的阴影。

7. 性不等于爱，不与对方发生性行为，并不等于不爱对方。同样，与对方发生性行为，也并不一定等于爱对方。不用性去获得爱，性也不能保全爱，能够使爱情长久的是双方真诚地关爱、尊重、沟通、理解、欣赏和共同成长。

8. 在恋爱中我们需要注意自己的言谈举止，既尊重他人的感受，也尊重恋人的感受。

第五部分

成长篇

项目九

迈过绝望那道坎：大学生的生命成长

学习目标

知识目标

1. 了解生命的内涵、特点和作用；
2. 了解心理危机的定义、产生条件、特征及其表现；
3. 了解幸福的定义及影响因素。

能力目标

1. 掌握实践生命意义的方法；
2. 学会心理危机的识别及应对方式；
3. 掌握提高幸福感的策略。

素养目标

1. 培养珍惜生命、欣赏生命的理念，提高生命质量；
2. 形成科学的心理危机意识，激发生命活力；
3. 倡导健康科学的幸福观，培养发现幸福的眼睛。

学习重点与难点

1. 掌握实践生命意义的方式；
2. 学会心理危机的应对方式；
3. 掌握幸福感的提升策略；
4. 正确理解生命意义和幸福感；
5. 有效识别心理危机。

配套资源

拓展活动

《画出我的生命线》
《幸福感问卷》
《幸福董事会》

获得幸福，是所有人的生命目标。大学生处在人生发展的特殊阶段，对生命充满好奇，渴望获得更多的生命成长。本项目将围绕生命成长主题，以大学生的发展阶段为基础，从生命的意义、心理危机的应对和幸福感提升等角度展开论述，实现以下学习目标：

◆ 了解生命、心理危机、幸福的含义；

◆ 理解生命意义的作用、心理危机的识别和幸福的影响因素；

◆ 掌握实践生命意义的方式、心理危机的应对策略和增加幸福感的方法。

【导入案例】

一群学生在到处寻找快乐，却遇到许多烦恼、忧愁和痛苦。他们向大哲学家苏格拉底请教："老师，快乐到底在哪里？"苏格拉底说："你们还是先帮我造一条船吧！"

这群学生暂时把寻找快乐的事儿放在一边，找来造船的工具，用了七七四十九天，锯倒了一棵又高又大的树，挖空树心，造出一条独木船。独木船下水了，他们把苏格拉底请上船，一边合力划桨，一边齐声唱起歌来。

苏格拉底问："孩子们，你们快乐吗？"

他们齐声回答："快乐极了！"

苏格拉底说："快乐就是这样，它往往在你为着一个明确的目的忙得无暇顾及其他的时候突然来访。"

思考问题：1. 案例中，孩子们在哪里找到了快乐？

2. 在日常生活中，你是如何获得快乐的？

任务一　生命意义：寻找生命的价值

一、理解生命意义

我们很容易区分一个物体是有生命的还是无生命的。《辞海》认为，生命是由高分子的核酸蛋白体和其他物质组成的生物体所具有的特有现象。这诠释了一切生命体的共同特征，即生命的生物性。然而，对于人类的生命而言，生命不仅具有生物性，更具有精神性。精神生命以物质生命为基础，超越物质生命而发展，两者辩证统一于人的生命体。"有的人活着，他已经死了；有的人死了，他还活着"，恰恰是对精神生命的形象描述。

（一）生命意义的内涵

什么是生命的意义？这个问题和人类的历史一样古老。哲学、人类学、自然科学、心理学的研究都表明人类在努力地定义生命的意义。我们可以从两个层面来理解生命意义的内涵。

1. 生命的意义是对生命现实的物质性回应

人和地球上的任何有生命的个体一样，依赖阳光、空气、水分、食物等存活，是整个地球生命循环的一部分。我们生活在地球表面，似乎别无选择。人类需要不断探索怎样在自然环境的限制下求得生存，并让生命得以延续。

2. 生命的意义是对生命个体的精神性回应

马克思主义认为生命意义是在劳动实践的过程中通过主体发挥其主观能动性来创造性地实现的，追寻生命意义的过程是个体自我发展和为社会做出贡献的有机统一的过程。可见，生命意义是个体在生活中主动追寻的状态、过程、目的、结果等的综合。

（二）生命意义的特点

1. 个体性

《活出生命的意义》这本书中写道："世界上有多少人，所赋予的生命意义也就有多少种不同的类型，没有哪个人持有对生命意义的终极判断。"从这个角度来说，生命的意义与每个个体高度相关。离开个人当下的生活、思想、情感和需要来谈生命意义，很有可能成为一种空谈的口号。马斯洛的需求层次理论把人的需求分为五级模型，从层次结构的底部向上分别为：生理需求（食物和衣服），安全需求（工作保障），社交需求（友谊），尊重需求和自我实现需求。生命的物质性决定了人要努力维持生命体本身的存在。对物质产品极度缺乏的国家、地区或者家庭来说，获得生活必需品是生命意义的重要内容。同样是吃饭穿衣，有些人追求的是吃饱穿暖，而另一些人探索的是其美学或者营养学的意义。不同的个体，由于不同的背景、情境、人格等因素，对生命意义的追求往往是不同的。"一千个读者就有一千个哈姆雷特"，同样，每一个人对生命意义的理解也千差万别。

2. 社会性

生命意义不能离开个体的差异性而论，也不能离开社会背景而论。一个人不可能独自存活于世上，离开社会中的他人，生命意义亦为空中楼阁。一个词语，如果其意义除了一个人之外无人能懂，那么恐怕相当于没有意义。一项科学发明，若于他人毫无作用，也只是一堆废品。也就是说，生命意义具有社会性。临床心理咨询的研究显示，大量的患者之所以感到痛苦，正是因为缺乏对社会与他人的兴趣，他们在面对职业、亲密关系时，不知道如何与他人合作，也不相信可以通过合作解决问题。当一个青年大学生认为实现目标只是自己一个人的事，所谓的胜利也仅仅对自己有意义时，就难免会犯错误。解决人生问题的最好方案就是为他人扫清道路。个体在为他人扫清道路的过程中，势必会不断培养自我能力，提高自我效能，从而更好地解决问题。那些为人类留下丰富遗产的祖先，哪一个不是在为他人贡献的过程中实现了自己的价值呢？

3. 创造性

如果仔细观察自然界，你会发现，无论是森林里的植物还是草原上的动物，抑或是大海里的生物，为了汲取更多的生命养分，都会发展出一些方法，这是一种生命的力量。对人类而言，马克思认为，人是一种"能动的自然存在物"，人的主观能动性，能够帮助人们自主选择和自由创造。人的主观能动性体现在人可以创造性地选择适合自己的生命意义，灵活地根据自己的生活境遇，做出有利于自我发展的行为。电影《肖申克的救赎》中，主人公在监狱中以坚韧的毅力挖出了一条通往自己的通道，创造性地诠释了他的生命意义。人的生活轨迹并非线性发展，而是在环境中不断调整自我，以形成更有利于自身发展的环境。不同的人在自己的生命曲线中不断探索，主动调整，从而发现新的生命增长点，最终形成属于自己的生命意义。

4. 整体性

《人类简史》讲述了一个有趣的实验，请受试者描述自己上班日的全天行程，再评估他们究竟有多喜欢或讨厌这些时刻。以养小孩为例，如果就单纯的数字来说，养小孩是非常不愉快的，因为很多时候家长要处理换尿布、洗碗、孩子哭闹等许多琐事，而这些都是恼人的苦差事。但是，绝大多数家长仍然会觉得孩子是他们快乐的主要来源。调查结果发现，是否快乐要看的是生命的整体。生命整体有意义、有价值，就能得到快乐。因此，不能因为一时的困难和挫折而否定生命存在的意义。

🔁 拓展阅读

用生命影响生命

几个牧马人在草原上看到一匹马陷在泥潭之中，它动弹不得，目光中充满了绝望。这匹马看上去体格很健壮，牧马人感到十分惋惜，决定帮帮它。可是，只凭他们几个人的力气，肯定拉不出这匹马。

其中一个牧马人想出了一个很好的主意，他让同伴将马群赶过来。不一会儿，一大群马围着泥潭不停地奔跑。受到群马奔跑的影响，泥潭中的马也有了奔跑的欲望，求生的意识被唤醒，巨大的潜力被激发。它一次接一次地尝试，终于跃出了泥潭，脱离了困境。

二、生命意义的作用

（一）促进身心健康

临床心理学发现，许多躯体症状和心理因素高度相关。心身医学的研究也表明，身体疾病往往和一个人的情绪相联系。有研究显示，生命意义可以持续预测人的心理健康，生命意义的缺乏会使人空虚、厌烦。任何文化、任何时代的人，身体感受快乐和痛苦的机制是一样的。身体常常要承受由于情绪的波动而产生的压力，时间久了就会出现各种躯体不适感。生命意义给予人们未来生活的期待和力量，在一定程度上帮助人们缓解生活中的焦虑、恐惧、担心等情绪，从而促进身心的积极调节。

（二）改善应对方式

每个人面对不同的问题时，会采取不同的应对方式。合适的应对方式往往促进人们对环境的适应，而不恰当的应对方式总会引发各种适应不良。一位科学家若能明晰其研究的意义，不太可能因为一次实验失败而心灰意冷。一位农民若能明白其种植的意义，便不会因为一次收成少而放弃劳作。生命意义提醒一个人用更长远的眼光看待当下，生发出更多的勇气和智慧，生成更多的应对方式来改善困境。

（三）提升人际关系

生命意义的社会性告诉我们，人与人只有在合作互动中，生命的意义才能得以呈现。一位大学生若想实现其创业的梦想，那么就必须考虑其产品对他人的意义，思考如何与他人合作；一位教师若想实现其教育理想，那么一定离不开与学生充满意义的互动；一位博主若想成为思想的传播者，必定离不开对他人深入的了解。即便是如今发达的互联网社会，看似人与人的距离在拉远，然而每一条留言和点赞的背后，依然是人与人之间的联结需要。

（四）实现自我超越

自我超越反映出个体超越自身利益、为某种外在或者"高于"自己的人或事而努力的渴望。一个人越是关注自我，就越是难以获得满足。例如，爱情关系的基本成分不仅仅是自我的自由表达，更是超越对自己的关注，关心另一个人的存在。生命意义是对自我价值的回答：我对他人、对这个世界有没有价值？有怎样的价值？因而，一个人对生命意义的明晰，可以帮助其在实现生命意义的过程中不断了解自我存在的价值。实现自我的人会致力于超越自我的目标，目标可以大至人类关心的战争、生态，也可以小到室友的成长、同学的健康、家庭的发展等。

三、生命意义的实践

生命意义是主体体验和实践活动相结合的产物。生命意义的丰富，必须与实践活动的体会连接。否则，无论构想得多么完美，生命意义的实践亦只能成为空中楼阁。对于生命意义的实践，可以从多个方面来展开。（见实践手册项目九拓展活动一：画出我的生命线）

（一）加强生命意义的认知

生命意义的认知错误或缺失是导致大学新生出现各种心理疾病的重要原因之一。社会或家庭常常认为大学生已经做好足够的准备应对各种调整，承担相应的责任。然而，由于前期大学生成长过程中的养育方式、教育环境、社会因素等多重原因，很多大学生缺乏对生命意义的主动探索。什么是生命意义？生命意义是否可以被认知？生命意义对自己和他人有什么作用？我的生命意义是什么？与此相关的问题，并没有进入他们的意识范围，自然也未能成为其认识的对象。因此，大学生首先要对生命意义的内涵、特点和作用等有一定的了解，知道生命意义是可以被个体探索的对象，进而完善对生命意义的认知。

（二）重视生命意义的过程

生命意义的结果来源于过程，过程服务于结果。过度强调生命意义的结果，而忽略生命意义的过程，是很多人焦虑的主要原因之一。如果一个学生想要在大学学习中取得收获，目标固然重要，但是更重要的是学习的过程。如果大学生想要拥有良好的寝室关系，就要注重如何在实际的互动中与室友建立情感纽带。有的同学发生寝室问题时，只是看到结果不如人意，而忽略了日常的点点滴滴对这个结果的影响。还有的同学强烈地希望在大学毕业时能找到一份心仪的工作，却没有在刚进入大学时做好职业规划，一步一步地趋近目标。就整个生命长河来说，人类无法预知生命的结束，但是却可以用心体会生命的每个阶段、每一年和每一天。

（三）刻画生命意义的图像

由于家庭环境、教育环境、社会环境等方面的差异，每个人的生命意义都刻有自己的人格特性。正因为如此，生命意义才呈现出丰富多彩的特点。因而，每个人都有结合自己的生命环境寻找属于更符合自我感觉的生命意义的权利。那么我们该如何刻画自己的生命意义呢？首先，认识自己。通过阅读、心理咨询、自我分析等方式，了解自己的气质、性格、需要等方面的特质，帮助自我找到适合的定位。其次，勇于尝试。生命意义来源于实实在在的行动。农民想要庄稼丰收，第一步就是要把种子播种到土地里。最后，适时调整。生命意义并非一成不变，它时常随着各种因素的变化而发生改变，有时局部变动，有时则是较大的调整。例如，鲁迅先生一开始想成为一名医生治病救人，后来决定弃医从文。因而，生命意义不能一锤定音，要在一生的实践中不断地探索和形成。

（四）深化生命意义的人际关系

生命意义的社会性告诉我们，只属于一个人的生命意义并不存在。即便一件事情看起来和他人没有关系，但细细想来，也一定存在某种和他人、社会、环境的关联。心理学研究已经说明，一个人和他人的关系质量与幸福感高度相关。个体自我价值的实现建立在对他人是否有意义的基础上，即是否有"利他性"。如果某件事情对别人毫无价值，那么其获得的快乐感也是短暂的。因此，我们可以问：这个事情是"损人不利己"，"损人利己"，还是"利人利己"？若是生命意义中包含对他人的关心、理解和情怀，个人生命意义的实践将更具可持续性。

🔁 拓展阅读 ••▼

杨绛《一百岁感言》

我今年一百岁，已经走到了人生的边缘，我无法确知自己还能走多远，寿命是不由自主的，但我很清楚我快"回家"了。

我得洗净这一百年沾染的污秽回家。我没有"登泰山而小天下"之感，只在自己的小天地里过平静的生活。细想至此，我心静如水，我该平和地迎接每一天，准备回家。

在这物欲横流的人世间，人生一世实在是够苦。你存心做一个与世无争的老实人吧，人家就利用你欺侮你。你稍有才德品貌，人家就嫉妒你排挤你。你大度退让，人家就侵犯你损害你。你要不与人争，就得与世无求，同时还要维持实力准备斗争。你要和别人和平共处，就先得和他们周旋，还得准备随时吃亏。

少年贪玩，青年迷恋爱情，壮年汲汲于成名成家，暮年自安于自欺欺人。

人寿几何，顽铁能炼成的精金，能有多少？但不同程度的锻炼，必有不同程度的成绩；不同程度的纵欲放肆，必积下不同程度的顽劣。

上苍不会让所有幸福集中到某个人身上，得到爱情未必拥有金钱；拥有金钱未必得到快乐；得到快乐未必拥有健康；拥有健康未必一切都会如愿以偿。

保持知足常乐的心态才是淬炼心智，净化心灵的最佳途径。一切快乐的享受都属于精神，这种快乐把忍受变为享受，是精神对于物质的胜利，这便是人生哲学。

一个人经过不同程度的锻炼，就获得不同程度的修养、不同程度的效益。好比香料，捣得愈碎，磨得愈细，香得愈浓烈。我们曾如此渴望命运的波澜，到最后才发现：人生最曼妙的风景，竟是内心的淡定与从容……我们曾如此期盼外界的认可，到最后才知道：世界是自己的，与他人毫无关系。

任务二　生命成长：应对心理危机

一、心理危机概述

（一）心理危机的定义

每个人都在努力保持一种内心的稳定状态，使得自身与环境稳定协调。当一个人面临困难时，若他先前处理危机的方式和支持系统不足以应对眼前的处境，即他面对的困难情境超过了他的能力，平衡就被打破，他就进入一种心理失衡状态，这就是心理危机状态。换而言之，心理危机是个体面临突然或重大生活事件（如亲人死亡、天灾人祸）时所出现的心理失衡的状态。

价值塑造

"安危不贰其志，险易不革其心。"人类历史告诉我们，越是困难时刻，越要坚定信心。矛盾并不可怕，正是矛盾推动着人类社会进步。任何艰难曲折都不能阻挡历史前进的车轮。面对重重挑战，我们决不能丧失信心、犹疑退缩，而是要坚定信心、激流勇进。

——2022年博鳌亚洲论坛年会开幕式习近平演讲

（二）心理危机的产生条件

心理危机是应激源和个体易感性共同作用的结果，受两方面因素的综合影响。

1. 应激源因素

应激源（Stressor）又称应激因素，是引起应激反应的因素。应激源可能来自社会环境，如严重的自然灾害、交通事故等；也可能来自学习、生活环境，如考试失败；还有可能来自家庭环境因素，如父母离异、亲人重病等。当然，应激源的性质、强度、持续时间、不可预测性等特点，也影响着个体的应激反应。对于从未发生过地震的地区来说，一场突如其来的强地震，极有可能对每个人产生重大的刺激。

2. 个体易感因素

面对同样性质、同样强度的应激源，每个人的反应都不同。而某一事件是否让人陷入危机，主要取决于事件对人们是否构成威胁。个体的气质、性格、认知方式、应对模式、社会支持系统，都在一定程度上决定着应激源给个体带来的紧张程度。

此外，个体的生理条件、过往危机经历、适应能力等也作为个体易感因素影响着心理危机的产生。

（三）心理危机的特征

1. 普遍性

"人有悲欢离合，月有阴晴圆缺。"纵观人的一生，一定会遇到大大小小的各种困难。这意味着，若困难被处理不当，就很可能演变成危机。每个个体都有可能正在经历不同程度的心理危机，但心理危机并不一定会引起极端的行为。心理危机的普遍性体现在不同的人生阶段中，也体现在不同的工作、学习或生活环境中。

2. 复杂性

一方面，心理危机产生的原因是复杂的。生理、心理和社会等多方面因素都有可能导致心理危机的产生。由于每个人的个性差异，心理危机的反应方式也是复杂的。有的同学在遇到重大突发事件时，表现得沉着冷静，并能从中获得成长；有的同学在遇到危机时难以采取有效的应对方式。

3. 破坏性

从过程来看，心理危机的破坏性主要体现为当事人产生极大的心理波动，反复感到难过、痛苦、恐惧甚至绝望，导致其心理能量忽高忽低，失去平衡。从结果来看，心理危机导致个体暂时或者长时间无法适应生活，严重的甚至丧失生存能力，出现心理障碍，抑或失去生命。

4. 机遇性

心理危机意味着风险，也暗藏机遇。危机会激发人们分析问题、解决问题的能力，从而发现新的生机。人类文明的进步，离不开危机的推动。"居安思危"的说法，也表明了危机中所蕴含的活力。个体在危机中学会了新的应对技能，从而更好地面对未来可能出现的困难，促进个体不断成长。

（四）心理危机的表现

心理危机发生时，人们常常伴随着生理、情绪、认知和行为等方面的变化。我们可从以下几个方面来观察当事人的危机表现：

（1）生理反应：疲乏、肠胃不适、头痛、腹泻、食欲下降、失眠、做噩梦、易惊吓、窒息感、肌肉紧张等。

（2）情绪波动：忧郁、悲伤、焦虑、怀疑、害怕、恐惧、不信任、沮丧、易怒、绝望、无助、麻木、否认、孤独、紧张、愤怒、自责、警觉、敏感、持续担忧、害怕死去等。

（3）认知变化：记忆和知觉发生改变，记忆力下降。个体经常出现注意力不集中，缺乏自信，难以做选择，做事情效率降低，能力受到影响。

（4）行为改变：人际回避或者过分依赖他人，兴趣改变或丧失，无法专心学习或工作，等等。

 拓展阅读 ┈┈┈┈┈┈┈┈┈┈┈┈┈┈┈┈┈┈┈┈┈┈┈┈┈┈┈┈┈▼

霍金，缘何伟大？

史蒂芬·霍金，剑桥大学应用数学及理论物理学系教授，当代最重要的广义相对论和宇宙论家。

霍金的一生是非常富有传奇性的。卢伽雷氏症（肌萎缩性侧索硬化症）把他禁锢在轮椅上达 50 年之久。但他身残志坚，克服了残废之患而成为国际物理界的超级新星。尽管他那么无助地坐在轮椅上，他的思想却出色地遨游到广袤的时空，解开了宇宙之谜。他超越了相对论、量子力学、大爆炸等理论，迈入创造宇宙的"几何之舞"，成为有史以来最杰出的科学家之一。

在一次学术报告结束之际，一位女记者问："霍金先生，卢伽雷疾病将你永远固定在轮椅上，你不认为命运让你失去的太多吗？"霍金的脸庞充满恬静的微笑，他艰难地叩击键盘，随着合成器发出标准的伦敦音，宽大的投影幕上缓慢而醒目地显示出如下一段文字："我的手指还能活动，我的大脑还能思考；我有终生追求的理想，有爱我的亲人和朋友；对了，我还有一颗感恩的心……"

霍金是平凡的，也是伟大的。他并没有被残酷的疾病所击倒，而是一直坚强地与病魔做斗争，并成为继爱因斯坦之后世界上最杰出的理论物理学家。

二、心理危机的识别

（一）识别不同的心理危机类型

心理危机可分为三类：发展性危机、境遇性危机和存在性危机。

1. 发展性危机

发展性危机是指个体正常成长和发展过程中的急剧变化和转变所导致的异常反应。发展性危机和个体的发展阶段有关。例如，儿童和父母的分离焦虑、青少年的情感困惑、中年人的职业压力、老年人的衰老等都有可能引起危机感。大学阶段是人生的重要节点，也会面临来自学业、人际交往、就业等方面的挑战，若不能及时建设性地解决这一阶段的发展性危机，很有可能影响下一步的发展。

2. 境遇性危机

境遇性危机是指由外部事件引起，面对罕见或者超常事件时，个体无法预测和控制时出现的心理危机。例如地震、火灾、洪水、战争、恐怖事件等。由于境遇性危机的意外性、随机性和强烈性，往往对个体和群体造成巨大的心理影响，且持续时间长、影响程度深。

3. 存在性危机

存在性危机是由诸如人生意义、责任、独立、自由等存在性主题引起的内部焦虑和冲突，导致内心严重失衡。例如，一个在校大学生觉得生活没有方向，对未来充满迷茫；一个中年人感到自己没有对社会产生重大的意义；一个快退休的职员觉得生命的虚无感无处不在……存在性危机可能与现实困境相关，也可能只是一种压倒性或持续性的感受。

此外，心理危机还可以根据危机发生的早晚，分为急性危机、慢性危机和混合性危机。急性危机由突发事件引起，个体为此产生明显的生理、心理和行为紊乱。例如，严重的自然灾害、战争爆发、突然死亡等，都极易引发个体严重的心理失衡。慢性危机由长期或慢性的生活事件导致，例如，长时间生活在被忽视的家庭环境中、长期在被孤立的班级里学习、经常处于高强度的工作场所中。混合性危机由多种因素综合导致，例如，一位女大学生一直感到学习压力很大，正逢期末考试时，男友突然提出分手。学习压力带来的焦虑感叠加分手的突发性，可能致使该生无力应对。

（二）识别不同的发展阶段

心理危机的形成和演变可分为四个阶段。大学生在危机到来时，若能够有效识别不同的阶段，则有利于提高应对危机的能力。

第一阶段：警觉阶段。当一个人感受到自己的生活即将出现变化或突然发生了变化时，会表现为警觉性提高，紧张感增强，内心平衡受到挑战。为重新恢复平衡状态，个体会下意识地采取过去惯用的应对方式。此时，个体求助意识并不强烈。

第二阶段：功能恶化阶段。这一阶段，个体的创伤性应激反应持续存在，焦虑、紧张程度开始增加，生理和心理反应明显，甚至恶化。同时，社会功能明显受损。为了解决问题，个体尝试错误的解决方式。

第三阶段：求助阶段。个体的情绪、行为和精神症状在多次尝试解决无效后加剧，迫使个体急切地寻求新的方式减轻心理危机，宣泄紧张情绪。例如，有些人会通过酗酒、熬夜、暴饮暴食等方式缓解痛苦。这一阶段，个体的求助动机最强，但是因为在处于高度紧张的情绪中，往往出现"病急乱投医"的情况，反而增加了挫折感。

第四阶段：危机阶段。当个体经过前三个阶段仍未有效解决问题时，可能导致他失去信心、自我评价过低、怀疑生命。有的人还会出现明显的人格改变，行为退缩，甚至出现自杀想法。在这个阶段，当事人特别需要借助专业的力量度过危机。

（三）识别不同的危机线索

大学生正处在人生发展的重要转折期，心智还不成熟，情绪不稳定，一旦发生重要的生活事件，容易因冲动而出现极端的念头或想法。自杀是大学生常见的心理危机之一，但是有自杀想法并不代表一定会出现自杀行为。有研究表明，选择自杀的人往往都会流露出一些蛛丝马迹，如果我们提前发现并识别这些关键的线索，就能缓解心理危机。

1. 言语线索

在日常的生活中，他们可能对身边亲近的家人或朋友直接或间接地流露出自杀的念头和想法，并且以言语的方式表达出来。

第一，直接的表达。他们会比较直接地来表达自己想要自杀的想法或者愿望。例如，"我不想活了""我想自杀""我想从这里跳下去""我死了一切都会好的"等。

第二，间接的表达。这样的表达方式比较委婉，通常不易识别。例如，"我的生活毫无意义""活着有什么意思""我再也受不了了""现在没有谁能帮我""很快我的问题都要结束了""没有我，他们会活得更好"等。

2. 心理线索

企图自杀的人普遍存在"我的生活没有希望"的感觉，常常表现出绝望、孤独、抑郁、无助等情绪，并伴随着以下四个核心的信念或感受。

（1）我不可爱：这类人往往对自己有糟糕的自我评价，觉得自己不够好，不配活在这个世界上。

（2）我很无助：这类人觉得自己当下的困难是无法解决的，已陷入绝境，很悲观，看不到希望。

（3）我很痛苦：这类人主观上体验到强烈的痛苦感觉，尝试各种方法自我调适却无法摆脱，并难以忍受这种感觉。

（4）我是累赘：这类人往往觉得自己是多余的，会给别人带来麻烦和负担，是个累赘，他离开了别人会觉得更好。

3. 行为线索

（1）写遗书：写下最后的遗言，写下对生命中重要的人想说的话，表达最后的感情，这是一种比较正式且直接的自杀信号。

（2）突然的道谢：突然跟自己的家人、朋友表达感激之情，如感谢父母的养育之恩、感谢朋友的帮助和支持等，这是一种最后的告别。

（3）赠送礼物：走之前将自己的贵重物品送给重要的家人和朋友，留个纪念；或者故意买礼物送给他人，表达感激之情。

（4）不明原因的道歉：面对过往有过恩怨的人，他们会选择主动道歉，希望冰释前嫌，了结过去的恩怨，不带着遗憾离开。

（5）谈论自杀计划：明确表达自己想自杀的想法，并制定明确的计划，如自杀的时间、地点和方式等。相比自杀念头，有明确自杀计划的人自杀的风险更高。

🔁 拓展阅读

被困的蜘蛛

雨后，一只蜘蛛艰难地爬向墙上已经支离破碎的网。墙壁潮湿，它爬到一定的高度，就会掉下来。蜘蛛一次次地向上爬，一次次掉下来……

第一个人看到蜘蛛，叹了口气，自言自语道："我不就是只蜘蛛吗？忙忙碌碌却一无所得。"从此，他更加消沉。

第二个人看到蜘蛛，他说："这蜘蛛真笨，为什么不从旁边干燥的地方绕着爬上去呢？以后，我不能像它这样愚笨。"从此，他变得聪明起来。

第三个人看到蜘蛛，立刻被蜘蛛屡败屡战的精神所感动，从此，他更加坚强。

同样是看到蜘蛛爬墙，不同的人有不同的感触。在人生的路上，有许多事换个角度看，也许你会得到意想不到的结果。

三、大学生心理危机的应对

（一）提高对心理危机的认知

一个人对于心理危机的信号了解得越多，就越有能力参与到危机情境中，越能发展出有效应对的方式。正如我们在进入森林之前，若了解里面一定会有危险，并且知道大概会面临哪些危险，那么出发前的准备工作也一定会不一样。可以从以下两个方面正确认识心理危机：

1. 了解心理危机的普遍性

人的一生就是一个不断出现问题、解决问题的过程。每个人从呱呱坠地的第一声哭泣开始到长大成人，总是会遇到各种各样的困难。没有完全一帆风顺的生活，亦没有真空的无危机环境存在。人们会在不同发展阶段出现不同的心理危机。例如，大一刚入学时，我们可能会无法及时适应大学生活；毕业时，我们可能面临就业、择业方面的困难。这些是大学不同阶段必然会出现的一些困惑。我们要对这些可能性有一定的心理预估。

2. 了解心理危机的双重性

心理危机一方面对个体有消极的影响，影响个体实现目标的动力，造成情绪波动和部分行为问题；另一方面对个体也意味着机会，能增强个体适应新环境的能力，加强对困难的耐受力。因此，认识心理危机的双重性，辩证地看待其带来的结果，能够帮助大学生"化不利为有利""化消极为积极"。

（二）建立适应性的心理防御机制

心理防御机制是指心理危机发生以后个体有意或无意地采用的自我保护方式，以消除不愉快情感的一种心理操作方式。绝大部分防御机制的使用都可以表现为适应性或不适应性两种。适应性的心理防御机制能够使主体减轻心理危机带来的精神压力，协助恢复心理平衡，激发主体的主观能动性，而不适应性的心理防御机制会干扰个体对客观环境的应对方式。有利于促进大学生积极应对危机的心理防御机制主要有：

（1）升华：个体把不合适的目标、欲望、期望投入有益的文学、艺术、体育、科学中，从而使内心的痛苦转化为一种动力，转而投入正常的生活、学习中。

（2）幽默：个体在遇到困难或尴尬时，用讽喻、诙谐等语言方式来化解不快，获得某种愉悦感，以缓解内心的失衡状态。

（3）利他：为了满足他人的需要，个体适当地做出贡献，以获得满足感，避免自我牺牲。例如，早期在家庭中遭受暴力的学生，用爱心帮助遭受家庭暴力的儿童。

（4）合群：个体与他人分享困难，从他人身上寻求社会支持，但是又不要求他人承担解决困难的责任。

（三）构建有效的社会支持系统

社会支持系统是指个人在自己的社会关系网络中所能获得的来自他人的物质和精神上的帮助和支援。简单来说，社会支持系统就是与我们分享快乐、分担痛苦的人所组成的整体。一般来说，社会支持系统包括：

1. 亲人的支持

父母、兄弟、爱人、姐妹等亲人是个体最基本也是最重要的社会支持力量。和谐的亲子关系、良好的家族氛围，给予个体内心温暖的源泉。

2. 朋友的支持

学校的同学、室友、发小、好友等同伴，往往能够带来同龄人独特的理解、支持和鼓励。

3. 社会的支持

当我们不太想把想法透露给熟悉的人，或者朋友、家人暂时不能给予较好的理解与支持时，寻找专业的心理咨询师或者心理治疗师的帮助，也是建立社会支持的重要方式之一。

拓展阅读

构建你的人际支持系统

人离不开别人的支持，那么一个人究竟需要哪些朋友呢？作家汤姆·拉斯认为，有8种朋友必不可少。

1. 成就你的朋友；
2. 支持你的朋友；
3. 志同道合的朋友；
4. 牵线搭桥的朋友；
5. 为你打气的朋友；
6. 开阔眼界的朋友；
7. 给你引路的朋友；
8. 陪伴你的朋友。

任务三　幸福人生：开启生命的智慧

一、正确认识幸福

新华字典对"幸"的解释为"幸福、幸运、高兴、希望"等；对"福"的解释为幸福，跟"祸"相对。不同的学科领域对幸福的研究侧重点不同。在哲学领域，以马克思幸福观为代表的理论更加倾向于社会主义化。马克思认为幸福是人们在创造物质生活条件与精神生活条件的实践中，由于目标和理想的实现而得到精神上的满足，于是将幸福与人的物质生活、精神生活和劳动创作等联系在一起，提出了科学的幸福观。心理学领域对幸福的研究可归纳为"实现论"和"快乐论"两种范式。前者认为幸福在于实现人的全部潜能，后者将幸福和美好的生活定义为追求快感和回避痛苦。

可见，幸福是人们的主观心理与外界相互作用的综合结果，是一个跨学科性质的综合研究。各个学科的研究相互交叉融合，形成了多元化、多角度对幸福的理解。总体来说，幸福与一个人的主观感受有关，每个人眼中的幸福都是不同的。因此，当我们谈及幸福的时候，通常与幸福的体验联系在一起，以"幸福感""主观幸福感"等词语来描述一个人对幸福的感受。（见实践手册项目九拓展活动二：幸福感问卷）

价值塑造

我们的人民热爱生活，期盼有更好的教育、更稳定的工作、更满意的收入、更可靠的社会保障、更高水平的医疗卫生服务、更舒适的居住条件、更优美的环境，期盼孩子们能成长得更好、工作得更好、生活得更好。人民对美好生活的向往，就是我们的奋斗目标。人世间的一切幸福都需要靠辛勤的劳动来创造。

——习近平在十八届中共中央政治局常委同中外记者见面时的讲话

二、幸福感的影响因素

幸福感不仅与个体的主观感受相关，也受到来自社会文化、生活环境、身体状况、经济水平、人际关系、家庭教育等多种因素的影响。与大学生个体密切相关的影响因素主要有：物质生活、身体健康、人格特质、内在兴趣与人际关系。

（一）物质生活与幸福感

金钱是物质生活的基础，并在一定程度上影响着个体的生活质量。有些大学生认为，财富越多，幸福感越高，事实上并非如此。一项在 40 个国家（每个国家有 1 000 多人参与）的跨国大型调查显示，购买力强的国家，人民生活满意度也高。但是一旦国民收入超过人均 8 000 美元之后，财富与幸福感的相关关系开始消失，财富的增加并不能继续增加生活的满意度。因此，《真实的幸福》一书中写道："你对金钱的看法实际上比金钱本身更影响你的幸福。物质主义似乎有反作用：在所有阶层中，越看重钱的人对他们的收入越不满意，也对他的生活越不满意。"

（二）身体健康与幸福感

《论幸福生活》的作者提出："幸福生活就是一种与其自身本性和谐一致的生活，而且可以获得幸福生活的途径只有一条，前提是：首先，脑子必须健全而且始终保持清醒；其次，必须勇敢且精力充沛；此外，能坚忍不拔、百折不挠，能急中生智，随机应变……"研究表明，幸福的人比那些不幸福的人更能够有效地工作。大学生的健康体质不仅有利于高效率地学习和生活，也直接影响个体的情绪状态和愉悦感。当然，并非所有身体出现疾病的人都感到不幸福，更重要的在于个体主观上对自己健康状态的认知。例如，A、B 两个同学都得了重感冒，他们都会体验到一些身体的不适感。但是 A 同学认为感冒在提醒他要好好休息，于是他请假卧床休息，其间听了喜欢的音乐，他感到好久没那么放松了，内心很是喜悦；B 同学认为感冒妨碍了他学习的效率，也让他没有力气娱乐，内心甚是苦恼，幸福感自然下降了很多。

（三）人格特质与幸福感

特质是指与情境变量一起影响行为、认知和情感且相对持久的一些个人特征。气质指的是婴儿期已经出现的一种特有的情绪反应风格，主要由先天或遗传因素决定。人格特质是由气质特征决定的，具有遗传性。多种基因共同决定了气质特征，并与环境交互作用，从而影响人格特质的发展。明尼苏达双生子分离抚养研究中心已经证明：即时的幸福和主观幸福感中有大约一半的变异归因于遗传因素。有研究者指出，那些活泼程度高、积极情绪多的孩子，长大后更有可能变得外向，因此也可能更具幸福感。自尊、乐观和控制感也是与幸福相关的人格特质。大学生如果了解自己的人格特质，就有助于管理自己的情绪，调整自己的行为，为提高幸福感做出一些改变。

（四）内在兴趣与幸福感

兴趣具有自发性、生长性和统一性的特点。每个人对幸福的感受都是不同的，而大多数人会因为自己内心的需求得到满足而体会到幸福。大学生思维活跃，兴趣广泛，他们愿意做自己喜欢的事，对于未知的世界充满了美好的憧憬。个体获得幸福的根源在于自我内在力量的推动，兴趣是最好的助推器，能够激发个体内在的动力系统，增强面对困难时的韧性，也更容易在行动过程中感受到幸福。

（五）人际关系与幸福感

家人、老师、朋友、同学带来的亲密感与大学生的幸福感相关联。雅斯贝尔斯认为：交往是存在的重要方式，人们只有在人与人之间的交往中才能体验到存在感。存在感是一个人感觉到自己在世界上有价值的重要体验。非常幸福的人和一般人、不幸福的人之间的差别在于他们有着非常充实的社交生活。大学生在他们的交际圈中建立起以友爱的同伴、亲密的父母、亲近的老师为主的三种主要群体关系，良好的互动更有利于产生积极的情绪体验，提高自我认同感，增强幸福感。

当然，影响幸福感的因素还有很多，大到世界环境，小到一个人的喜怒哀乐，无法穷尽。这其实关系到什么能带给我们幸福。总体来说，外部环境和内在动因都有可能成为幸福的影响因子。

三、幸福的策略

研究者已经清楚地证明，幸福是以遗传因素为基础的，每个人出生时所拥有的"幸福基数"不尽相同，有些人轻而易举地就可以感到幸福，有些人则相反。但是，研究者也同样指出，对于那些幸福程度不同的双胞胎，其遗传因素之外的环境、关系、主观心态等方面所带来的影响同样重要。我们所感受到的幸福可以比天生的幸福感多，而这些，我们可以通过大量的练习做到。（见实践手册项目九拓展活动三：幸福董事会）

（一）聆听身体的信号

幸福的问题与健康状态存在着紧密的联系，健康又涉及饮食、疾病、运动等很多方面。身体作为生活的承载体，需要我们仔细聆听其发出的信号。

1. 恰当关注身体

我们要对身体情况有一定的敏感度，但是又不能太过敏感，太敏感容易产生心理压力，不敏感容易错过关照的时机。

2. 聆听身体的需求

饥饿状态肯定与心灵的满足不协调，一个消化不良的人在饭后感到痛苦也是真实存在的，打了一整天游戏的人会感到头晕眼花、腰酸背痛，连续熬夜可能会引发心悸。这些都在提醒你：按时吃饭、注意饮食、调整睡眠、开始锻炼、放松休闲。积极心理学认为，短期的锻炼带来积极的情绪状态，长期的锻炼则产生更强的幸福感。与长期锻炼有关的幸福感的持续提高归因于有规律地锻炼减少了抑郁和焦虑，提高了我们工作的准确性和速度，提升了我们的自我概念，促进了心血管的健康和机能。

（二）认识你自己

每个人都有自己的生存意义，也有属于自己的实现方式。这也意味着，对一般人来说，我们必须承认自己的确没有能力去实现一些目标。因而，我们要认真研究自己的人格特质，知道自己的特点，改变参照的方式，找到自己的人生定位。如何知道自己的人格特质呢？首先，可以到正规医院进行专业的心理测试，医院会选用专业的人格量表帮助你了解你的人格特质；其次，开展日常自我观察，把自我觉察与阅读、交流等结合起来，逐渐了解自己的气质类型和性格特点，给予确认和调整；最后，心理咨询可以在一定程度上帮助我们理解人格特质，了解自我的能力边界，提高自我接纳的能力。

（三）积累微幸福

现代社会的快节奏生活会让我们忘记当下，忘记身边的微小幸福，以下方法能帮助你提升获得微幸福的能力。

1. 专注当下

使自己完全沉浸在其中，不去想接下来事情会怎样。可以通过正念练习、瑜伽、呼吸练习等方式促进自己关注当下。

2. 建构记忆

把当时让你感觉愉悦的情景印在脑海中，或者找一个物品来帮助你和那种愉悦感觉连接在一起。例如，你可以在书桌上放一块从海边捡来的彩石，每当你看到这块石头，便能回忆起当时的美好感觉。

3. 赞赏自己

大胆地赞美自己的想法、感受或者行为。例如，今天早起了 30 分钟，走路时很专注，多看了 5 页书等。这样的赞赏会让你聚焦在积极的情绪和行为中。

（四）建立与他人的连接

心理学家研究了一些"非常快乐的人"，并且将他们和"不快乐的人"作了比较。他们发现，在外界因素中，是否具有令人满意的人际关系是两种人的唯一差别。有连接的关系能够让个体体验到愉悦和安全，也在一定程度上反映出关系的质量，同时也意味着彼此信任、互相理解，敢于承受冲突。例如，A 同学认为父母很关心自己，但是他总觉得和父母有疏离感，无法和他们分享忧伤或者喜悦。这样的关系，连接感是不够的，会在无形中影响 A 同学的愉悦感、信任感和幸福感的体验。

（五）发展健康的休闲与娱乐

休闲、放松、美食、业余活动对个人的幸福感有短期的积极影响。有研究显示，参加休闲、运动组织，尤其是那些包含跳舞、音乐、义工等活动的组织，可以带来一定的幸福体验。这些组织能够提供人际交流的机会，满足成员的归属需要和利他需要，在引发积极情绪方面有一定的好处。大学生可选择性地参加适合自己的社团组织，参与有利于身心健康的休闲娱乐活动。

项目小结

1. 生命意义是个体在生活中主动追寻的状态、过程、目的、结果等的综合，主要有个体性、社会性、创造性、整体性的特点。

2. 理解生命的意义，有助于促进身心健康、改善应对方式、提升人际关系、实现自我超越。

3. 生命意义认知缺失是引起心理问题的原因之一。忽略生命意义的过程，易导致焦虑、抑郁等情绪。生命意义会随着各种因素的变化而得以调整。同时，生命意义也与是否具有"利他性"有关。

4. 认识心理危机的不同类型、识别不同的发展阶段和求助信号，有利于个体增强对心理危机的认知。

5. 构建适应性的心理防御机制和有效的社会支持系统，可以有效应对心理危机。

6. 幸福与一个人的主观感受有关，通常与幸福的体验联系在一起。物质生活、身体健康、人格特质、内在兴趣、人际关系与个体的幸福感有关。

7. 个体可以从身体、自我、微幸福、人际关系、休闲娱乐等方面出发，形成适合自己提升幸福感的策略。

参考文献

[1] 阿尔弗雷德·阿德勒. 自卑与超越 [M]. 马晓佳，译. 北京：民主与建设出版社，2017.

[2] 爱利克·埃里克森. 身份认同与人格发展 [M]. 王东东，等，译. 北京：世界图书出版公司，2021.

[3] 岸见一郎. 接受幸福的勇气：人生幸福的行动指南 [M]. 陆贝旎，译. 北京：机械工业出版社. 2017.

[4] 本尼迪克特·凯里. 如何学习 [M]. 王冰，译. 杭州：浙江人民出版社，2017.

[5] 毕淑敏. 恰到好处的幸福 [M]. 长沙：湖南文艺出版社，2021.

[6] 伯格. 人格心理学 [M]. 陈会昌，译. 北京：中国轻工业出版社，2014.

[7] 陈刚，刘曼曼. 大学生心理健康"微"教程 [M]. 北京：电子工业出版社，2015.

[8] 陈海贤. 爱需要学习 [M]. 北京：新星出版社，2022.

[9] 戴维·保罗·奥苏贝尔. 意义学习新论——获得与保持知识的认知观 [M]. 毛伟，译. 杭州：浙江教育出版社，2018.

[10] 大卫·威廉. 心理治疗中的依恋——从养育到治愈，从理论到实践 [M]. 巴彤，等，译. 北京：中国轻工业出版社，2014.

[11] 弗兰克·哈多克. 自控力 [M]. 盛安之，译. 南昌：江西美术出版社，2017.

[12] 盖瑞·查普曼. 爱的五种语言 [M]. 王云良，陈曦，译. 南昌：江西人民出版社，2018.

[13] 金晓明，何星舟，邱晓雯. 大学生心理危机干预指南 [M]. 杭州：浙江大学出版社，2015.

[14] 克莱尔. 现代精神分析"圣经" [M]. 贾晓明，苏晓波，译. 北京：中国轻工业出版社，2002.

[15] 卡罗尔·德韦克. 成长型思维 [M]. 楚祎楠，译. 南昌：江西人民出版社，2017.

[16] 李梅，黄丽. 大学生心理健康十二讲 [M]. 北京：北京师范大学出版社，2012.

[17] 李启明. 幸福的方法：打开通往幸福的六扇门 [M]. 北京：机械工业出版社，2014.

[18] 李雄鹰. 大学生心理健康教程 [M]. 西安：西安交通大学出版社，2019.

[19] 罗伯特·戴博德. 蛤蟆先生去看心理医生 [M]. 陈赢，译. 天津：天津人民出版社，2020.

[20] 罗伯特·斯腾伯格，凯琳·斯腾伯格. 爱情心理学 [M]. 李朝旭，等，译. 北京：世界图书出版公司，2010.

[21] 刘国秋，张利萍. 大学生心理健康教育 [M]. 北京：人民邮电出版社，2018.

［22］露易丝·海，谢丽尔·理查森．生命的重建：今天开始爱自己［M］．徐克茹，译．北京：中信出版社，2012.

［23］马蒂·奥尔森·兰妮．内向者的优势［M］．隋雨婷，许常红，译．北京：天地出版社，2019.

［24］马丁·塞利格曼．真实的幸福［M］．洪兰，译．杭州：浙江教育出版社，2020.

［25］马丁·塞利格曼．持续的幸福［M］．颜雅琴，译．北京：北京联合出版有限公司，2022.

［26］马丁·塞利格曼．认识自己，接纳自己［M］．任俊，译．杭州：浙江教育出版社，2020.

［27］马立骥．大学生心理健康教育与实训［M］．杭州：浙江大学出版社，2020.

［28］马建青．大学生心理健康教程［M］．杭州：浙江大学出版社，2021.

［29］马歇尔·卢森堡．非暴力沟通［M］．刘轶，译．北京：华夏出版社，2021.

［30］马修·约翰斯通，迈克尔·普雷尔．再见，压力［M］．陶莎，译．南宁：广西科学技术出版社，2021.

［31］斯蒂芬·米切尔．爱与岁月［M］．王家醇，等，译．北京：中国轻工业出版社，2021.

［32］塞涅卡．论幸福生活［M］．覃学岚，译．南京：译林出版社，2020.

［33］托马斯·刘易斯，法拉利·阿米尼，理查德·兰龙．爱的起源［M］．黎雪清，译．重庆：重庆大学出版社，2020.

［34］维克多·弗兰克尔．活出生命的意义［M］．吕娜，译．北京：华夏出版社，2018.

［35］威廉·克瑞斯．终结拖延症［M］．陶婧，等，译．北京：机械工业出版社，2015.

［36］威廉·施密德．幸福［M］．黄霄翎，译．上海：上海译文出版社，2012.

［37］夏翠翠．大学生心理健康教育［M］．北京：人民邮电出版社，2019.

［38］夏翠翠，宗敏，涂翠平．高职大学生心理健康教育［M］．2版．北京：人民邮电出版社，2020.

［39］叶星，毛淑芳．大学生心理健康指导［M］．北京：高等教育出版社，2017.

［40］尹红心，李伟．费曼学习法［M］．南京：江苏凤凰文艺出版社，2021.

［41］尤瓦尔·赫拉利．人类简史：从动物到上帝［M］．林俊宏，译．北京：中信出版社，2017.

［42］俞国良．大学生心理健康［M］．北京：北京师范大学出版社，2018.

图书在版编目（CIP）数据

体验与成长：大学生心理健康教育：含实践手册 /
许宝峰，朱颖主编. -- 北京：中国人民大学出版社，
2023.1
新编 21 世纪高等职业教育精品教材. 公共基础课系列
ISBN 978-7-300-31345-0

Ⅰ.①体… Ⅱ.①许… ②朱… Ⅲ.①大学生-心理
健康-健康教育-高等职业教育—教材 Ⅳ.①G444

中国国家版本馆 CIP 数据核字（2023）第 007048 号

新编 21 世纪高等职业教育精品教材·公共基础课系列

体验与成长：大学生心理健康教育（含实践手册）

主　编　许宝峰　朱　颖
副主编　王　芳
Tiyan yu Chengzhang：Daxuesheng Xinli Jiankang Jiaoyu（Han Shijian Shouce）

出版发行	中国人民大学出版社	
社　　址	北京中关村大街 31 号	**邮政编码**　100080
电　　话	010—62511242（总编室）	010—62511770（质管部）
	010—82501766（邮购部）	010—62514148（门市部）
	010—62515195（发行公司）	010—62515275（盗版举报）
网　　址	http://www.crup.com.cn	
经　　销	新华书店	
印　　刷	中煤（北京）印务有限公司	
开　　本	787 mm×1092 mm　1/16	**版　　次**　2023 年 1 月第 1 版
印　　张	13.25	**印　　次**　2024 年 9 月第 4 次印刷
字　　数	313 000	**定　　价**　39.80 元

新编21世纪高等职业教育精品教材

公共基础课系列

中国人民大学出版社

· 北京 ·

目　录

项目一　健康人生从"心"开始：大学生心理健康概述 ………………………… 1

项目二　修炼学习的进阶兵法：大学生的学习心理 ……………………………… 8

项目三　掌握驾驭情绪的钥匙：大学生的情绪管理 …………………………… 12

项目四　突破逆境与压力共处：大学生的压力应对 …………………………… 16

项目五　做最好的自己：大学生的自我意识 …………………………………… 19

项目六　千姿百态的人格：大学生的人格发展 ………………………………… 24

项目七　揭开人际的神秘面纱：大学生的人际交往 …………………………… 32

项目八　穿越亲密关系的藩篱：大学生的恋爱心理 …………………………… 36

项目九　迈过绝望那道坎：大学生的生命成长 ………………………………… 40

拓展活动一　大学生适应量表

一、指导语

请你仔细阅读下列项目中的每一个句子，并根据你自己最近一段时间内的实际情况，从题后的 5 个选项中勾选出符合自己实际情况的选项。

项目	不符合	不太符合	不确定	比较符合	符合
1. 每天的生活中总是有我感兴趣的事情。	1	2	3	4	5
2. 如果让我再选择一次，我还是会像现在这样生活。	1	2	3	4	5
3. 我总是感到心情愉快。	1	2	3	4	5
4. 我平时常看与专业有关的书籍。	1	2	3	4	5
*5. 我很少去了解社会对人才的需求。	5	4	3	2	1
*6. 遇到灰心的事情，我常常一筹莫展。	5	4	3	2	1
7. 我对现在的大学生活很满意。	1	2	3	4	5
8. 我清楚地知道毕业后该继续深造还是工作。	1	2	3	4	5
9. 我对现在的学习有很高的热情。	1	2	3	4	5
10. 我认为自己的优点多于缺点。	1	2	3	4	5
11. 很多人都找我和他们一起玩。	1	2	3	4	5
*12. 我从不通过阅读各种有关择业的书籍来了解不同职业的特点和要求。	5	4	3	2	1
13. 当我不想一个人做事时，总能找到别人来陪我。	1	2	3	4	5
14. 我知道自己适合做什么工作。	1	2	3	4	5
15. 我从不感到孤独。	1	2	3	4	5
16. 我总是发现自己的优点并以此来鼓励自己。	1	2	3	4	5
17. 我的业余生活很丰富，不需要做任何改变。	1	2	3	4	5

续前表

项目	不符合	不太符合	不确定	比较符合	符合
*18. 我不知道怎么夸奖别人。	5	4	3	2	1
*19. 我不会为实现自己的职业目标而制定计划。	5	4	3	2	1
*20. 和别人发生冲突时，我不知道该怎么办。	5	4	3	2	1
21. 我很少感到紧张或焦虑。	1	2	3	4	5
22. 我会根据自己的实际情况培养一些业余爱好。	1	2	3	4	5
*23. 我总拿自己的短处与别人的长处比较。	5	4	3	2	1
24. 我经常对学习进行反思。	1	2	3	4	5
25. 当我受到打击时，我会想到自己好的一面。	1	2	3	4	5
*26. 虽然我的业余生活很贫乏，但我不知道怎样改变这种状况。	5	4	3	2	1
27. 我总是精力充沛，精神饱满。	1	2	3	4	5
*28. 我不知道如何分配学习时间。	5	4	3	2	1
29. 我觉得自己的能力比别人强。	1	2	3	4	5
*30. 我非常厌烦现在的学习。	5	4	3	2	1
31. 与同龄人相比，我感到很知足。	1	2	3	4	5
*32. 我不习惯学校规定的作息时间。	5	4	3	2	1
33. 我不为自己的外貌而烦恼。	1	2	3	4	5
34. 在不同的学习阶段我总是制定不同的学习目标。	1	2	3	4	5
35. 当我有困难时，有很多人愿意帮助我。	1	2	3	4	5
36. 我有明确的职业目标。	1	2	3	4	5
37. 我知道如何关心别人。	1	2	3	4	5
*38. 我的业余生活单调乏味。	5	4	3	2	1
39. 我常常通过转移自己的注意力来调整情绪状态。	1	2	3	4	5
*40. 我很少对前一阶段的学习进行总结。	5	4	3	2	1
41. 我会综合各种因素来确定自己的择业目标。	1	2	3	4	5
*42. 我不知道用什么办法去接纳自己。	5	4	3	2	1
43. 很多人都愿意和我交往。	1	2	3	4	5
44. 我非常喜欢自己的专业。	1	2	3	4	5
*45. 我不知道做什么事情能使自己高兴起来。	5	4	3	2	1
46. 我喜欢学校的娱乐、休闲或锻炼场所。	1	2	3	4	5
47. 我总是总结考试失败的经验教训。	1	2	3	4	5
*48. 我认为大学生活中有很多不尽如人意的地方。	5	4	3	2	1
49. 我总是想办法来提高记忆力、注意力等学习能力。	1	2	3	4	5
50. 我善于用言语和他人进行沟通。	1	2	3	4	5

续前表

项目	不符合	不太符合	不确定	比较符合	符合
51. 我经常有意识地通过参加社会实践活动为将来的工作做准备。	1	2	3	4	5
52. 我非常适应大学里的生活。	1	2	3	4	5
*53. 不高兴时，我只会抱怨。	5	4	3	2	1
54. 我觉得现在的宿舍很舒适。	1	2	3	4	5
*55. 遇到陌生人时，我不知道如何与他们交谈。	5	4	3	2	1
56. 当我想聊天时，总能找到他人和我一起交谈。	1	2	3	4	5
*57. 我对未来从事什么样的工作感到越来越迷惘了。	5	4	3	2	1
58. 当心情不好时，我会出去散散心。	1	2	3	4	5
59. 我觉得自己越来越适应大学的学习了。	1	2	3	4	5
60. 我会努力参加各种活动来丰富我的业余生活。	1	2	3	4	5

注：带 * 号的项目为反向计分题，即选择"不符合"计 5 分，"不太符合"计 4 分，"不确定"计 3 分，"比较符合"计 2 分，"符合"计 1 分。

二、计分与结果

将每题得分按照题号填入下列表格相应的得分栏内，计算并填入各维度的总分。

人际关系适应	题号	11	13	18	20	35	37	43	50	55	56		总分
	得分												
学习适应	题号	4	9	24	28	30	34	40	44	47	49	59	总分
	得分												
校园适应	题号	17	22	26	32	38	46	54	60				总分
	得分												
择业适应	题号	5	8	12	14	19	36	41	51	57			总分
	得分												
情绪适应	题号	1	3	15	21	27	39	45	53	58			总分
	得分												
自我适应	题号	6	10	16	23	25	29	33	42				总分
	得分												
满意度	题号	2	7	31	48	52							总分
	得分												
总分													

拓展活动二　PHQ－9 抑郁症筛查量表

一、指导语

在过去的两周里，你生活中出现以下症状的频率是多少？请根据自身情况，在代表相应程度的数字上打钩。

项目	没有	有几天	一半以上时间	几乎每天
1. 做事时没有干劲或没有兴趣。	0	1	2	3
2. 感到心情低落、沮丧或绝望。	0	1	2	3
3. 入睡困难、睡不安稳或睡眠过多。	0	1	2	3
4. 感觉疲倦或没有活力。	0	1	2	3
5. 食欲不振或吃太多。	0	1	2	3
6. 觉得自己很糟糕，或觉得自己很失败，让自己或家人失望。	0	1	2	3
7. 对事物专注有困难，例如阅读报纸或看电视时不能集中注意力。	0	1	2	3
8. 动作或说话速度缓慢到别人已经察觉；或正好相反，烦躁、坐立不安的情况更胜于平常。	0	1	2	3
9. 有不如死掉或用某种方式伤害自己的念头。	0	1	2	3

二、计分与结果

根据 PHQ－9 抑郁症筛查量表填写结果，计算出勾选数字的总和，获得总分。

计分方式	总分
评分规则：每个项目分值范围为 0～3 分，总分就是将 9 个项目的分值相加，总分值范围为 0～27 分。	

拓展活动三 广泛性焦虑障碍量表

一、指导语

根据过去两周的状况，请你回答是否存在下列描述的状况和其发生的频率，请看清楚问题后在符合自身情况的选项列的数字上打钩。

项目	完全不会	好几天	超过一周	几乎每天
1. 感觉紧张、焦虑或急切。	0	1	2	3
2. 不能够停止或控制担忧。	0	1	2	3
3. 对各种各样的事情担忧过多。	0	1	2	3
4. 很难放松下来。	0	1	2	3
5. 由于不安而无法静坐。	0	1	2	3
6. 变得容易烦恼或急躁。	0	1	2	3
7. 感到似乎将有可怕的事情发生而害怕。	0	1	2	3

二、计分与结果

根据广泛性焦虑障碍量表的填写结果，计算出勾选数字的总和，获得总分。

计分方式	总分
评分规则：每个项目 0~3 分，总分就是将 7 个项目的分值相加，总分值范围为 0~21 分。	

拓展活动四 心理咨询是什么

活动名称	心理咨询是什么			
活动目的	通过观看《动物行为》心理短片，了解真实的心理咨询，帮助学生学会用正确的方式求助心理咨询。			
活动步骤	1. 观看《动物行为》心理短片。 2. 你觉得什么是心理咨询？ 3. 你觉得心理咨询有效果吗？ 4. 心理咨询是通过什么方式帮助来访者的？ 5. 当你遇到烦恼和痛苦时，你会选择求助心理咨询吗？ 6. 如果你去心理咨询，你会选择怎样的心理咨询师呢？			
活动道具	纸和笔			
组员				
活动过程				
收获与反思				

考核评价

完成本项目的拓展活动后，采用过程性评价和结果性评价相结合的方式，综合运用自我评价、小组评价和教师评价三种方式，由任课教师确定三种评价方式占总成绩的比例，加权计算出每个学生完成本项目拓展活动的考核评价分。

考核评价表

班级		姓名	
评价方式	评价内容	分值	成绩
自我评价	拓展活动的参与情况	30	
	拓展活动的完成质量	40	
	知识和技能的掌握情况	30	
小组评价	小组活动的参与态度	30	
	小组活动的贡献度	40	
	合作精神和沟通能力	30	
教师评价	拓展活动的参与情况	30	
	拓展活动的完成质量	40	
	拓展活动的贡献度	30	

总评＝自我评价×（　）％＋小组评价×（　）％＋教师评价×（　）％＝

拓展活动一　学习动力自我测试

一、指导语

以下问卷主要是帮助你了解自己在学习动机、学习兴趣和学习目标上是否存在困扰，共 20 个项目，请根据自己的实际情况，勾选出符合自己的答案。

题号	项目	是	否
1	如果别人不督促你，你极少主动地学习。		
2	你一读书就觉得疲劳与厌烦，只想睡觉。		
3	当你读书时，需要很长时间才能提起精神。		
4	除了老师指定的作业之外，你不想再多看书。		
5	如遇不懂的问题，你根本不想去设法弄懂它。		
6	你常想自己不用花太多的时间学习，成绩也会超过别人。		
7	你迫切希望自己在短时间内就能大幅度地提高自己的学习成绩。		
8	你常为短时间内成绩没能提高而烦恼不已。		
9	为了及时完成某项作业，你宁愿废寝忘食、通宵达旦。		
10	为了把功课学好，你放弃了许多你感兴趣的活动，如体育锻炼、看电影与郊游等。		
11	你觉得读书没意思，想去找个工作。		
12	你常认为课本上的基础知识没啥好学的，只有看高深的理论、读大部头作品才带劲。		
13	你只在喜欢的科目上狠下功夫，而对不喜欢的科目放任自流。		
14	你花在课外读物上的时间比花在教科书上的时间要多得多。		
15	你把自己的时间平均分配在各科上。		
16	你给自己定下的学习目标，多数因做不到而不得不放弃。		
17	你几乎毫不费力就实现了你的学习目标。		
18	你总是同时为实现几个学习目标而忙得焦头烂额。		

续前表

题号	项目	是	否
19	为了对付每天的学习任务，你已经感到力不从心。		
20	为了实现一个大目标，你不再给自己制定循序渐进的小目标。		

二、计分与结果

根据学习动力自我测试结果，计算出相应的总分。

计分方式	总分
评分规则：共20个项目，共分成2个维度，选"是"得1分，选"否"得0分，计算总分	

拓展活动二　我的一天

活动名称	我的一天
活动目的	引导学生对自我的时间管理有一个全面、客观的认识，训练学生自我管理的能力，并提高学习效率。
活动步骤	1. 分组：把学生平均分成几组。 2. 撕纸条：给每人发一张 2 厘米宽、1 米长的纸条，该纸条的长度象征着一天 24 小时，回顾自己通常是怎样度过每一天的。请撕去你睡觉、吃饭、聊天、刷手机等事情花费的时间，并注明花费的时间。 3. 目标梳理：请根据时间管理四象限方法，对本学期要完成的目标进行梳理，将各项任务分成"重要且紧急""重要不紧急""紧急但不重要"和"不重要不紧急"四类，并标注在相应的象限中。 4. 时间馅饼：请以时间四象限中各项任务为指导，根据自己每天完成各项任务需要花费的时间画一个馅饼图。并在组内分享自己的馅饼图，留意观察自己和别人在时间安排上的差异。 5. 小组分享：请每位小组同学根据一天 24 小时的规划设计一个最佳时间规划馅饼图，并在全班进行分享。
活动道具	纸和笔
组员				
活动过程	
收获与反思	

考核评价

完成本项目的拓展活动后，采用过程性评价和结果性评价相结合的方式，综合运用自我评价、小组评价和教师评价三种方式，由任课教师确定三种评价方式占总成绩的比例，加权计算出每个学生完成本项目拓展活动的考核评价分。

考核评价表

班级		姓名	
评价方式	评价内容	分值	成绩
自我评价	拓展活动的参与情况	30	
	拓展活动的完成质量	40	
	知识和技能的掌握情况	30	
小组评价	小组活动的参与态度	30	
	小组活动的贡献度	40	
	合作精神和沟通能力	30	
教师评价	拓展活动的参与情况	30	
	拓展活动的完成质量	40	
	拓展活动的贡献度	30	

总评＝自我评价×（　）％＋小组评价×（　）％＋教师评价×（　）％＝

拓展活动一　我的情绪日记

活动名称	我的情绪日记				
活动目的	通过对情绪事件的梳理，察觉情绪感受和行为结果，识别情绪背后的信念，以及信念与情绪之间的关联。				
活动步骤	1. 请回顾近期使你情绪波动较大的事件，并按照下列表格内容分别记录在表格中。请按照非评价的原则，如实记录自己因为事情发生而产生的认知、情绪及行为。				

时间： 什么时候？	事件： 发生了什么？	认知： 你如何看待这件事？	情绪： 你有哪些感受？	行为： 你做了什么？

	2. 完成后，在小组内进行讨论。分析每个人填写的情绪日记，注意各栏填写的准确性，尤其要注意认知和情绪之间的关联。 3. 教师提醒学生注意区分事实、想法和感受，保持倾听、尊重、不评价的态度。教师对学生的提问进行解答。
活动道具	纸和笔

组员				
活动过程				
收获与反思				

拓展活动二 自我辩驳与理性回应

活动名称	自我辩驳与理性回应
活动目的	尝试与自身的不合理信念进行辩驳，作出理性回应。
活动步骤	1. 请分别在以下栏目中，写下引发情绪的具体事件和各种思维意识，并分辨出这种思维意识属于哪种不合理信念。 （表格） 2. 请根据自己的不合理信念作出客观回应。然后根据你的客观回应，写出你接下来的计划。 3. 教师提问：有哪些方法可以驳斥不合理信念？
活动道具	纸和笔
组员				
活动过程	
收获与反思	

活动步骤栏中的表格：

事件： 在什么时候？发生了什么事情？	下意识思维： 事件发生后引发了你什么样的认知？	认知错误： 它属于哪种类型的不合理认知？	客观思维： 有哪些事实可以反驳这种不合理认知？	行为： 基于客观思维，你接下来打算怎么做？

拓展活动三 蝴蝶拍技术

活动名称	蝴蝶拍技术
活动目的	通过肌肉放松训练，逐渐消除个体生理和心理的紧张、焦虑和压力。
活动步骤	1. 让自己坐在一个安全的地方，检查身体姿势，保持和周围环境的联结，持平稳的呼吸，面带微笑，并告诉自己"现在我是安全的"。 2. 双臂交叉在胸前，右手在左侧，左手在右侧，双手轮流拍自己的臂膀，左、右各一次为一轮。速度要慢，8~12轮为一组。 3. 拍完一组，停下来深呼吸，问问自己感觉如何。 4. 如果好的感受不断增加，可以继续下一组的蝴蝶拍。如果出现负面的情绪体验，请提醒自己此刻只关注积极的情绪体验，负面体验以后再处理。 5. 重复上述操作2~3组后停止。
活动道具	无

组员				

活动过程	

收获与反思	

考核评价

完成本项目的拓展活动后，采用过程性评价和结果性评价相结合的方式，综合运用自我评价、小组评价和教师评价三种方式，由任课教师确定三种评价方式占总成绩的比例，加权计算出每个学生完成本项目拓展活动的考核评价分。

考核评价表

班级		姓名	
评价方式	评价内容	分值	成绩
自我评价	拓展活动的参与情况	30	
	拓展活动的完成质量	40	
	知识和技能的掌握情况	30	
小组评价	小组活动的参与态度	30	
	小组活动的贡献度	40	
	合作精神和沟通能力	30	
教师评价	拓展活动的参与情况	30	
	拓展活动的完成质量	40	
	拓展活动的贡献度	30	

总评＝自我评价×（　）％＋小组评价×（　）％＋教师评价×（　）％ ＝

拓展活动一　分析压力场景

活动名称	分析压力场景			
活动目的	通过辨析材料中的压力元素，体验压力的复杂性，并通过对比自己和其他组员对同一压力的不同打分，体验压力感受的个体差异。			
活动步骤	阅读下面这段材料，请将主人公面临的环境压力罗列出来，并对压力值打分，10 分代表最有压力，0 分代表毫无压力： 2022 年 3 月，张三发现自己完全无法集中注意力在家里上网课。比起学习，张三更想刷手机。家里的生意没办法开，父亲的烟抽了一根又一根。母亲数落张三心不在焉的样子，说他学习态度总是不端正，这样未来可怎么办，他们班里的王五，恨不得上厕所的时候都在背单词。父亲也说："咱们家和李四家不一样，李四的爸爸有本事，李四的未来都铺好路了，你的人生只能靠你自己。"这个时候母亲又抱怨父亲："你还好意思提李四家，你当初如果听了我爸的话，现在我们也不至于这样。"母亲的这段开头，张三太熟悉了，这句话一出，父母肯定免不了一顿争吵。他关上了自己的房门，看着桌子上的练习册，根本学不进去。			
活动道具	纸和笔			
组员				
活动过程				
收获与反思				

拓展活动二 压力测量计

活动名称	压力测量计
活动目的	通过记录身体的节律，了解自己的压力变化，帮助你更好地应对和管理自身压力。

活动步骤	人类的状态其实是有节律的，一个人在一天中不同时间的状态也是不一样的。如果你想要了解自己的状态规律，可以通过一周的记录初步地了解一下自己的状态规律。根据你个人的感觉，填写一个 0～10 分之间的数字来代表不同的压力程度。10 分代表严重的压力，0 分则代表非常放松。

压力记录表

压力值	周一	周二	周三	周四	周五	周六	周日
早							
中							
晚							

活动道具	纸和笔
组员			

活动过程	

收获与反思	

考核评价

完成本项目的拓展活动后，采用过程性评价和结果性评价相结合的方式，综合运用自我评价、小组评价和教师评价三种方式，由任课教师确定三种评价方式占总成绩的比例，加权计算出每个学生完成本项目拓展活动的考核评价分。

考核评价表

班级		姓名	
评价方式	评价内容	分值	成绩
自我评价	拓展活动的参与情况	30	
	拓展活动的完成质量	40	
	知识和技能的掌握情况	30	
小组评价	小组活动的参与态度	30	
	小组活动的贡献度	40	
	合作精神和沟通能力	30	
教师评价	拓展活动的参与情况	30	
	拓展活动的完成质量	40	
	拓展活动的贡献度	30	

总评＝自我评价×（ ）％＋小组评价×（ ）％＋教师评价×（ ）％ ＝

拓展活动一　独一无二的我

活动名称	独一无二的我
活动目的	帮助个体自我接纳、整合，发现自我的独特价值。
活动步骤	1. 请每位同学仔细填写例句中未完成的部分，并在小组内进行分享。 我最欣赏自己的外貌是＿＿＿＿＿＿＿＿＿＿＿＿＿＿＿＿＿＿＿＿＿ 我最欣赏自己做过的最成功的一件事是＿＿＿＿＿＿＿＿＿＿＿＿＿＿＿ 我最欣赏自己做过的最有爱心的一件事是＿＿＿＿＿＿＿＿＿＿＿＿＿＿＿ 2. 请认真地填写下表： **独特的我** 表见下 3. 积极转化，在小组中练习使用灵活的视角和幽默的思维方式，在不足中发现自己相对好的一面，例如以"我很小气"好的一面是"我很节俭"的视角去发现不足中相对好的一面，更好地接纳自己。
活动道具	纸和笔

独特的我

我的长处	长处可以让我	我的不足	不足可以让我

组员				

活动过程	

收获与反思	

拓展活动二　朋友圈中的自我呈现——镜中花与水中月

活动名称	朋友圈中的自我呈现——镜中花与水中月		
活动目的	察觉朋友圈中理想自我与真实自我之间的差距，并思考接纳自我的意义。		

| 活动步骤 | 1. 请在下表中梳理自己在微信朋友圈中自我呈现模式。

表格

2. 教师提问：
（1）真实的自己和朋友圈呈现的自己差距大吗？
（2）这些差距给你带来了什么？
（3）当你想呈现真实自我却没有时，是什么束缚了你？ |

表格内容：

项目	微信朋友圈中的自己	真实的自己	朋友圈中理想化的自己
外貌			
身高			
体重			
喜好			
性格			
价值观			

活动道具	纸和笔			
组员				
活动过程				
收获与反思				

拓展活动三 自我和谐量表

一、指导语

下面是一些个人对自己看法的陈述，填答时，请看清每句话的意思，然后勾选出一个数字以代表该句话与对自己的看法相符合的程度。每个人对自己的看法都有其独特性，因此答案是没有对错的，只需如实回答即可。

项目	完全不符合	比较不符合	不确定	比较符合	完全符合
1. 我周围的人往往觉得我对自己的看法有些矛盾。	1	2	3	4	5
*2. 有时我会对自己在某方面的表现感到不满意。	5	4	3	2	1
*3. 每当遇到困难时，我总是首先分析造成困难的原因。	5	4	3	2	1
4. 我很难恰当地表达我对别人的情感反应。	1	2	3	4	5
*5. 我对很多事情都有自己的观点，但我并不要求别人也与我一样。	5	4	3	2	1
6. 一旦形成对事物的看法，我就不会再改变。	1	2	3	4	5
7. 我经常对自己的行为不满意。	1	2	3	4	5
*8. 尽管有时不得不做一些不情愿的事情，但我基本上是按自己的意愿办事情的。	5	4	3	2	1
9. 一件事情好就是好，不好就是不好，没有什么含糊的。	1	2	3	4	5
10. 如果我在某件事情上不顺利，我就会怀疑自己的能力。	1	2	3	4	5
*11. 我至少有几个知心朋友。	5	4	3	2	1
12. 我觉得我所做的很多事情都是不应该做的。	1	2	3	4	5
13. 我的观点绝不会因为别人的言论而发生改变。	1	2	3	4	5
14. 别人常常会误解我对他们的好意。	1	2	3	4	5
15. 很多情况下我不得不对自己的能力表示怀疑。	1	2	3	4	5
*16. 我朋友中有些是与我截然不同的人，这并不影响我们的关系。	5	4	3	2	1
17. 与朋友交往过多容易暴露自己的隐私。	1	2	3	4	5

续前表

项目	完全不符合	比较不符合	不确定	比较符合	完全符合
＊18. 我很了解自己对周围人的情感。	5	4	3	2	1
19. 我觉得自己目前的处境与我的要求相距太远。	1	2	3	4	5
20. 我很少去想自己所做的事情是否应该。	1	2	3	4	5
21. 我所遇到的很多问题都无法自己解决。	1	2	3	4	5
＊22. 我很清楚自己是什么样的人。	5	4	3	2	1
23. 我能很自如地表达我所想要表达的意思。	1	2	3	4	5
＊24. 如果有足够的证据，我也可以改变自己的观点。	5	4	3	2	1
25. 我很少考虑自己是一个什么样的人。	1	2	3	4	5
26. 把心里话告诉别人不仅得不到帮助，还可能招致不必要的麻烦。	1	2	3	4	5
27. 在遇到问题时，我总觉得别人都离我很远。	1	2	3	4	5
28. 我觉得很难发挥出自己应有的水平。	1	2	3	4	5
29. 我很担心自己的所作所为会引起别人的误解。	1	2	3	4	5
＊30. 如果我发现自己某些方面表现不佳，总希望尽快弥补。	5	4	3	2	1
31. 每个人都在忙自己的事，很难与他们沟通。	1	2	3	4	5
＊32. 我认为能力再强的人也可能遇上难题。	5	4	3	2	1
33. 我经常感到自己是孤独无援的。	1	2	3	4	5
34. 一旦遇到麻烦，无论怎样做都无济于事。	1	2	3	4	5
＊35. 我总能清楚地了解自己的感受。	5	4	3	2	1

注：带＊号的项目为反向计分题，即选"完全不符合"为5分，"比较不符合"为4分，"不确定"为3分，"比较符合"为2分，"完全符合"为1分。

二、计分与结果

根据自我和谐量表的填写结果，计算所有题目的最终得分。

计分方式	总分
计分规则："完全不符合"计1分，"比较不符合"计2分，"不确定"计3分，"比较符合"计4分，"完全符合"计5分。带＊号的项目是反向记分，最终计算求得总分。	

考核评价

完成本项目的拓展活动后，采用过程性评价和结果性评价相结合的方式，综合运用自我评价、小组评价和教师评价三种方式，由任课教师确定三种评价方式占总成绩的比例，加权计算出每个学生完成本项目拓展活动的考核评价分。

考核评价表

班级		姓名	
评价方式	评价内容	分值	成绩
自我评价	拓展活动的参与情况	30	
	拓展活动的完成质量	40	
	知识和技能的掌握情况	30	
小组评价	小组活动的参与态度	30	
	小组活动的贡献度	40	
	合作精神和沟通能力	30	
教师评价	拓展活动的参与情况	30	
	拓展活动的完成质量	40	
	拓展活动的贡献度	30	

总评＝自我评价×（　）％＋小组评价×（　）％＋教师评价×（　）％＝

拓展活动一 气质类型测验

一、指导语

下面 60 道题，可以帮助你大致确定自己的气质类型。根据每一个项目表述来判断与自身情况的符合程度，并进行打分。具体情况如下表格所示。

题号	项目	完全不符合	比较不符合	介于符合和不符合之间	比较符合	非常符合
1	做事力求稳妥，一般不做无把握的事。	−2	−1	0	1	2
2	遇到可气的事情就怒不可遏，想把心里话全说出来才痛快。	−2	−1	0	1	2
3	宁可一个人做事，也不愿与很多人共同完成。	−2	−1	0	1	2
4	到一个新环境很快就能适应。	−2	−1	0	1	2
5	厌恶那些强烈的刺激，如尖叫、噪声、危险镜头等。	−2	−1	0	1	2
6	和人争吵时，总是先发制人，并喜欢挑衅。	−2	−1	0	1	2
7	喜欢安静的环境。	−2	−1	0	1	2
8	善于和人交往。	−2	−1	0	1	2
9	羡慕那种善于克制自己感情的人。	−2	−1	0	1	2
10	生活有规律，很少违反生活作息制度。	−2	−1	0	1	2
11	在多数情况下情绪是乐观的。	−2	−1	0	1	2
12	碰到陌生人觉得很拘束。	−2	−1	0	1	2
13	遇到令人气愤的事，能很好地进行自我控制。	−2	−1	0	1	2
14	做事总是有旺盛的精力。	−2	−1	0	1	2
15	遇到问题总是举棋不定，优柔寡断。	−2	−1	0	1	2
16	在人群中从不觉得过分拘束。	−2	−1	0	1	2

续前表

题号	项目	完全 不符合	比较 不符合	介于符合和 不符合之间	比较 符合	非常 符合
17	情绪高昂时，觉得做什么事情都有趣；情绪低落时，又觉得什么都没意思。	−2	−1	0	1	2
18	当注意力集中于某一事物时，别的事情很难使我分心。	−2	−1	0	1	2
19	理解问题总比别人快。	−2	−1	0	1	2
20	遇到危险情境，常有一种极度恐怖感。	−2	−1	0	1	2
21	对学习、工作、事业怀有很高的热情。	−2	−1	0	1	2
22	能够长时间做枯燥、单调的工作。	−2	−1	0	1	2
23	遇到感兴趣的事情，做起来干劲十足，否则就不想做。	−2	−1	0	1	2
24	一点小事就能引起情绪波动。	−2	−1	0	1	2
25	讨厌做那种需要耐心、细致的工作。	−2	−1	0	1	2
26	与人交往不卑不亢。	−2	−1	0	1	2
27	喜欢参加热闹的活动。	−2	−1	0	1	2
28	爱看感情细腻、描写人物内心活动的文学作品。	−2	−1	0	1	2
29	工作学习时间长了，常感到厌倦。	−2	−1	0	1	2
30	不喜欢长时间谈论一个问题，愿意直接付诸行动。	−2	−1	0	1	2
31	宁愿侃侃而谈，也不愿窃窃私语。	−2	−1	0	1	2
32	别人总是说我闷闷不乐。	−2	−1	0	1	2
33	理解问题常比别人慢些。	−2	−1	0	1	2
34	疲倦时只需短暂的休息就能精神抖擞，重新投入工作。	−2	−1	0	1	2
35	心里有话宁愿自己憋着，也不愿说出来。	−2	−1	0	1	2
36	认准一个目标就希望尽快实现，不达目的，誓不罢休。	−2	−1	0	1	2
37	学习、工作一段时间后，常比别人感到更疲倦。	−2	−1	0	1	2
38	做事有些莽撞，常常不考虑后果。	−2	−1	0	1	2
39	老师讲授新知识时，总希望他讲得慢些，多重复几遍。	−2	−1	0	1	2
40	能够很快地忘记那些不愉快的事情。	−2	−1	0	1	2
41	做作业或完成一件工作总比别人花的时间多。	−2	−1	0	1	2
42	喜欢运动量大的剧烈体育运动或参加各种文艺活动。	−2	−1	0	1	2
43	不能很快地把注意力从一件事转移到另一件事上去。	−2	−1	0	1	2

续前表

题号	项目	完全不符合	比较不符合	介于符合和不符合之间	比较符合	非常符合
44	接受一个新任务后，就希望能把它迅速解决。	−2	−1	0	1	2
45	认为墨守成规比冒风险强些。	−2	−1	0	1	2
46	能够同时注意几件事务。	−2	−1	0	1	2
47	当我烦闷的时候，别人很难使我高兴起来。	−2	−1	0	1	2
48	爱看情节起伏跌宕、激动人心的小说。	−2	−1	0	1	2
49	对工作抱认真严谨、始终如一的态度。	−2	−1	0	1	2
50	和周围的人的关系总是相处不好。	−2	−1	0	1	2
51	喜欢复习学过的知识，重复做自己熟悉的工作。	−2	−1	0	1	2
52	希望做变化大、花样多的工作。	−2	−1	0	1	2
53	小时候会背的诗歌，我似乎比别人记得清楚。	−2	−1	0	1	2
54	别人说我"出语伤人"，可我并不觉得这样。	−2	−1	0	1	2
55	在体育活动中，常因反应慢而落后。	−2	−1	0	1	2
56	反应敏捷，头脑机智。	−2	−1	0	1	2
57	喜欢有条理但不是很麻烦的工作。	−2	−1	0	1	2
58	兴奋的事情常使我失眠。	−2	−1	0	1	2
59	老师讲的新概念，常常听不懂，但是懂了以后很难忘记。	−2	−1	0	1	2
60	一旦工作枯燥无味，马上就会情绪低落。	−2	−1	0	1	2

二、计分与结果

根据气质类型测验结果，将每题得分按照题号填入下列表格相应的得分栏内，计算并填入各维度的总分，以此判断你的气质类型。

气质测验得分表

胆汁质	题号	2	6	9	14	17	21	27	31	36	38	42	48	50	54	58	总分
	得分																
多血质	题号	4	8	10	16	19	23	25	29	34	40	44	46	52	56	60	总分
	得分																
黏液质	题号	1	5	11	13	18	22	26	30	33	39	43	45	49	55	57	总分
	得分																
抑郁质	题号	3	7	12	15	20	24	28	32	35	37	41	47	51	53	59	总分
	得分																

拓展活动二　走出圈外

活动名称	走出圈外
活动目的	通过对自我经验的内省，启发对自身人格进行深度探索。
活动步骤	提前准备一张画有四个同心圆的纸。 1. 在第一圈内写下工作学习生涯中你感到最开心、满足、快乐，但很少跟人说的一件事。 2. 在第二圈内写下工作学习生涯中你很不开心、很伤心、很难过，但很少跟人说的一件事。 3. 在第三个圈内写下近期的工作或生活目标。 4. 在最后一个圈内写下最能代表自己人格特质的三个形容词。 写完后，在组内分享并讨论。
活动道具	印有四个同心圆的白纸和笔

组员				

活动过程	

收获与反思	

拓展活动三 大五人格测验

一、指导语

请认真阅读下面的每个句子，判断句中的描述符合自身情况的程度。请勾选数字1~5来代表你认为符合自身的程度，数字越大表示越符合。这不是一个考试，因此你的答案并无对错之分，同时你也不需要咨询别人的意见，诚实地回答问卷上的问题即可。

题号	项目	十分不赞同	不太赞同	不能确定	比较赞同	十分赞同
*1	我不是一个充满烦恼的人。	5	4	3	2	1
2	我真的喜欢大部分我遇见的人。	1	2	3	4	5
*3	我不喜欢浪费时间去做白日梦。	5	4	3	2	1
*4	我会怀疑和讽刺别人的想法。	5	4	3	2	1
5	在工作上，我是有效率且能胜任的。	1	2	3	4	5
*6	我很少感到恐惧及焦虑。	5	4	3	2	1
7	我很喜欢与别人交谈。	1	2	3	4	5
8	我常对大自然和艺术的规律形态感到很奥妙。	1	2	3	4	5
*9	我相信如果你允许别人占你的便宜，很多人都会这样做。	5	4	3	2	1
10	我会保持我的物件整齐和清洁。	1	2	3	4	5
11	我经常感到紧张和心神不定。	1	2	3	4	5
12	我喜欢很多人在我周围。	1	2	3	4	5
*13	我对诗词只有少许感觉甚至无动于衷。	5	4	3	2	1
*14	如果需要，我会去操纵别人而达到我所想要的目的。	5	4	3	2	1
15	我不是一个做事有条不紊的人。	1	2	3	4	5
16	别人对待我的方式常使我感到愤怒。	1	2	3	4	5
17	当我阅读一首诗或欣赏一件艺术品时，我有时会感到兴奋或惊喜。	1	2	3	4	5
*18	我一向喜欢单独工作。	5	4	3	2	1
*19	有些人觉得我自私又以自我为中心。	5	4	3	2	1
*20	我好像总是不能把事情安排得井井有条。	5	4	3	2	1
*21	我很少感到寂寞或忧郁。	5	4	3	2	1
*22	我宁愿我行我素也不愿成为别人的领袖。	5	4	3	2	1
23	我很少注意自己在不同环境下的情绪。	1	2	3	4	5
*24	有些人觉得我冷漠又爱算计。	5	4	3	2	1
25	我会尽心尽力完成一切分派给我的工作。	1	2	3	4	5
26	有时我感到自己一文不值。	1	2	3	4	5
27	我常常感到精力旺盛。	1	2	3	4	5

续前表

题号	项目	十分不赞同	不太赞同	不能确定	比较赞同	十分赞同
*28	当我找到了做事情的正确方法后，我会坚持采用这个方法。	5	4	3	2	1
29	我通常会尽力体贴，顾虑周到。	1	2	3	4	5
*30	我有时不能做到我应有的可靠或可信。	5	4	3	2	1
*31	我很少感到忧郁或沮丧。	5	4	3	2	1
32	我生活的节奏很快。	1	2	3	4	5
33	我经常会去尝试新的及外国的食物。	1	2	3	4	5
34	大部分认识我的人都喜欢我。	1	2	3	4	5
35	当我做了承诺，通常我能贯彻到底。	1	2	3	4	5
36	很多时候，当事情不对劲时，我会感到挫败并想放弃。	1	2	3	4	5
37	我是一个十分活跃的人。	1	2	3	4	5
38	我喜欢思考并研究理论或抽象的观念。	1	2	3	4	5
39	我宁愿与人合作，而不是与人竞争。	1	2	3	4	5
40	我有一套明确的目标，并能有条不紊地朝着它工作。	1	2	3	4	5
41	有时我会羞愧地想躲起来。	1	2	3	4	5
42	我喜欢身临其境，置身于事件之中。	1	2	3	4	5
*43	我没有兴趣思索宇宙的规律或人类的情况。	5	4	3	2	1
*44	如果我不喜欢某一个人，我会让他知道。	5	4	3	2	1
45	我努力完成我的目标。	1	2	3	4	5
46	我经常感到自己不如别人。	1	2	3	4	5
*47	我并不是一个乐观主义者。	5	4	3	2	1
48	我对思考性的事物充满好奇。	1	2	3	4	5
*49	我时常和家人、同事起争执。	5	4	3	2	1
50	我凡事必追求卓越。	1	2	3	4	5
51	我经常感到无助，并希望有人能解决我的问题。	1	2	3	4	5
52	我是一个快乐的人。	1	2	3	4	5
*53	我相信让学生听富有争论性的演讲只会混淆、误导他们的思想。	5	4	3	2	1
*54	我对自己有很高的评价。	5	4	3	2	1
55	我颇能按照自己的步伐，把事情准时办妥。	1	2	3	4	5
56	当我处于极大压力的情况下，有时候我会感到精神崩溃。	1	2	3	4	5
57	我很容易笑。	1	2	3	4	5
*58	我认为在道德问题上，我们应遵从权威。	5	4	3	2	1
59	在某些事情上，我的态度是顽固、不妥协的。	1	2	3	4	5
*60	我要花很多时间才能整理好工作。	5	4	3	2	1

注：带*号的项目为反向计分题，即选择"十分不赞同"计5分，"不太赞同"计4分，"不能确定"计3分，"比较赞同"计2分，"十分赞同"计1分。

二、计分与结果

根据大五人格测验结果将每题得分按照题号相应填入下面表格的各个得分栏内，并计算每种人格特质类型的总分。

神经质	题号	1	6	11	16	21	26	31	36	41	46	51	56	总分
	得分													
外倾性	题号	2	7	12	18	22	27	32	37	42	47	52	57	总分
	得分													
开放性	题号	3	8	13	17	23	28	33	38	43	48	53	58	总分
	得分													
宜人性	题号	4	9	14	19	24	29	34	39	44	49	54	59	总分
	得分													
尽责性	题号	5	10	15	20	25	30	35	40	45	50	55	60	总分
	得分													

考核评价

完成本项目的拓展活动后，采用过程性评价和结果性评价相结合的方式，综合运用自我评价、小组评价和教师评价三种方式，由任课教师确定三种评价方式占总成绩的比例，加权计算出每个学生完成本项目拓展活动的考核评价分。

考核评价表

班级		姓名	
评价方式	评价内容	分值	成绩
自我评价	拓展活动的参与情况	30	
	拓展活动的完成质量	40	
	知识和技能的掌握情况	30	
小组评价	小组活动的参与态度	30	
	小组活动的贡献度	40	
	合作精神和沟通能力	30	
教师评价	拓展活动的参与情况	30	
	拓展活动的完成质量	40	
	拓展活动的贡献度	30	

总评＝自我评价×（ ）％＋小组评价×（ ）％＋教师评价×（ ）％ ＝

拓展活动一　同理心训练

活动名称	同理心训练
活动目的	通过体验某个具体事件或具体情境中的情绪变化，增加对情绪的察觉和情绪敏感度的掌握，学会换位思考，提升与他人的共情能力。
活动步骤	提前准备若干张写有情绪的卡片，例如喜悦、愤怒、哀伤、抑郁、愧疚、委屈、伤心、害怕、担心和焦虑等。 1. 大家围坐成一圈，每人抽一张卡片，只能看自己卡片上的情绪词汇，不要让其他人看到。 2. 每个人围绕自己抽到卡片上的情绪词汇，依次讲一个发生在自己身上的故事，在这个故事中，自己清晰地体验到卡片上写的情绪。 3. 在一个人讲完故事后，其他人可以思考以下三个问题：（1）当我听到他讲故事时，我有哪些感受？（2）我猜他抽到的词语是什么？（3）我说些什么能够让对方感觉到被理解？ 4. 组内其他成员对故事表达的情绪与讲故事者进行核实，讲故事者也可以就哪种反馈最能打动自己再进行反馈，在互动中体验彼此的共情能力。
活动道具	情绪卡片

组员				

活动过程	

收获与反思	

拓展活动二　学会倾听

活动名称	学会倾听
活动目的	通过撕纸的活动，体验倾听和沟通是一个双向的过程，需要不断跟对方去确认、核对，才能保证传递的信息有效且准确。
活动步骤	1. 请大家拿出一张纸，闭上眼睛跟随指导语操作： （1）把纸按顺时针方向旋转 180 度，把纸对折； （2）把纸按顺时针方向旋转 180 度，把纸对折； （3）把纸按顺时针方向旋转 90 度，在纸的右上角撕去一个 1 厘米左右的正方形； （4）把纸按顺时针方向旋转 90 度； （5）在纸的左上角撕去一个 1 厘米左右半径的四分之一圆。 完成后小组成员互相欣赏对方的作品。 2. 教师提问： （1）第一遍撕纸活动后，你的白纸形状与周围人的白纸形状一样吗？有多大差异？ （2）在第一遍撕纸过程中你有什么感受，与第二遍的撕纸过程有什么差异？ （3）在人际沟通中怎么做可以让传递的信息更准确、沟通更顺畅呢？
活动道具	纸

组员			

活动过程	

收获与反思	

拓展活动三 学会赞美

活动名称	学会赞美
活动目的	通过赞美他人的活动，体会赞美只有是发自内心的、真诚的、具体的，才能给予你温暖的感觉，达到增进人际关系的效果。
活动步骤	1. 小组成员认真发掘其他小组成员的优点，组员轮流坐在小组的中间，其他成员用真诚的言语把自己对该成员的美好印象描述出来，表达对对方优点的欣赏。 2. 每位小组成员拿到 4～5 个赞美心卡片，成员在每个赞美心卡片上写上小组内其他成员的姓名，在姓名下面写上对该成员的良好印象，按姓名把赞美心卡片交给每位成员。 3. 参加训练的成员谈谈活动后的感受，根据以下几点检测一下你的赞美是否有效： （1）对方知道你所赞扬的具体行为吗？ （2）对方知道他的行为对你有帮助吗？ （3）你知道对方对你的赞扬的感受吗？ （4）对方是否感受到你的真诚？ （5）对方是否受到了鼓励并重复类似的行为？
活动道具	卡纸和彩笔
组员				
活动过程	
收获与反思	

考核评价

　　完成本项目的拓展活动后，采用过程性评价和结果性评价相结合的方式，综合运用自我评价、小组评价和教师评价三种方式，由任课教师确定三种评价方式占总成绩的比例，加权计算出每个学生完成本项目拓展活动的考核评价分。

考核评价表

班级		姓名	
评价方式	评价内容	分值	成绩
自我评价	拓展活动的参与情况	30	
	拓展活动的完成质量	40	
	知识和技能的掌握情况	30	
小组评价	小组活动的参与态度	30	
	小组活动的贡献度	40	
	合作精神和沟通能力	30	
教师评价	拓展活动的参与情况	30	
	拓展活动的完成质量	40	
	拓展活动的贡献度	30	

　　总评＝自我评价×（　　）％＋小组评价×（　　）％＋教师评价×（　　）％ ＝

拓展活动一　爱情中的自我对话

活动名称	爱情中的自我对话
活动目的	通过自我对话，探索阻碍或增进亲密关系的具体内容。
活动步骤	1. 是什么吸引你愿意和另外一个人建立亲密关系的？以下这些特质，你觉得最重要的三个特质是什么？ 形象出众且很具吸引力、富有、有声望和地位、幽默感、责任感、聪明、忠诚专一、有人格魅力、关心别人、独立、值得依赖、自律、有趣、跟我有相似的价值观。 2. 你吸引别人之处是什么？列出你身上具有的特质。 3. 回望迄今为止在你生活中已经建立的亲密关系，你从中学到了什么？如果至今没有拥有一段亲密关系，那么究竟是什么妨碍了你？ 4. 你在一段重要的关系中遇到的挑战和困扰有哪些？你在这段重要关系中得到了什么？
活动道具	纸和笔
组员				
活动过程	
收获与反思	

拓展活动二　亲密关系公约

活动名称	亲密关系公约
活动目的	建立积极面对问题、解决问题的良性互动模式，量身定制属于个体的亲密关系公约。让它成为你与恋人的共识，为你们的亲密关系保驾护航。
活动步骤	1. 共读"十一条亲密关系公约"。 第一条：我承诺好好回应你，就像我也渴望得到你的回应一样。 第二条：我承诺把你看作不完美的人，而不是有问题的人。 第三条：我承诺如果委屈就会让你知道，哪怕我担心这些委屈会让我显得有些脆弱。 第四条：我承诺就算吵架，也会避开你的痛点。 第五条：我承诺及时伸出修复关系的橄榄枝，也接受你伸过来的橄榄枝。 第六条：我承诺尊重你说"不"的权利，无论我多么希望你不拒绝我。 第七条：我承诺不评论你的原生家庭，因为我知道那是你的来处。 第八条：我承诺不逼迫你改变，而是用我的改变带动你的改变。 第九条：我承诺不跟你争输赢，因为我知道要么我们都输，要么我们都赢。 第十条：我承诺永远对你抱有期望，不管你会不会让我失望。 第十一条：我承诺和你在一起我会竭尽全力，这样如果我们真的分开了，你也知道我已经无能为力。 2. 在上面的横线上写下自己定制的属于自己的亲密关系公约。 3. 思考在量身定制属于自己的亲密关系公约过程中，同意、删改和修缮的原因、依据以及背后的渴望是什么。
活动道具	纸和笔
组员				
活动过程	
收获与反思	

拓展活动三　性同意行为调查

活动名称	性同意行为调查			
活动目的	性同意是所有参与者之间明确的、自愿的性行为协议。但是由于个人性价值观的差异，对具体情境的理解往往会有差异。性同意行为调查旨在帮助大学生理清自己的性价值观与行为边界。			
活动步骤	1. 评估鉴别 你认为以下哪些行为，代表双方愿意发生性关系呢？ （1）男性与女性在 22:00 过后一起去酒店开同一个房间。 （2）男性以身份证没带、太晚回不去宿舍为理由，请求与女生共同住一个房间。 （3）男性在 22:00 过后送女性回家，并主动提出上楼坐坐。 （4）酒后，男性主动要与女性接吻，女性刚开始反抗，随后便不再挣扎。 （5）男性与女性共处一室，男性想要靠近女性，女性表示拒绝，随后便不再挣扎。 （6）男性与女性饮酒过后，女性同意男性送她回家。 （7）晚上男性将女性送到家后，女性主动提出让男性上楼坐坐。 （8）女性与男性周末外出逛街、吃晚饭，晚上看电影，相处了一整天。 （9）女性在 22:00 之后主动敲开男性房间的门，表示想聊聊天。 （10）男性与女性外出旅游，女性主动表示开一个房间就够了。 2. 在小组内，讨论评估的差距。			
活动道具	纸和笔			
组员				
活动过程				
收获与反思				

考核评价

完成本项目的拓展活动后，采用过程性评价和结果性评价相结合的方式，综合运用自我评价、小组评价和教师评价三种方式，由任课教师确定三种评价方式占总成绩的比例，加权计算出每个学生完成本项目拓展活动的考核评价分。

考核评价表

班级		姓名	
评价方式	评价内容	分值	成绩
自我评价	拓展活动的参与情况	30	
	拓展活动的完成质量	40	
	知识和技能的掌握情况	30	
小组评价	小组活动的参与态度	30	
	小组活动的贡献度	40	
	合作精神和沟通能力	30	
教师评价	拓展活动的参与情况	30	
	拓展活动的完成质量	40	
	拓展活动的贡献度	30	

总评＝自我评价×（　）％＋小组评价×（　）％＋教师评价×（　）％ ＝

拓展活动一　画出我的生命线

活动名称	画出我的生命线
活动目的	通过画生命线，理解生命的长度和宽度，引发学生思考生命中的过去、现在和未来之间的关系，帮助学生合理看待挫折。
活动步骤	1. 画出一条生命线。 2. 根据你规划的生命长度，找到你目前所在的那个点并标记出来，该点的左边代表过去的岁月，右边代表未来。 3. 把过去对你有着重大影响的三件事情用笔标出来。如果你觉得这件事情是快乐的，就写在生命线的上方；如果这件事情让你觉得悲伤痛苦，就写在生命线的下方。 4. 把未来你想做的事情，在生命线上合适的位置写下来。 5. 与小组成员思考、讨论和分享： (1) 找到你目前所在的点，对比已经走过的路和未来要走的路，你有何感想？ (2) 现在、过去和未来之间是如何相互作用的？ (3) 根据你的生命线，你该怎样调整未来的生命目标？
活动道具	纸和笔
组员				
活动过程	
收获与反思	

拓展活动二　幸福感问卷

一、指导语

以下是一些关于个人幸福感的陈述。每题有四个句子，请选择一个与你过去 1 周（包括今天）的感受最相符合的一种描述。

1. A. 我觉得不幸福
   B. 我觉得还算幸福
   C. 我觉得很幸福
   D. 我觉得非常非常幸福

2. A. 我觉得将来不是很乐观
   B. 我觉得将来很乐观
   C. 我觉得我很有希望
   D. 我觉得将来充满希望，前景光明

3. A. 我对我生活中的任何事情都不满意
   B. 我对我生活中的有些事情感到满意
   C. 我对我生活中的很多事情感到满意
   D. 我对我生活中的每件事情感到满意

4. A. 我觉得我一点也不能主宰我的生活
   B. 我觉得我至少能部分主宰我的生活
   C. 我觉得我在大多数时候能主宰我的生活
   D. 我觉得我完全能主宰我生活的各个方面

5. A. 我觉得生活毫无意义
   B. 我觉得生活有意义
   C. 我觉得生活很有意义
   D. 我觉得生活意义非凡

6. A. 我不太喜欢我自己
   B. 我喜欢我自己
   C. 我很喜欢我自己
   D. 我对自己的样子满怀欣喜

7. A. 我无法改变任何事情
   B. 我有时能够很好地改变一些事情
   C. 我通常能够很好地改变一些事情
   D. 我总是能够很好地改变一些事情

8. A. 我觉得生活就是得过且过
   B. 生活是美好的

    C. 生活很美好

    D. 我热爱生活

9. A. 我对别人不大感兴趣

  B. 我对别人比较感兴趣

  C. 我对别人很感兴趣

  D. 我非常热衷于别人的事情

10. A. 我发现作决定很难

   B. 我发现作某些决定比较容易

   C. 我发现作大多数决定都很容易

   D. 作所有的决定对我而言都很容易

11. A. 我发现要着手做一件事情很难

   B. 我发现要着手做一件事情比较容易

   C. 我发现要着手做一件事情很容易

   D. 我觉得我能够做任何事情

12. A. 和别人在一起我不觉得开心

   B. 和别人在一起我有时候会觉得开心

   C. 和别人在一起我常常会觉得开心

   D. 和别人在一起我总是会很开心

13. A. 我一点也不觉得自己精力充沛

   B. 我觉得自己精力比较充沛

   C. 我觉得自己精力很充沛

   D. 我觉得自己有使不完的劲

14. A. 我认为所有的事情都不美好

   B. 我发现有些事情是美好的

   C. 我发现大多数事情是美好的

   D. 整个世界对我而言都是美好的

15. A. 我觉得自己的思维不敏捷

   B. 我觉得自己的思维比较敏捷

   C. 我觉得自己的思维很敏捷

   D. 我觉得自己的思维异常敏捷

16. A. 我觉得自己不健康

   B. 我觉得自己比较健康

   C. 我觉得自己很健康

   D. 我觉得自己异常健康

17. A. 我对别人缺乏温情

   B. 我对别人有些温情

   C. 我对别人充满温情

D. 我爱所有的人

18. A. 我的过去没有留下幸福的记忆

    B. 我的过去有些幸福的记忆

    C. 过去所发生的大多数事情似乎都是幸福的

    D. 我所有的过去都非常幸福

19. A. 我从来都没有高兴过

    B. 我有时会高兴

    C. 我经常都很高兴

    D. 我总是处于高兴的状态之中

20. A. 我所做的都不是我想要做的

    B. 我有时候会高兴

    C. 我经常都很高兴

    D. 我总是处于高兴的状态之中

21. A. 我不能很好地安排我的时间

    B. 我能较好地安排我的时间

    C. 我能很好地安排我的时间

    D. 我能把我想做的事都安排得非常妥当

22. A. 我不和别人一起玩

    B. 我有时和别人一起玩

    C. 我经常和别人一起玩

    D. 我总是和别人一起玩

23. A. 我不会使别人高兴

    B. 我有时候会使别人高兴

    C. 我经常会使别人高兴

    D. 我总会使别人高兴

24. A. 我的生活没有什么意义和目的

    B. 我的生活有意义和目的

    C. 我的生活很有意义和目的

    D. 我的生活充满意义，而且目的明确

25. A. 我没有尽职尽责和全身心投入的感觉

    B. 我有时会尽职尽责并全身心投入

    C. 我经常会尽职尽责并全身心投入

    D. 我总是尽职尽责并全身心投入

26. A. 我觉得世界不美好

    B. 我觉得世界比较美好

    C. 我觉得世界很美好

    D. 我觉得世界美好极了

27. A. 我很少笑
　　B. 我比较爱笑
　　C. 我经常笑
　　D. 我总是在笑

28. A. 我认为我的外表丑陋
　　B. 我认为我的外表还过得去
　　C. 我认为我的外表有吸引力
　　D. 我认为我的外表非常有吸引力

29. A. 我发现所有的事情都索然无味
　　B. 我发现有些事情很有趣
　　C. 我发现大多数事情都很有趣
　　D. 我发现所有的事情都非常有趣

二、计分与结果

根据幸福感问卷每个题目的结果，计算所有题目的总分。

计分方式	总分
评分规则：选 A 得 0 分，选 B 得 1 分，选 C 得 2 分，选 D 得 3 分。最后将各题得分相加即为幸福感的总分。大多数人的分数在 40～42 分之间。	

拓展活动三 幸福董事会

活动名称	幸福董事会
活动目的	通过梳理和评估生活中的重要活动，让成员在团体的互相支持下，调整生活目标，增加幸福感。
活动步骤	1. 寻找自己的董事会成员，组成小组，以4~5人为宜。 2. 小组成员讨论幸福董事会的分工。可以从监督者、建议者、管理者和奖励者等角度思考成员的分工。 3. 每个成员在幸福四栏表中填写最近1~2个星期的日常主要活动，评估其所带来的意义和快乐程度（-5为最低分，5为最高分），以及所花费的时间。如果希望用较多的时间就写"＋"，更多的时间就写"＋＋"；如果希望用较少的时间就写"－"，更少的时间就写"－－"；如果希望保持就写"＝"。 4. 董事会成员围绕以下几个问题进行分享： (1) 最想做出改变的是哪个活动？ (2) 为了这一改变，董事会成员需要给予怎样的帮助？

活动道具

幸福四栏表

活动	意义	快乐	时间/周

组员			

活动过程	

收获与反思	

考核评价

完成本项目的拓展活动后，采用过程性评价和结果性评价相结合的方式，综合运用自我评价、小组评价和教师评价三种方式，由任课教师确定三种评价方式占总成绩的比例，加权计算出每个学生完成本项目拓展活动的考核评价分。

考核评价表

班级		姓名	
评价方式	评价内容	分值	成绩
自我评价	拓展活动的参与情况	30	
	拓展活动的完成质量	40	
	知识和技能的掌握情况	30	
小组评价	小组活动的参与态度	30	
	小组活动的贡献度	40	
	合作精神和沟通能力	30	
教师评价	拓展活动的参与情况	30	
	拓展活动的完成质量	40	
	拓展活动的贡献度	30	

总评＝自我评价×（ ）％＋小组评价×（ ）％＋教师评价×（ ）％ ＝